三峡库区可持续发展研究丛书

教育部人文社会科学重点研究基地重庆工商大学长江上游经济研究中心
2017 年自主招标项目
"三峡库区百万移民安稳致富国家战略"服务国家特殊需求博士人才培养项目
国家哲学社会科学重大招标项目"三峡库区独特地理单元'环境 - 经济 - 社会'
发展变化研究"（11&ZD161）
中央财政支持地方高校发展专项"特殊需求博士项目引领下的应用经济学创新工程"
国家社会科学基金项目"成渝经济区域联盟组织机制研究"（11BJL070）

共同资助

区域经济联盟组织机制研究

——以成渝经济区域为例

靳景玉　著

科学出版社

北　京

图书在版编目（CIP）数据

区域经济联盟组织机制研究：以成渝经济区域为例 / 靳景玉著.–北京：科学出版社，2018.4

（三峡库区可持续发展研究丛书）

ISBN 978-7-03-056849-6

Ⅰ.①区… Ⅱ.①靳… Ⅲ.①区域经济发展-经济联盟-研究-西南地区 Ⅳ.①F127.7

中国版本图书馆 CIP 数据核字（2018）第 048858 号

丛书策划：侯俊琳　杨婵娟
责任编辑：杨婵娟　陈亚楠 / 责任校对：何艳萍
责任印制：张欣秀 / 封面设计：铭轩堂
编辑部电话：010-64035853
E-mail: houjunlin@mail.sciencep.com

科 学 出 版 社 出版
北京东黄城根北街 16 号
邮政编码：100717
http://www.sciencep.com

北京九州迅驰传媒文化有限公司 印刷
科学出版社发行　各地新华书店经销
*
2018 年 4 月第 一 版　开本：720×1000　B5
2018 年 4 月第一次印刷　印张：17
字数：300 000

定价：98.00 元
（如有印装质量问题，我社负责调换）

重庆工商大学"三峡库区百万移民安稳致富国家战略"服务国家特殊需求博士人才培养项目实施指导委员会

主 任 委 员：
    孙芳城（重庆工商大学校长、教授）

副主任委员：
    刘　卡（国务院三峡工程建设委员会办公室经济技术合作司司长）
    袁　卫（国务院学位委员会学科评议组专家、中国人民大学教授）
    彭　亮（重庆市移民局副局长）

委　　　员：
    陶景良（国务院三峡工程建设委员会办公室教授级高级工程师）
    袁　烨（国务院三峡工程建设委员会办公室经济技术合作司处长）
    徐俊新（中国长江三峡集团公司办公厅主任）
    余棋林（重庆市移民局移民发展扶持处处长）
    杨继瑞（重庆工商大学教授）
    王崇举（重庆工商大学教授）
    何勇平（重庆工商大学副校长、教授）
    廖元和（重庆工商大学教授）
    文传浩（重庆工商大学教授）
    余兴厚（重庆工商大学教授）

项目办公室主任：余兴厚（重庆工商大学教授）
项目办公室副主任：文传浩（重庆工商大学教授）
                任　毅（重庆工商大学副教授）

重庆工商大学"三峡库区百万移民安稳致富国家战略"服务国家特殊需求博士人才培养项目专家委员会

主 任 委 员：

　　王崇举（重庆工商大学教授）

副主任委员：

　　陶景良（国务院三峡工程建设委员会办公室教授级高级工程师）

　　黄志亮（重庆工商大学教授）

委　　　员：

　　戴思锐（西南大学教授）

　　向书坚（中南财经政法大学教授）

　　余棋林（重庆市移民局移民发展扶持处处长）

　　廖元和（重庆工商大学教授）

　　文传浩（重庆工商大学教授）

培养办公室主任：文传浩（重庆工商大学教授）

培养办公室副主任：杨文举（重庆工商大学教授）

丛 书 序

三峡工程是世界上规模最大的水电工程，也是中国有史以来建设的最大的工程项目。三峡工程 1992 年获得全国人民代表大会批准建设，1994 年正式动工兴建，2003 年 6 月 1 日开始蓄水发电，2009 年全部完工，2012 年 7 月 4 日已成为全世界最大的水力发电站和清洁能源生产基地。三峡工程的主要功能是防汛、航运和发电，工程建成至今，它在这三个方面所发挥的巨大作用和获得的效益有目共睹。

毋庸置疑，三峡工程从开始筹建的那一刻起，便引发了移民搬迁、环境保护等一系列事关可持续发展的问题，始终与巨大的争议相伴。三峡工程的最终成败，可能不在于它业已取得的防洪、发电和利航等不可否认的巨大成效，而将取决于库区百万移民是否能安稳致富？库区的生态涵养是否能确保浩大的库区永远会有碧水青山？库区内经济社会发展与环境保护之间的矛盾能否有效解决？

持续 18 年的三峡工程大移民，涉及重庆、湖北两地 20 多个县（区、市）的 139 万余人，其中 16 万多人离乡背井，远赴十几个省（直辖市）重新安家。三峡移民工作的复杂性和困难性不只在于涉及各地移民，还与移民安置政策，三峡库区环境保护、产业发展等问题紧密相关，细究起来有三点。

一是三峡库区经济社会发展相对落后，且各种移民安置政策较为保守。受长期论证三峡工程何时建设、建设的规模和工程的影响，中华人民共和国成立后的几十年内国家在三峡库区没有大的基础设施建设和大型工业企业投资，三峡库区的经济社会发展在全国乃至西部都处在相对落后的水平。以重庆库区为例，1992 年，库区人均地区生产总值仅 992 元，三次产业结构为 42.3∶34.5∶23.2，农业占比最高，财政收入仅 9.67 亿元[①]。而 1993 年开始的移民工作，执

---

① 参见重庆市移民局 2012 年 8 月发布的《三峡工程重庆库区移民工作阶段性总结研究》。

行的是"原规模、原标准或者恢复原功能"（简称"三原"）的补偿及复建政策，1999 年制定并实施了"两个调整"，农村移民从单纯就地后靠安置调整为部分外迁出库区安置，工矿企业则从单纯的搬迁复建调整为结构调整，相当部分关停并转，仅库区 1632 家搬迁企业就规划关停破产 1102 家，占总数的 67.5%[①]。这样的移民安置政策对移民的安稳致富工作提出了严峻的挑战。

二是三峡百万移民工程波及面远远超过百万移民本身，是一项区域性、系统性的宏大工程。我们通常所指的三峡库区移民工作，着重考虑的是淹没区 175 米水位以下，所涉及的湖北夷陵、秭归、兴山、巴东，重庆巫溪、巫山、奉节、云阳、万州、开县、忠县、石柱、丰都、涪陵、武隆、长寿、渝北、巴南、江津、主城区等 20 多个县（区、市）的 277 个乡（镇）、1680 个村、6301 个组的农村需搬迁居民，以及 2 个市、11 个县城、116 个集镇全部或部分重建所涉及的需要动迁的城镇居民。事实上，受到三峡工程影响的不仅仅是这 20 多个县（区、市）中需要搬迁和安置的近 140 万居民，还应该包含上述县（区、市）、乡镇、村组中的全部城乡居民，甚至包括毗邻这些县（区、市）、受流域生态波及的库区的其他区县的居民，这里实际涉及了一个较为广义的移民概念。真正要在库区提振民生福祉、实现移民安稳致富，必须把三峡库区和准库区、百万移民和全体居民的工作都做好。

三是三峡库区百万移民的安稳致富，既要兼顾移民的就业和发展，做好三峡库区产业发展，又要落实好库区的生态涵养和环境保护。三峡库区农民人均耕地只有 1.1 亩[②]，低于全国人均 1.4 亩的水平，而且其中 1/3 左右的耕地处于 25 度左右的斜坡上，土质较差，移民安置只能按人均 0.8 亩考虑。整个库区的河谷平坝仅占总面积的 4.3%，丘陵占 21.7%，山地占 74%。三峡库区是滑坡、坍塌和岩崩多发区，仅在三峡工程实施过程中，就规划治理了崩滑体 617 处。在这样的条件下，我们不仅要转移、安置好库区的百万移民，还必须保护好三峡 660 余公里长的库区的青山绿水。如何同时保证库区的百万移民安稳致富、库区的生态涵养和环境保护，是一项十分艰巨的工作。

国家对三峡库区的可持续发展问题一直高度关注。对于移民工作，国家就提出"开发性移民"的思路，强调移民工作的标准是"搬得出、稳得住、逐步能致富"。在 20 世纪 90 年代，国家财力相对不足，当时全国，尤其是中西部地

---

① 梁福庆. 2011. 三峡工程移民问题研究. 武汉：华中科技大学出版社.
② 1 亩 $\approx$ 666.67m²。

区的经济社会发展水平也不高，因此对移民工作实行了"三原"原则下较低的搬迁补助标准。但就在 2001 年国务院颁发的《长江三峡工程建设移民条例》这个移民政策大纲中，就提出了移民安置"采取前期补偿、补助与后期生产扶持相结合"的原则。在此之前的 1992 年，在《国务院办公厅关于开展对三峡工程库区移民工作对口支援的通知》(国办发〔1992〕14 号)中，具体安排了东中部各省市对库区各区县的对口支援任务，这项工作，由于有国务院三峡工程建设委员会办公室 (简称三峡办) 的存在，至今仍在大力推进和持续。2011 年 5 月，国务院常务会议审议批准了《三峡后续工作规划》(简称《规划》)，这是在特定时期、针对特定目标、解决特定问题的一项综合规划。《规划》锁定在 2020 年之前必须解决的六大重点问题之首，是移民安稳致富和促进库区经济社会发展。其主要目标是，到 2020 年，移民生活水平达到重庆市和湖北省同期平均水平，覆盖城乡居民的社会保障体系建立，库区经济结构战略性调整取得重大进展，交通、水利及城镇等基础设施进一步完善，移民安置区社会公共服务均等化基本实现。显然，三峡工程移民的安稳致富工作是一个需要较长时间实施的浩大系统工程，它需要全国人民，尤其是库区所在的湖北、重庆两省 (市) 能够为这项事业奉献智力、财力和人力的人们持续的关注和参与。它既要有经济学的规划和谋略，又要有生态学的视野和管理学的实践，还要有社会学的独特思维和运作，以及众多不同的、各有侧重的工程学科贡献特别的力量。

重庆工商大学身处库区，一直高度关注三峡库区的移民和移民安稳致富工作，并为此做了大量的研究和实践。早在 1993 年，重庆工商大学的前身之一——重庆商学院，就成立了"经济研究所"，承担国家社会科学基金、重庆市政府和各级移民工作管理部门关于移民工作问题的委托研究。2002 年，学校成立长江上游经济研究中心。2004 年，经教育部批准，该中心成为普通高等学校人文社会科学重点研究基地。成立以来，该中心整合财政金融学院、管理学院的资源，以及生态、环境、工程、社会等各大学科门类的众多学者，齐心协力、协同攻关，为三峡库区移民和移民后续工作做出特殊的努力。

2011 年，国务院学位委员会第二十八次会议审议通过了《关于开展"服务国家特殊需求人才培养项目"试点工作的意见》，在全国范围内开展了硕士学位授予单位培养博士专业学位研究生试点工作。因为三峡工程后续工作，尤其是库区移民安稳致富工作的极端重要性、系统性和紧迫性，由三峡办推荐、重庆工商大学申请的应用经济学"三峡库区百万移民安稳致富国家战略"的博士项目最终获批，成为"服务国家特殊需求人才培养项目"的 30 个首批博士项目之一，并从 2013 年开始招生和项目实施。近三年来，该项目紧密结合培养三峡库区后续移民安稳致富中对应用经济学及多学科高端复合型人才的迫切需求，结合博士人才培养的具体过程，致力于库区移民安稳致富的模式、路径、政策等方面的具体研究和探索。

重庆工商大学牢记推动三峡库区可持续发展的历史使命，紧紧围绕着"服务国家特殊需求人才培养项目"这个学科"高原"，不断开展"政产学研用"合作，并由此孵化出一系列紧扣三峡库区实情、旨在推动库区可持续发展的科学研究成果。当前，国家进入经济社会发展的"新常态"，资源约束、市场需求、生态目标、发展模式等均发生了很大的变化。国家实施长江经济带发展战略，意在使长江流域 11 省市依托长江协同和协调发展，使其成为新时期国家发展新的增长极，并支撑国家"一带一路"新的开放发展倡议。湖北省推出了以长江经济带为轴心，一主（武汉城市群）两副（宜昌和襄阳为副中心）的区域发展战略。重庆则重点实施五大功能区域规划，将三峡库区的广大区域作为生态涵养发展区，与社会经济同步规划发展。值此之际，重庆工商大学组织以服务国家特殊需求博士项目博士生导师为主的专家、学者推出"三峡库区可持续发展研究丛书"，服务国家重大战略、结合三峡库区区情、应对"新常态"下长江经济带实际，面对三峡库区紧迫难题、贴近三峡库区可持续发展的实际问题，创新提出许多理论联系实际的新观点、新探索。将其结集出版，意在引起库区干部群众，以及关心三峡移民工作的专家、学者对该类问题的持续关注。这些著作由科学出版社统一出版发行，将为现有的有关三峡工程工作的学术成果增添一抹亮色，它们开辟了新的视野和学术领域，将会进一步丰富和创新国内外解决库区可持续发展问题的理论和实践。

最后，借此机会，要向长期以来给予重庆工商大学"三峡库区百万移民安稳致富国家战略"博士项目指导、关心和帮助的国务院学位办、三峡办，重庆市委、市政府及相关部门的领导表达诚挚的感谢！

王崇举

2015 年 8 月于重庆

前言

　　经济全球化与区域经济一体化已成为当今世界经济发展的两大趋势，为了适应这种形势，我国经济发展必须冲破行政区的经济束缚，深化国内区域经济一体化，增强国家及地区经济的实力。而在经济全球化和区域经济一体化的背景下，我国原有的"行政区经济"，由于条块分割，无视生产要素的优化配置，已不能适应世界经济一体化的要求。于是出现了跨行政区的不同形式的经济联合体，如经济技术协作区、经济协作区等。但这些经济联合体，仅是区域经济一体化的初级形式，并沿袭了计划经济条件下以政府为主导的经济联合，不符合市场经济的要求，也不能达到区域经济一体化的目的。因此有必要继续探索市场经济条件下区域经济一体化的发展模式，以达到区域内或区域间优势互补的目的，增强区域及全国的经济实力。

　　改革开放以来，随着经济的发展，我国逐渐形成了长江三角洲经济圈、珠江三角洲经济圈和环渤海经济圈三大经济圈三足鼎立的经济增长态势。长江三角洲（简称长三角）、珠江三角洲（简称珠三角）和环渤海地区不仅是我国最具活力的三大经济圈，而且也是我国高新技术产业发展的主要集聚地。虽然位于我国东部沿海地区的长三角、珠三角和环渤海地区迅速崛起并取得了迅猛发展，但是从地理位置上来看，这三个增长极都分布在我国东部沿海地区，即使这三大增长极的集聚、辐射效应十分明显，可其范围还比较有限。因而，伴随着改革开放的深入发展和经济的梯度推进，我国西部地区也需要形成一个与之相应的增长极，以带动整个西部地区的发展。成渝经济区作为西部地区最具活力的经济区，其作用越来越明显，其在发展过程中也凸显出自身的一些产业结构特征。

　　三大经济增长极仍然是推动我国经济发展的"主力"，但在加快转变经济发展方式的背景下，三大经济增长极的发展也遇到了节约资源、劳动力荒、革新技术等问题。因此，将成渝经济区的发展战略上升到国家发展层面，将其打造成我国第四经济增长极，这将为我国经济新一轮快速发展添加新的强有力的"发动机"，与东部沿海地区三大经济增长极一道，共同带动我国经济的高速发展。

成渝经济区域谈合作或联盟由来已久，但一直没能形成真正意义上的联盟合作形式和机构。其组织形式是采取"轮流坐庄"制还是董事会制或其他组织形式，意见没能达成一致，究其关键可能在于利益分配和谁主导谁服从。

本书试图对此进行研究，希望得出一些有益的结论，起到抛砖引玉的作用。不同行政级别、不同经济结构区域之间的经济联盟采取何种组织形式，是本书研究的出发点；交易费用理论、委托代理理论与博弈论、区域经济管理理论、组织理论为本书研究的理论基础。区域经济联盟的形成、运作、动力是本书研究的主要内容且是联盟组织机制的构成要素。区域经济联盟的平衡与稳定是实现可持续发展的根本保障，而联盟方的博弈均衡点是构建其组织结构的重要依据。以成渝经济区和成渝城乡统筹实验区为样本，对其产业联盟进行实证分析是成渝经济区区域经济联盟和协调发展的现实基础。本书借鉴国家与国家之间的合作组织、区域与区域之间的合作性组织、产业与产业之间的合作性组织这三个层面的国内外经验，最后形成经济区区域经济联盟组织机制理论及顶层设计原则，以指导不同行政级别、不同经济结构、不同产业或行业之间的区域经济联盟组织形式的构建，遵循"起点和终点同一"的辩证逻辑思路。

本书是国家社会科学基金项目"成渝经济区域联盟组织机制研究"（11BJL070）、国家哲学社会科学重大招标项目"三峡库区独特地理单元'环境-经济-社会'发展变化研究"（11&ZD161）的阶段性成果之一，同时得到教育部人文社会科学重点研究基地重庆工商大学长江上游经济研究中心 2017年自主招标项目、"三峡库区百万移民安稳致富国家战略"服务国家特殊需求博士人才培养项目、中央财政支持地方高校发展专项"特殊需求博士项目引领下的应用经济学创新工程"的支持。在此，对给予项目支持的单位或个人表示衷心的感谢！

本书是集体智慧的结晶，课题组成员曾胜、毛跃一、蔡继荣、韩斌、刘放、陈晓莉、江信毅为它做出了巨大的贡献，研究生刘睿元、高英、李仁清、许兴、李鹏艳、张雄、胡北、张明龙、刘瑾、吴昱衡为课题做了大量的问卷和调研工作。

我要感谢重庆工商大学财政金融学院的领导和同事们，是他们的支持，才使我能够有时间专心做科研工作，并顺利完成书稿。

我衷心感谢我的家人对我学习的支持与理解，感谢父母的养育之恩；感谢妻子李莉给予我最直接的鼓励；感谢女儿靳一昕的努力学习。亲人的支持永远是我前进的动力，他们的支持使我在紧张的学习之余享受着家庭的温暖，有信心、有耐力地沉浸于学术研究之中，因此，本书也凝结了他们的心血。

在本书定稿时，我仍然感觉到许多问题尚未得以深入讨论，需要今后进一步研究；书中肯定还有不少缺点和不足，恳请学术界同行和广大读者给予指正和批评，不吝赐教。限于篇幅本书未能列出全部参考文献，还望同人给予谅解。

本书得以出版并不意味着研究工作的结束。作为对管理科学热心关注的探索者，我的工作才刚刚开始，我将以更加努力的工作来回报所有的师长、同学、朋友和同事对我的帮助和鼓励，回报所有关爱我的人，包括本书中所提到的和没有提到的相关研究领域内的前辈们。

靳景玉

2017 年夏于南山书院

目 录

1

导　论

2001 年以来，成渝两地的国内生产总值（gross domestic product，GDP）保持了快速的增长态势，年均增长率都超过 10%，呈现出良好的增长势头；人均 GDP 也保持了较快的增长势头。从进出口总额来看，成渝经济区保持着持续稳定的增长局面，显示出自身在外贸、商品物流、通关等方面的优势地位。成渝经济区有五大定位：①全国重要的经济增长极，建成以重庆、成都为核心的西部地区综合实力最强区域；②西部地区重要的产业集聚区，打造国家重要的现代农业基地，形成若干规模和水平居全国前列的先进制造业及高技术产业集聚区，建设体系健全、辐射西部地区的现代服务业基地；③深化内陆开放的试验区；④统筹城乡发展的示范区；⑤长江上游生态安全保障区。

本书在对成渝经济区域之间的竞争行为、合作行为、竞合行为和经济联盟形成机制研究的基础上，运用动力学、协同学和博弈论等理论工具研究区域经济联盟的运作、动力及组织机制，揭示区域经济联盟的本质，从而丰富区域经济联盟理论，为成渝经济区区域经济联盟的实践提供理论指导。

1.1　问题的提出

随着社会生产力提高，区域逐渐成为生产力要素和现代化因素的密集地，也发展为经济发展聚集的中心。在我国，伴随着经济水平的快速提高，区域化进程加快。区域经济在经济和社会发展中有着举足轻重的作用。在整个国民经济中，区域经济的占比越来越大。在社会经济系统中，区域经济的地位变得越来越重要。

自 20 世纪 90 年代以来，全球经济一体化进程加快，促使技术和经济新模式诞生。在新技术和全球化推动下，为适应全球激烈的竞争和更高层次的国际合作，优化资源配置，促进产业结构的调整，区域间相互依存大大增加，在区域的不断聚集和扩散中，形成新的区域空间结构。区域间恶性竞争的局面得到改善，区域间的合作博弈时代已经到来。区域间的合作博弈形成区域联盟。所谓建立区域联盟就是使用联盟理论所建立的两个或多个区域间的联盟，打破行政区划限制，减少交易成本，提高资源配置，同时产生协同效应，达到 1+1>2 的价值创造效果，加快经济一体化的进程。区域联盟是促使区域竞争力提高和经济发展的有效途径。

随着区域发展理论和实践日益丰富，区域发展方向、前景和速度及绩效与区域联盟的关系越来越紧密。但相对成熟的企业联盟研究来说，区域联盟的研究相对滞后，缺乏系统的理论研究。

1.2　国内外研究成果述评

1.2.1　国外研究现状

国外研究现状分为两部分，一是联盟理论研究现状，二是城市经济管理研究现状。

1. 联盟理论研究现状

联盟，是指个人、集体或阶级的联合，也可能延伸作为企业、城市之间的一种超边界组织。目前的研究主要集中于企业联盟。其主要原理如下。

1）交易成本理论

交易成本理论属于早期联盟归因的理论，其研究一个组织如何通过组织边界减少其生产成本和贸易成本。

1937 年，罗纳德·科斯（R. H. Coase）首次提出交易成本的概念，他认为交易成本存在于市场操作中。科斯认为交易成本包括：使市场交易顺利完成谈判和合同的监督成本、利用价格机制的成本和不确定性风险造成的成本。交易成本不仅在企业总成本的占比很大，而且在不断地增长。

但联盟通常被认为是一种新的制度安排。通过建立合作关系，稳定合作双方贸易，以此减少合同签约成本、减少风险同时降低企业市场交易成本。从威廉姆森（Williamson）的角度来看，联盟的形成会使合作伙伴之间相互学习，提高认知能力，抑制双方之间机会主义行为，将此行为产生的交易成本降到最低。企业间联盟替代市场机制可以实现稳定的贸易关系，并达到减少交易成本的目的。

在威廉姆森之后，许多研究人员利用交易成本理论对联盟进行分析。Hennart（1988；1991）和 Parkhe（1993）分析了联盟形式的选择和构建。Oviatt 和 McDougall（1994）研究出一种新形式对联盟进行分析。Gulati（1995）研究表明，采用联盟形式的条件是某项交易成本达到中等水平，但还不至于高到完全一体化。Ramanathan 和 Thomas（1997）研究表明，当交易风险显示内部化是有效的，将形成联盟。Demirbag 等（2010）等对产业链中合作关系的制度和交易成本的影响进行了研究。

2）价值链理论

价值链的概念及其相关理论由迈克尔·波特（Michael E. Porter）在他的《竞争优势》（*Competitive Advantage*）一书中首次提出，并且他从另一个角度解释了建立联盟的动力问题。

在波特模型中将企业的生产及交易活动分为基本活动和辅助活动。其中，基本活动包括的环节有市场营销、后勤、生产、客户售后服务等，辅助活动包括的环节有企业采购、技术开发、人力资源管理、基础设施和其他活动。价值链各个环节的操作决定企业的竞争优势。波特认为企业是开发设计、生产、销售和管理等活动的合成体。这一系列的经济活动，是一个"价值体系"，每一项经济活动组成这一"体系"中的价值链。

企业很难在"价值体系"的所有环节上都具备较强的竞争优势，在某些环节中，企业具有突出的竞争优势，但在其他价值增值环节中，其他企业可能具备更强的竞争优势，为实现"双赢"，联盟企业在各自优势价值链环节上进行合作，以此来实现利益最大化。同时，国际联盟能使企业在全球范围内寻找合作伙伴，实现资源优化配置和最优价值链的合作。

在波特之后，同一时期学者 Kogut（1988）用更直观的语言总结了价值链概念。他认为价值链是指各种各样的生产要素互相组合、相互融合形成不同的生产环节的过程，然后，通过这些环节的互相联系生产出最终产品，最后实现价值交换和消费循环的过程。

与波特模型相比，这一理论简单直观地表明了垂直分离和全球价值链之间的关系。对其后全球价值链理论的形成具有重要的指导性意义。在波特和 Kogut 提出了价值链的理论后，Gereffi 在关于全球价值链的研究中做了很大贡献。Gereffi（1999）和一些学者将价值链的概念和行业的全球化相结合，首次提出全球商品链（global commodity chains，GCC）。他们相信全球商品链应该是全球性跨企业的网络组织，它主要包括生产、销售和消费等主要活动，涉及生产材料采集和运输、半成品和成品销售及最终消费与回收，即涵盖了生产和销售的所有参与者的相关工作。

此后，2007 年 Temu 和该领域的其他研究人员进一步分析，得出了更加科学和合理的专业术语——全球价值链。他们提出全球价值链是整个产品生命周期中所有用于创造价值的活动，即产品的设计、生产、使用和退出，特别是应包括早期的产品研发设计、生产、营销、销售及终端用户的服务和支持等。因此，全球价值链的基本理论已相对成型。

3）博弈论

博弈论是一门研究双方选定的战略的科学。在合作与竞争间相互作用的过程中，观察企业之间的竞争能力，这是博弈理论的主要观点之一。布兰登伯格（Brandenburger）和纳尔巴夫（Nalebuff）在其《合作竞争》（Co-opetition）一书中提到竞争与合作的双重性质。他们认为客户、供应商、竞争者和互补者是博弈中的四类局中人。一个局中人既可能是竞争对手也可能是互补者。

在博弈论中，竞争和合作是两个重要的成对组件，这就要求企业给予重点关注。对局者在合作中可以产生一个"双赢"的结果，这便取代了竞争中"不是赢、就是输"的结果。不同于传统观点，博弈论认可竞争中合作的作用。

Richar 认为区域经济合作促使经济和企业的发展，也成为区域经济发展的必然选择。哈肯（1983）对美国 10 个城市进行研究后，指出在美国地方政府之间存在两种类型的相互关系：对抗与合作。由此产生了三个区域组织方式：①联合组成区域政府；②协调与合作而不是一个区域组织实体；③各自独立相互冲突。Wong（1998）认为区域经济发展的关键因素可以分为传统的经济发展（区位、物质因素、财政资本、人力资源、基础设施、工业结构、知识技术）和无形因素（生活质量、政策能力、商业文化、社区身份和形象）。

4）资源理论

资源理论又被称为资源基础理论（resource-based view，RBV），资源基础理论的假设是企业具有不同的有形资源和无形资源，这些资源可以转化为一个独特的能力，不同资源在企业间流动，很难复制，这些独特的资源与能力成为企业持久竞争优势的来源。资源理论的基本思想是把企业看成是资源的整体，将目标集中在资源的特性和战略要素市场上，并以此来解释企业可持续的优势和相互间的差异。资源理论可以用来解释区域品牌，区域作为一个整体参与经济活动，该地区独特的物质资源、文化资源和政治资源是其他竞争对手很难模仿的，这些独特的资源成为建立区域品牌资产，形成区域竞争优势的关键。

资源理论提出企业是不同种类资源的综合体。Das 和 Teng（1998）将资源理论应用于分析联盟。Das 和 Teng（1999）提出联盟伙伴可提供四种关键资源：技术资源、物质资源、财务资源和管理资源。Das 和 Teng（2000）指出企业成立联盟的原因是为获取其他企业的资源或与其他企业的资源相结合，以此开发自己的资源。

在联盟形成方面。资源理论提出，为实现资源价值最大化，企业利用联盟优化资源配置。Madhok（1997）认为不同类型的互补资源是企业竞争优势的源泉，同时也促使企业建立联盟。联盟成功的关键在于互补资源选择、获取和管理。Hitt 等（2000）认为，互补的能力是选择联盟伙伴一个最主要的标准。这个标准对资源丰富的大企业或资源相对较差的小企业，都非常重要。Ireland 等（2002）指出，有效联盟管理是竞争优势的潜在来源。Gulati（2000）提出：企业通常会与拥有自己企业所缺资源的企业成为联盟伙伴。简而言之，互补资源有利于开发新的技术、新的资源和新的竞争优势。但互补资源具有非流动性和非替代性的特点，如果想要互补资源，联盟是一个不错的选择。资源理论强调实现企业价值最大化的目标是通过使用有价值的资源来达到的。联盟的优势在于资源在联盟中的利用价值超过其在企业内部使用的价值。

5）其他理论

Arino 和 De La Torre（1998）通过对组织合作模型的分析，提出并解释了不同阶段联盟失败的模型，在此基础上对联盟协议的适用条件进行了讨论。Browning 等（1995）利用复杂性理论分析了半导体行业公司合作的形式。

2. 城市经济管理研究现状

1）区位理论

作为区位理论的先驱，冯·杜能（J. H. von Thünen）最早从理论和原则上对土地利用和空间结构进行了研究。在他所写的《孤立国同农业和国民经济的关系》一书中，建立了以市镇为中心，围绕其安排乡村土地使用的同心圆理论模式，为以后研究城市土地利用结构的相关理论奠定了基础。随着工业化促进城市化发展，针对城市功能布局等问题，欧洲学者和美国学者形成了对城市土地利用地域空间结构的理论。

其中具有代表性的理论有扇形理论、多核心理论、同心圆学说和中央商务区（central business district，CBD）土地利用模式。

（1）扇形理论。霍伊特（H. Hoyt）在 1939 年创建的扇形理论是对美国 64 个中小城市及芝加哥、纽约、华盛顿、费城和底特律等城市功能区域的趋势进行分析。他认为城市各种功能用地趋于沿交通干线及具有最少自然障碍物的方向发展，从市中心到郊区呈扇形发展。

（2）多核心理论。多核心理论是麦肯齐（R. D. Mckerzie）于 1933 年首先提出的。该理论强调了城市发展过程促使很多商业中心的出现，其中以一个主要商业中心为核心，其他为次要的核心。城市核心的数量和功能，因为这个城市规模的大小而不同。Tong 和 Wong（1997）通过中国香港的例子，说明高密度和混合功能的土地利用方式和轴线类型城市发展形态的优越性。

（3）同心圆学说。帕克（R. E. Park）和伯吉斯（E. W. Burgess）在 1925 年提出的同心圆学说（concentric circle theory）是基于分析总结芝加哥城市土地利用空间结构，并通过该理论描述没有地理障碍的区域中城市的发展模型。同心圆学说的基本模式是以中心区作为城市各功能用地的核心，由内向外作环形扩张，形成五个同心圆样式的用地结构。1932 年，巴布科克（Babcock）考虑交通轴线辐射效应，将同心圆模式修改为星状环模式。

（4）中央商务区土地利用模式。在 1954 年，墨菲（Murphy）和万斯（Vance）针对美国 9 个城市中央商务区的土地利用进行研究，提出地价峰值区（peak land value intersection，PLVI）是 CBD 的最明显的特征，在 PLVI 内的土地被称为商业用地。在研究 CBD 土地利用结构时，墨菲、万斯和爱普斯坦（Epstein）表示由于不同区位的土地具有不同的便捷程度，所获得的产业利润是不同的，所以地价不同，从而导致 CBD 中商务活动空间分布不同。戴维斯（Davies）在 1972 年的 CBD 中零售布局提出了一个结构模型，认为以零售为主的区位选择，除了受空间距离的影响以外，同时还受到三个独立交通可达性的影响。

2）城市形态理论

城市规划理论的基础之一是以城市物质形态特征及其演变规律为核心的城市形态研究。斯卢特（Schlter，1899）、索尔（Sauer，1925）和康泽恩（Conzen，

1960）对城市形态研究做出重要的贡献，其中索尔在景观的形态中提出：形态的方法是一个综合的过程，包括归纳和描述形态的结构元素，并在动态发展过程中合理安排新的结构元素。

3）集聚经济理论

韦伯（A. Weber）于 1909 年首次提出集聚经济的概念，他将区位因素分为集聚因素和区域因素，对产业集聚因素进行了探讨，并对集聚因素形成的规则进行了量化。根据合理组合区位因子的原则，使企业减少成本，企业会在生产和流通最节省的地点设立生产站点。产业的空间集聚可以使劳动力组织变得更专业，节省交易成本，共享交通、通信和其他公共设施。

城市经济学中的核心概念即集聚经济。1926 年，黑格（Haig）提出集聚经济对城市发展的影响。蒙马瓦（Moomaw，1983）认为集聚是指经济活动集中在一些特殊而有限的范围内，如果集聚带来了制造商的成本降低，那么就会存在集聚经济，即城市的产生是制造商为了追求低成本而愿意集中在一起。

4）城市管理理论

Kotler 等认为为满足特定目标市场的需求，应将城市经营应作为城市规划的进程，如果其能满足企业对城市产品的供求，同时，城市产品可以满足潜在目标市场的需求，这就是取得成功的关键。

Churchill（1985）表明，"城市经营含义越发丰富，城市经营不再只是指系统控制，还指一系列的行为关系。通过城市经营过程，城市管理行为和城市居民行为间相互影响"；Baker（1989）认为，"有必要从整体上考虑城市管理，其中应该包含更广泛的内容"；Sharma（1989）认为，城市管理是一系列指导城市范围内的社会、经济发展和物质的行为。1961 年，巴拉萨（Balassa）提出了关税同盟、自由贸易区、经济联盟、共同市场和完全经济一体化的五类组织形态。Aswhohrt 和 bogd（1990）认为城市需要向消费者尤其是地方发展的潜在客户提供完整的信息，通过改善基础设施、财政和政策等来扩大市场，以吸引更多的消费者。因此，城市必须是在市场上进行定位的产品或产品体系，城市营销包括四个方面：一是市场分析，即从供给和需求的角度进行区域审计；二是目标确定和战略规划，即从产品规划的角度来设计并以公共政策的形式加以执行；三是营销策略组合决策，指运用各种方法实现全面发展的目标和战略措施；四是解释和评价，通过实践完善和提升选定的规划策略。

5）战略管理理论

20 世纪 60 年代初，在美国著名管理学家钱德勒（Chandler）发表的《战略与结构：工业企业史的考证》一书中，首次提出企业战略问题研究。他指出，企业战略应该适应环境，同时应该满足市场需求，但组织结构又必须适应企业战略，随着战略的改变而改变。安索夫（Ansoff）在 1965 年出版的《公司战略》（*Corporate Strategy*）中，第一个提出企业战略的概念，并将企业战略定义为"一个组织打算如何去实现其目标和使命，包括制定和评估各种方案，以及最终将要实施的方案"。

普拉哈拉德（Prahalad）和哈默尔（Hamel）在 1990 年提出了"核心能力"的战略理论。该理论假定企业根据不同的资源，形成独有的竞争力，以及企业间资源不能自由流动，企业占据一个独特的资源，使企业形成一个独特的竞争优势。1995 年，David J. Collins 和 Cynthia A. Motgomery 提出了企业的资源观，认为企业价值评估不仅是内部评估，同时要对企业所处行业环境，与竞争对手的资源优势相对比，发现企业所拥有资源的价值。

1.2.2　国内研究现状

国内研究现状分为三部分：一是区域（城市）联盟研究，二是产业联盟及集群研究，三是成渝经济区研究。

1. 区域（城市）联盟研究

简汉权等（1998）利用非零和博弈的方法对联盟潜在驱动力及联盟形成机理进行研究。博弈论提供了联盟成员相互依赖的理论基础，对联盟形成后进行管理。博弈论被广泛应用于企业间合作效果分析。

单汩源等（2000）表示，组织成员之间的相互依存问题是联盟稳定性的本质。其通过对四种多组织成员博弈模型进行分析，并对联盟的稳定性进行讨论，将博弈论的运用从分析双方博弈向分析多成员的合作进行了扩展，扩大了博弈论的应用范围。

汪涛等（2000）指出联盟形成是由于资源使用的扩张和多样化、资源模仿和资源配置等方面的原因，并就储备资源和利用资源及各动因组合对联盟的最佳选择模式进行分析。

许树沛（2001）对联盟的特点进行分析，根据联盟中人力资源整合问题提出四个理念：整合联盟经理层、整合联盟员工工会、整合联盟渠道和整合文化。

李东红（2002）研究关于企业联盟研发中所产生的风险与防范，认为企业联盟优化资源配置，促使不同企业间的知识和能力相辅相成；此外，企业联盟会导致企业自身知识和能力的扩散，并提出了如何避免和控制企业联盟的研究风险。

魏然（2001）指出城市联盟的形成是由于各种要素的有机结合。其中，主要包括三个要素：一是人力资源要素，城市联盟可以更有效地促进人力资源在成员城市间有效流动和配置；二是产业要素，由于产业的发展促使城市联盟的形成，城市联盟可以有效地促进产业要素的配置；三是流通领域要素，包括物质循环、金融保险、旅游服务信息咨询、技术援助等。

林永健等（2004）表示，城市联盟是在一个特定的区域内，经济、社会、资源等联系密切的城市群，其目标是区域经济一体化。通过加强城市间的交流与合作，在城市群区域内逐渐促进资源优化配置、生产要素的有机结合、城市统一规划和共享共建基础设施，从而实现城市和地区的共同发展。

城市联盟是指两个或两个以上城市为了一定目的而进行的一种合作性超边界组织安排形式，是城市间合作博弈的结果。在经济全球化过程中，城市经济的发展除了对自身优势资源进行整合，也应该有一定跨空间、跨区域的联盟。城市联盟形成是由于市场机制发展，并以利益趋同为推动力，促进各种资源的合理配置，从而达到联盟城市多赢的局面。

2. 产业联盟及集群研究

对我国产业发展、企业快速增长来说，产业联盟作为一种产业组织形式，具有重要的意义。王磊（2007a）从主导产业和相关行业的产业联盟角度，提出产业联盟是指在一个特定区域，以一个主导产业为核心，大量相同或相关产业和与其密切相关的机构为了追求规模经济，自发地团结在一个经济体中。马骏（2007）从产业联盟和行业协会间的关系角度，提出产业联盟的建立是因为某些目标，如某项技术的研究与开发。其组织形式多种多样，如合资企业正式或非正式的非营利组织等，而产业联盟实现特定目标后，就会转型甚至是解散，一般不会存在很长一段时间。

产业联盟的形成包括多种多样的原因：陈小洪和马骏（2007）通过对交易成本理论、资源基础理论、规模经济理论和组织学习理论进行总结，以此来解释形成产业联盟的原因。王磊（2007b）认为产业联盟形成机制主要有三种，分别是内部原因、外部原因和高新技术产业联盟。杨艳（2006）认为产业联盟的形成可以概括为技术、经济、市场三个因素。以上三大因素与内外部因素是产业联盟形成的原因，这主要取决于观察问题的视角。

产业联盟的正常运行是通过外部和内部运行机制相互作用。杨艳（2006）从产业联盟外部运行机制的角度分析，揭示出主体构成不同导致产业联盟相互的作用不同。企业作为一个核心主体，确定发展方向、促使领先的科技成果产业化和市场化；科研机构和高校都支持联盟技术创新；中介机构对联盟内部事务进行协调、促进信息交流；政府提供政策指导，提高联盟的社会环境。王磊（2007）表示产业联盟的内部运行机制，主要有分工信任机制、互补机制、创新机制和知识溢出机制等。通过内部运行机制和外部运行机制，协调产业联盟内的企业运作，通过市场调节和政府调控使产业联盟内的企业具备较强、可持续的竞争力。

　　许多学者从不同的角度去探索产业集群（企业集群）形成的原因。仇保兴（1999）从竞争和合作的角度对企业集群进行分析，他提出从竞争的角度来看，企业内部部门的生产专业化和社会化是企业集群形成的原因，也是市场竞争的结果。从合作的角度来看，企业集群形成是为了克服由于特异性而替代交易成本高的问题。陈雪梅和赵珂（2001）从两个方面对产业集群进行分析：内生因素和外生因素。内生因素为资源要素禀赋、历史和文化传统、区域地理环境等；外生因素指外部经济机会、外商投资、制度条件等。任根寿（2004）对新兴产业集群的形成进行研究，并指出相关的制度因素是新兴产业集群产生的原因，并从制度细分的角度进行解释。李海舰和魏恒（2007）表示企业关系受网络化发展的影响，产品的竞争已经由单一企业间的竞争变为企业集群间的竞争。戴卫明（2005）指出产业集群效应是区域效应与集聚效应博弈的结果。魏剑锋（2010）通过实证研究，认为集群产业条件和市场条件包括：区域的选择、行业特点、市场环境的大小、生产特点、当地政府和区域经济等。

　　一些学者分析了产业集群的内在要求。王缉慈等（2001）对产业集群和创新体系进行了研究，研究结果表明增强国力的关键是培训具备当地特色的企业集群，构建区域竞争环境，加强区域竞争优势。盖文启（2002）认为某地区获得竞争优势的关键是持续创新软环境。他表示集聚经济效应的内在基础是产业集群，并指出我国高新技术工业园区发展所要求的区域创新环境的内容。邱国栋和白景坤（2007）认为，协同效应是一个企业的整合策略，也是处于产业链中的企业相互合作追求的目标。

　　在区域经济增长中，产业集群扮演一个重要的角色。沈正平等（2004）利用区域乘数探索产业集群与区域经济增长间的关系，指出区域经济中的一些部门在就业、生产和收入等方面的增长对其他部门产生影响。周兵和蒲勇键（2003），根据索罗经济增长理论，通过定量分析方法来解释产业集群与经济增长之间的关系，研究表明发挥产业集群的竞争优势和集群经济使产业集群降低平均成本，也使单个企业降低平均成本。泮策（2010）分析了产业集群对区域经济增长的作用机制：第一，网络效应，集群中彼此接近的企业很容易找到上游和下游企业，并形成长期固定的贸易交流关系；第二，提高效率将会带来规模经济，降低成本，从而增加收益；第三，洼地效应，在集群中高效的操作系统，可使该地区像洼地一样，使附近甚至全球的资本、人才、资源流入该区域；第四，制度优势，集群可以让当地政府收入增加，理性的政府将制定各种有利的政策促使区域经济增长。

3. 成渝经济区研究

方一平（2000）研究了成渝产业结构的相似性及其变换能力。姚士谋（2001）提出了成渝城市群以四川盆地作为地理范围构成城市群，同时研究成渝城市群的基本特征、发展历程和未来的发展趋势。欧书阳（2003）分析了成渝的历史起源和城市竞争力构成因素的差异等，并指出这两个城市具有很强的互补性，列出了两个城市的竞争优势和局限性。徐海鑫和郑智（2005）从理论和现实两个方面分析了大成渝都市区建设的必要性及可行性，并提出了相应的对策及建议。刘晓鹰和郑长德（2003）对加快成渝城市群的建设进行了分析，以此作为一个整体，促进城市化进程等。廖元和（2005）研究了成渝经济区的建设战略意义、范围界定和区位特征。戴宾（2005）认为成渝经济区、成渝城市群形成的关键是成渝经济带的存在。盛毅（2005）研究了成渝城市群建设中的主要矛盾及体制保障。彭继民（2006）研究了成渝经济区的形成机制和发展战略。赵涛涛和张明举（2007）对成渝城市群中的各个城市综合竞争力作了比较分析。杨海霞和郑晓红（2007）对成渝城市群经济发展中的优势和劣势进行了研究。何福荣和陈娟（2008）表示交通条件是城市空间格局演变主要的引导因素之一。成渝经济圈城市空间结构现状表现出明显的引导性和交通制约。在交通条件指导下，未来的城市空间格局将表现出四个独立分布同时又相互联系的城市圈空间特点，并发生三个主要变化：①成渝经济圈将延伸至四川东北部和四川西部；②成渝这两个特大城市辐射能力增强将促进成都经济圈和重庆经济圈的形成；③成渝快速通道的完成将促进成渝经济圈的经济发展。张建军和蒲伟芬（2006）提出了点轴论、增长极理论和网络开发理论等，同时提出西部地区应走层级增长极网络开发模式，构建以“成渝”和“西咸”经济圈为核心层增长极的西部地区层级增长极网络，在实现生产与人口向“辐射带”地理集中的基础上，利用“网络”的极化效应与回波效应促进层级增长极网络辐射带的发展，最终达到促进整个西部地区经济发展的目标。任艳和杨明洪（2006）认为合理的产业布局是促进区域经济发展迅速的重要力量。成渝经济区具有良好的制造业基地，但现在仍然是一个低水平的产业集群，存在产业自成体系等阻碍区域经济一体化进程的问题。他们对成渝经济区制造业生产布局的现状和未来规划进行了分析，采用产业集群理论和定量分析的方法，并提出相应的政策建议。

4. 成渝经济区概况

成渝经济区位于长江上游，地处四川盆地，北接陕甘，南连云贵，西通青藏，东邻湘鄂，是中国重要的人口、城镇、产业集聚区，是引领西部地区加快发展、提升内陆开放水平、增强国家综合实力的重要支撑，在中国经济社会发展中具有重要的战略地位。成渝两地从古至今一直处在川东、川西的政治经济中心地位，无论是历史还是地缘关系都有非常密切的联系。2011 年出台的《成渝经济区区域规划》指出，在新形势下加快成渝经济区发展，进一步明确了成渝经济区的发展目标和定位。成渝经济区的经济基本面发展状况也非常良好，2001 年以来，成渝两地的 GDP 一直保持着快速的增长态势，年均增长率超过10%，固定资产投资额、财政收入和进出口总额也同样保持了快速增长的局面。成渝经济区已建成一大批具有影响力的特色产业区，如重庆市的摩托车产业、成都的高新技术产业基地。在中心城市的辐射和影响下，成渝经济区发挥着西部地区制造、物流、金融、创新等方面的中心地位和作用。

成渝经济区的发展战略是要基本形成区域一体化格局，成为我国综合实力最强的区域之一，确定"双核五带"的空间格局，充分发挥中心城市——成都、重庆的辐射作用，争取将成渝经济区列为国家重点开发区，将成渝经济区建成国家新的经济增长极。

成渝经济区是西部地区唯一具备突破省市界限，在更大范围内优化配置资源的地区，其将为中国经济增添新的强有力的"发动机"，助推中国经济持续健康发展，在地区之间和社会成员之间的差距越来越大的经济形势下，也有助于缩小东西部发展差距，最终实现建成全面小康社会的战略目标。

1.2.3 文献述评

1. 联盟理论的回顾

1）交易成本理论

虽然交易成本理论很好地解释了联盟，但它把效率和最小化成本作为分析的动力和理论依据，而忽视了联盟的形成和其他原因，这些均超出了交易成本的范围。交易成本理论指出，联盟中有一个核心企业，因而忽视了公平对待联盟伙伴。此外，交易成本理论认为联盟参与者的企业文化也能够被整合，但参与者的企业文化往往会进行碰撞。这是该理论的局限性。

然而，交易成本理论的研究成果既可以很好地解释企业联盟的原因，也可以解释区域经济联盟的建立形成；将区域作为一个经济实体，则有区域内部交易成本和外部交易成本，同时随着区域的扩张，其内部交易成本将持续增加，通过建立区域经济联盟来减少内部交易成本，形成一个稳定的外部市场，这会使外部交易成本降到最低。

2）价值链理论

波特的理论中，一些原始的辅助类活动，如技术发展已成为增强企业竞争力的主要价值活动，因此，在当今以基本和辅助两种类型的活动来描述企业价值链创造价值环节不是很贴切。然而，价值链理论是从纵向一体化向横向一体化价值链发展。因此可以对区域经济联盟的合作动力机制进行解释。在当今世界经济布局及整个经济价值链中，区域经济联盟是非常重要的方面。区域经济联盟可以使联盟区域优势在经济价值链中发挥有利的作用，实现整个价值链的价值。除此之外，联盟区域之间的相互作用、相互影响，联盟区域在此链中的地位决定了该地区的竞争优势和劣势，这又取决于价值链中的每个环节的运作情况。

3）博弈理论

博弈理论缺乏对联盟运作中环境变化的认识，也没有考虑到动态性联盟的参与者。但博弈理论可以用来解释区域经济联盟的形成、竞争、合作和发展等环节，而进化博弈还能解释区域从竞争向合作的演变理论。博弈理论中的"非零和博弈"和"合作博弈"理论，可以给区域经济联盟的形成等问题一个很好的解释。在区域经济联盟形成后，博弈理论对区域经济联盟成员间相互依存的发展理论提供重要的启示。因此，博弈理论可以用来分析区域经济联盟理论。

4）资源理论

资源理论不能完全解释联盟形成。例如，其没能解释除了实现联盟以外，为什么该企业还将寻求其他策略来解决资源不足的问题，如并购等。资源理论更关注企业对资源需求的研究，并没有考虑学习机会、交易成本等问题。此外，资源理论并不能解释企业间如何进行资源的转移及联盟中的各企业如何发展自身能力。

但资源理论可以解释区域经济联盟的形成，可将区域作为一个经济实体，区域也可以使用最优资源分配，使区域经济资源得到最大化利用。另外，区域联盟会出现基于区域和关键资源需要被不同的区域所拥有并与所有者的其他资源不可分割的情况。区域竞争优势的来源在于不同类型的互补资源，并促使区域联盟的建立。互补资源的获得、选择、管理是联盟成功的关键。资源在区域联盟中的利用价值超过其在区域内部的使用价值，是区域联盟的竞争优势。区域联盟建立后区域得到资源互补，如果想区域联盟工作顺利开展，体现区域联盟优势，则需整合，这涉及分配权力，知识共享和企业文化等问题，但最为重要的是人力资源的整合。

2. 区域经济管理学研究述评

1）区位理论

韦伯模型认为供应商经常根据运输成本和其他要素投入价格的变化不断地改变其选址。在现实生活中，供应商在搬迁时通常是伴随着很高搬迁成本致使供应商不能频繁的迁移。根据韦伯的区位理论分析，投入品和产出品的运输成本对供应商的选址有很大的影响。大量以投入品为主导的厂商会在投入品的产地进行集聚，从而促使资源导向性的城市出现；此外，城市的发展将会吸引更多以产出品为主导的厂商在市场周围聚集，从而使城市成为区域性中心市场。城市的分工和定位加深，促使城市间的合作成为必然，便促使城市联盟产生。

2）城市形态演化理论

在城市群里，有很多城市间的合作，城市联盟就是这种合作关系的组织形式。城市联盟是城市间合作关系的组织制度创新，同时其承载着城市和城市间的经济、政治、文化、社会结构和其他各方面的共性。

3）集聚经济理论

根据集聚经济理论，产业在一个城市的集聚必然会促进城市的专业化，从而使城市分工深化，这同时是城市联盟产生的依据之一。

在研究区域内城市联盟问题时，城市集中度或城市规模的分布差别会对区域经济增长产生影响。例如，在相同程度的城市化下，生产要素和其他资源分布比较分散、集中程度不足的城市，很难利用中心城市集聚和规模效应。过分集中的生产要素和其他资源的分布，也会增加运输成本、拥堵和生活成本，增加产品的生产成本。因此，便可以合理解释城市联盟的出现和发展。

此外，在经济发展到一定阶段，城市联盟可以提高生产率。依靠产业空间集聚，城市联盟将充分利用有限的基础设施和资源，如通信设施、交通运输、人力资源等。

4）城市经营理论

根据城市管理经营理论，作为市场经济实体的一部分，城市也成为竞争对手，为了提高城市的竞争力就需要城市间的合作，区域经济联盟便产生。城市经营表现出合理的管理体制安排，只有用这种方法我们才能实现城市资源的合理配置，实现城市增值，增强城市的综合竞争力。为促进区域联盟的稳定，应当建立一个有效的选择机制和协调机制。

5）战略管理理论

战略管理理论对企业的定位和发展具有重要的指导作用。对区域联盟的发展，也可以给出一些启示。

区域联盟发展应包括战略性和经济性。企业管理的战略性与经济性互相辩论的过程是战略管理理论发展过程的实质。对区域联盟来说，市场竞争可以分为两大类：自然竞争和战略竞争。自然竞争是缓慢并渐进的过程，只有满足要求，才能在自然竞争中持续发展；战略竞争是指城市主动集中优势资源、积极推进并抢占先机。但自然竞争是所有竞争的基础，只有"优等城市"才可以持续发展；战略竞争基于自然竞争之上。因此，战略管理的战略性与经济性都是区域联盟发展的两个重要内容。

区域经济联盟需增强制度和技术创新能力。城市的竞争潜力产生与专有资源及公共资源的结合过程中，专有资源的不易模仿和高效体现出关键的作用。因为经济持续增长，市场环境随着经济发展不断变化，所以城市必须积极主动地学习，以满足市场需求。

注重建立良好的城市文化。区域联盟的市场竞争力主要是对资源的整合、协调要素和组织。因此区域联盟，一方面要整合技术和方法、关注组织协调，另一方面还要关注城市文化的建设。区域经济联盟之所以能整合许多资源，主要是战略安排，但非常重要的是要有优秀、相近的城市文化。城市文化是区域经济联盟战略资源的核心。

根据战略管理理论、区域经济联盟根本目的是实现双赢或者多赢，同时其前景是一个长期的目标。

3. 国内理论研究评述

1）城市联盟研究评述

从国内学者的相关研究发现，尽管城市联盟在中国起步较晚，但学者通过努力，在城市联盟的理论探讨和实证研究方面仍取得了不少的突破。然而，也存在部分缺陷，如城市联盟研究的理论体系相对薄弱，缺乏系统性，目前专门研究城市联盟的著作并不多；并且，中国城市联盟的研究主要集中在地理和城市规划等领域，在经济学领域的研究成果并不多，涉及多学科综合性研究更少；

同时，目前大多数的研究主要是描述性分析，定量分析不足；此外，中国对城市联盟的主要研究对象是北京、长三角、珠三角等地区，对中等城市的联盟，如成渝联盟的研究成果是非常罕见的。这既不利于成渝城市联盟的发展建设，同时也不利于促进区域经济的大范围发展。

2）产业联盟及集群研究评述

通过国内学者借鉴国外研究成果和结合中国具体情况，从产业集群的形成原因、内在要求和经济效益等角度，系统分析我国产业集群的行为，这对国家制定区域经济政策、产业政策具有重要的意义。但也有其不足的地方：①我国在产业集群研究方面相对落后，并多以介绍性研究为主，对产业集群形成机制的深入研究不足；②缺乏对产业集群定量的研究，实践少，理论多；③实证研究主要是针对东部沿海的一些发达地区，对经济欠发达地区如何通过产业集群促进区域经济发展的研究仍然不足。

3）成渝经济区研究评述

学者对成渝经济区进行研究，明确了其概念，展示了成渝经济区发展的重要性；并从不同角度分析了成渝经济区的优、劣势，从理论上指导其战略目标的制定。但研究方式大多为理论研究，缺乏实证研究，同时分析方式大多为描述性分析，缺乏定量分析。根据对成渝城市发展研究的相关文献，可以看出学者们普遍认为，必须加强这两个城市间的经济合作，打破单一的城市发展模式，充分互补产业优势，将成渝经济区打造成为西部地区的经济增长极，以促进西部地区城市的共同发展。

1.3　本　章　小　结

随着社会生产力的提高，区域经济联盟作为经济发展集聚中心，在其区域间联系大幅提高的同时，区域间合作博弈的时代也已经来临。而区域间合作博弈产生了区域经济联盟。区域经济联盟成为城市经济发展的有效途径，并且能提高城市的竞争力，同时也是城市群创新的组织体系。然而，目前对研究区域经济联盟组织的机制十分缺乏，因此有必要对区域经济联盟组织机制进行研究，并且该项研究具有重要的理论意义和现实意义。

2

合作性组织分析

本章介绍了三个层次的合作性组织，第一个是国家（地区）与国家（地区）之间的合作性组织，第二个是区域与区域之间的合作性组织，第三个是产业与产业之间的合作性组织。三个层次的合作性组织有不同的组织结构和组织形式，这些合作性组织为国家、地区、产业的发展提供了源源不断的动力，优化了资源配置。城市联盟是城市群的组织形式，大城市群是国家经济的中枢，中小城市群是区域发展的重心，通过聚集-扩散效应和规模经济效应，资源得以高效利用、经济得到快速增长、整体实力不断增强。成渝城市群是我国人口最多、面积最大的城市群，其 GDP 排名较高，经济开放竞争力较强，城市群分工较细，是西部地区唯一具备突破省市界限，在更大范围内优化配置资源的地区。

2.1 国家（地区）与国家（地区）之间的合作性组织介绍

国家（地区）与国家（地区）之间的合作性组织包括联合国、欧洲联盟（简称欧盟）、美洲国家组织、世界贸易组织，亚洲太平洋经济合作组织（又称亚太经济合作组织）、国际货币基金组织、博鳌亚洲论坛、世界银行集团（简称世界银行）等。

1）联合国

联合国不仅是一个世界性和统一性的国际组织，还是综合性和政府间的国际组织。它能维护世界和平，解决地区冲突及缓和国际紧张局势，它在很多方面发挥着积极的作用，如协调国际的经济关系，促进各国经济、文化的合作与交流等。国际法庭、联合国托管理事会和联合国秘书处等是联合国的组织结构。

自联合国成立以来，其对维护世界和平、促进经济发展和社会进步等方面做出重要贡献，并且其制定的国际法律也成为解决国际争端的依据。毋庸置疑，目前世界范围内的政治争端、经济纠纷和宗教文化等问题，联合国以其权威性、公平性和客观性，充当解决这些矛盾的重要参与者。但是，对于处理国际问题，联合国也存在不足之处，如"美国化"倾向、监督问题和经费问题，这些不仅成为许多学者和官员诟病的原因，而且也制约了联合国更有效地处理国际争端问题。

2）欧盟

欧盟的总部设在比利时首都布鲁塞尔。欧洲共同体发展形成了欧盟，它是集政治与经济于一体的国家间合作组织，还是世界上影响力巨大的区域一体化组织。建立无内部边界空间、加强社会和经济协调发展是欧盟成立时的构想，欧盟是最终能实行统一货币的经济货币联盟，也促进了成员国经济和社会的发展。为了实现这一目标，欧盟已经制定了标准化的法律政策，其适用于所有成员国，以保证人口和资本的迁徙自由，另外，也制定了共同的贸易政策和区域发展政策。克罗地亚于 2013 年 7 月 1 日正式加入欧盟，使当时欧盟的成员国增加到 28 个。欧盟下设欧盟理事会、欧洲理事会、欧盟委员会、欧洲法院及其他重要的机构，包括欧洲警察、欧洲军备局、地区委员会、经济与社会委员会、欧洲议会、欧洲投资银行、欧洲审计院、欧洲中央银行。

据《世界经济史》记载，自欧盟成立以来，各成员国经济快速发展，其中，1995～2000 年经济增速达 3%，GDP 由 1997 年的 1.9 万亿美元提升到 1999 年的 2.06 万亿美元。截至 2012 年，欧盟 GDP 达到 16.58 万亿美元。同时，欧盟实施一体化政策，有利于促进成员国之间各个领域的交流。

但是，在经济方面取得的长足发展，并不能完全掩盖欧盟存在的缺陷，如欧元危机、债务危机等，尤其是英国选择脱离欧盟，这些变数都给欧盟的前景蒙上了一层阴影。

3）美洲国家组织

美洲国家组织是一个区域性的国际组织，由美国和西班牙美洲地区的国家组成，其总部位于美国华盛顿，成员包括美洲的 34 个独立国家，美洲共和国国际联盟就是其前身。美洲国家组织的宗旨是确保成员方之间和平解决争端；加强美洲大陆的和平与安全；谋求解决成员方之间的经济、政治、法律问题并致力于将矛盾转化，促进各个成员方的经济、社会、文化的合作及清洁组织社会，从而加速美洲国家一体化进程；当成员方遭侵略时，组织声援行动。截至 2016 年，美洲国家组织有 58 个常任观察员和 34 个成员方，而中国于 2004 年 5 月 26 日成为这个组织的常任观察员。美洲国家组织联盟下设外长协商会议、咨询机构、直属机构、大会、秘书处、专门机构等。

美洲国家组织自建立以来，对于推动美洲各项事业的政策发展有着非常明显的作用，尤其是成员方之间不断加强交流，同时，就一些地区敏感问题和重要问题进行深入讨论，以寻求解决矛盾的方法。

4）世界贸易组织

作为当代最重要的国际经济组织之一的世界贸易组织，它的宗旨就是通过建立一个完整的投资及知识产权内容，其中包括货物、服务与贸易等，建立一个更有活力和更持久的多边贸易体系，用来提高生活水平、充分就业，扩大货物、服务生产与贸易，稳步提高实际收入和需求等。与此同时，世界贸易组织也是多边贸易体制的法律基础、组织基础和贸易协定的管理者，也是成员方贸易立法的监督者和进行贸易谈判与解决贸易争端的场所。截至 2017 年，它拥有 164 个成员方。

1995 年 1 月 1 日世界贸易组织正式开始运作，其主要负责贸易秩序和世界经济的管理，总部在瑞士日内瓦莱蒙湖畔。世界贸易组织是一个具有法人地位的国际组织，它在调解成员争端上有很高的权威性。遵守市场开放、公平贸易和非歧视等原则，从而实现世界贸易自由化目标。1947 年订立的关税及贸易总协定（简称关贸总协定）是它的前身。其正式取代关贸总协定临时机构是在 1996 年 1 月 1 日。其中，关贸总协定只适用商品货物贸易，世界贸易组织则涵盖货物贸易和服务贸易及知识产权贸易。

5）亚太经济合作组织

亚太经济合作组织（Asia-Pacific Economic Cooperation，APEC）是一个多边的区域经济组织，成员方地理位置辐射范围最大，属于非世界性的政府间的国家组织，截至 2014 年一共有 21 个成员和 3 个观察员。它不仅是亚太地区有影响力的经济合作论坛，还是亚太地区高级别的政府间经济合作机制。其组织特点：成员的广泛性、独特的官方经济性质、开放性及组织的松散性。其中，组织的松散性主要是指没有组织首脑、没有常设机构及对成员的约束力小。为了讨论亚太地区的经济发展前景和计划，亚太经济合作组织会召开领导人的非正式会议。据国际货币基金组织的数据统计，APEC 成员的经济量在世界经济总量上占有53%，贸易总量上占有43%。截至2011年，亚太经济合作组织总人口有27亿，达到世界人口的40.5%。部长级会议、领导人非正式会议、高官会、委员会和工作组、秘书处等为其下设机构。

亚太经济合作组织是亚太地区最具有影响力的经济合作官方论坛，最开始是一个区域经济论坛及磋商机构，但现在已发展成为亚太地区最具影响的经济合作论坛，同时，也是亚太地区高级的政府间经济合作机制。自成立以来，亚太经济合作组织推动了区域及全球范围的贸易投资自由化发展，开展了经济技术合作，做出了很多突出的贡献，包括加强了区域经济合作、促进了亚太地区经济发展和共同繁荣。APEC 成员多样性特征及机制不完善等因素使其的发展暴露出了问题，特别是在消减关税问题、推动经济技术合作和接受新成员问题上，局限了其发挥应有的作用。

6）国际货币基金组织

作为世界两大金融机构之一的国际货币基金组织（International Monetary Fund，IMF），它可以通过常设机构来促进国际货币合作，为国际货币问题的磋商和协作提供方法；促进及保持成员方的就业、实际收入水平发展、生产资源发展等。这些经济政策的首要目标是促进经济贸易的扩大和平衡发展；避免竞争性的汇价贬值，稳定国家汇率，成员方间保持有秩序的汇价安排；消除阻碍世界贸易的外汇管制，协助成员方建立经常性交易多边支付的制度；在有保证的条件下，国际货币基金组织可以向成员方临时提供普通资金，让其利用机会纠正国际收支的不平衡，以避免采取危害本国或国际繁荣的措施；依照这些目标，可以缩短成员方国际收支不平衡的时间及减轻不平衡的程度。国际货币基金组织的总部设在华盛顿。国际货币基金组织可以通过成员方认缴份额来获得运作资金，同时，成员方享有提款的权利，即可以按其所缴纳份额的一定比例借用外汇。此外，1969年创设"特别提款权"的货币（记账）单位，以此作为国际货币流通手段的一个补充，主要是为了缓解一些成员方的收入逆差。截至2011年，国际货币基金组织有187个成员方，其下设有总裁、执行董事会、理事会和常设职能部门。其中，"七国集团"和"二十四国集团"是该组织内部的两个利益集团。

自国际货币基金组织成立以来，国际货币基金组织的使命就是为陷入严重经济困境的国家提供协助。对严重财政赤字的国家，国际货币基金组织可能提出资金援助，甚至协助其管理国家财政。这些做法保证了国际经济稳定发展。但是，自 20 世纪 80 年代以来，超过 100 个国家曾经历银行体系崩溃，并令 GDP 下降 4%以上，这是史无前例的。国际货币基金组织对危机的迟缓反应，以及"亡羊补牢"的做法，令不少经济学家提出要改革国际货币基金组织。

7）博鳌亚洲论坛

博鳌亚洲论坛不仅是一个非营利性、非官方的国际组织，还是一个定址、定期的国际组织；它可以为企业、政府和专家学者提供一个高层对话平台，其内容包括共商经济、环境、社会及其他问题等；论坛的永久所在地是海南博鳌。其主旨是互惠、平等、合作、共赢；性质是非盈利、非官方、定址和定期的国际会议组织。它立足于亚洲，推动了亚洲各国的协调合作及经济交流。最后又面向世界，加强了其与世界其他地区的交往与经济联系。

自博鳌亚洲论坛开始以来，每次年会都是就亚洲发展问题进行讨论，在一定程度上，这可以弥补当前缺乏一个亚洲主导国的劣势。博鳌亚洲论坛从亚洲的利益和角度出发，积聚了亚洲的主要国家领导团队，着重讨论亚洲事务，目的在于增加亚洲各国间的交流和与世界其他地区的交流与合作，不仅促进了各国间的交流，也促进了经济的健康发展。

当然，历届年会的主题，都会体现于参会国的规划之中。从另一角度来看，历届年会主题也是各国制定相关规划的延伸。另外，博鳌亚洲论坛的举办，能够更好地、更快地推进亚洲一体化的进程。

8）世界银行

国际复兴开发银行及国际开发协会国际金融公司、多边投资担保机构-国际投资争端解决中心组成了世界银行集团，它为全世界发展中国家提供技术和金融援助。该集团资助了很多国家，帮它们克服了穷困，提高了其国民的生活水平。世界银行集团成立最初的目的就是帮助在第二次世界大战中遭到破坏的国家的重新建设。低息贷款、无息贷款和赠款主要是世界银行向发展中国家提供的，其使用目的包括卫生、教育、基础设施、公共管理、私营部门和金融的发展、环境和自然资源管理及农业投资等。贷款主要是针对成员方，贷款的周期比较长，一般为 15~20 年，其中宽限期限是 5 年左右，其年利率为 6.3%。世界银行在全球设有 120 多个代表处，其员工达到 1 万多名。此外，其成员必须具备一些条件才可以申请加入世界银行，这个条件就是参加了国际基金货币组织的国家。

1948 年后，欧洲各国开始主要依赖美国的"马歇尔计划"来恢复经济，因此发展中国家就是世界银行的主要帮助对象。它帮助发展中国家建设农业、教育还有工业设施，而且为成员方提供优惠的贷款，同时也向受贷方提出一定的要求，如减少贪污、建立民主等。

9）东南亚国家联盟

马来西亚、泰国及菲律宾成立的东南亚联盟发展成为东南亚国家联盟，即东盟。东盟最先发起区域的合作进程是在 20 世纪 90 年代初，之后便形成了以东南亚国家联盟为中心的区域合作机制。东盟地区论坛的成立在 1994 年 7 月，东亚-拉美合作论坛在 1999 年 9 月成立。东盟还与日本、美国、新西兰、澳大利亚、加拿大、俄罗斯、韩国、欧盟、中国和印度 10 个国家及地区形成了对话伙伴关系。中国在 2003 年与东盟的关系发展到了战略的协作伙伴关系，而中国成为第一个加入《东南亚友好合作条约》的非东盟国家。

东盟自成立以来，逐步发展为经济、政治、安全一体化组织，该组织以东南亚地区经济合作为基础，还建立了一系列的合作机制。该组织的宗旨是和平与合作的精神，目标是促进地区的经济、文化发展和社会的进步，建立一个和平、繁荣的东南亚国家共同体，促进该地区的稳定与和平发展。

东盟的自由贸易区于 2002 年 1 月 1 日正式启动，目的是为了早日实现东盟的经济一体化。它的目标是达到区域的贸易零关税。2002 年，印度尼西亚、文莱、马来西亚、新加坡、菲律宾和泰国 6 国将大多数的产品关税降到 0～5%。2015 年，老挝、越南、柬埔及缅甸实现了这一目标。

10）石油输出国组织

石油输出国组织即 OPEC（Organization of the Petroleum Exporting Countries），成立于 1960 年 9 月 14 日，成为正式的国际组织是在 1962 年 11 月 6 日经联合国秘书处备案以后。OPEC 的宗旨是协调及统一各成员方的石油政策，以维护他们的共同利益。截至 2016 年，OPEC 一共有 12 个成员方。随着不断地发展壮大，该组织发展成为非洲、亚洲及拉丁美洲的一些主要石油生产国的国际性石油组织。奥地利首都维也纳是该组织总部设立的地方。OPEC 通过消除不必要的、有害的价格波动，来确保石油市场上石油价格的稳定，保证每个成员方无论在什么情况下都能有一定的石油收入，还为各个石油消费国提供长期、足够、经济的石油供应。

全球约三分之二的石油储备量都受该组织成员方共同控制，该组织提供了40%的石油消费量及占了世界石油储量的 78%以上。而全球油量的 40%和出口量的一半也是由他们占有的。据《世界石油展望 2012》分析，由于欧债危机、世界经济放缓及高油价，2016 年 OPEC 将全球石油需求预测下调为 9290 万桶/天，和前一年的预测相比下降了 100 万桶以上。2035 年，全球石油消费将达到 10 730 万桶/天，与前一年的预测相比下降了超过 200 万桶。从长远来看，OPEC 认为全球的石油需求量仍将持续增长，而石油在国际上的能源地位将是难以撼动的。

OPEC 预测页岩油会对以后全球石油市场有深远影响，其预测页岩油将于 2020 年达到 200 万桶/天的供应量，这好比是在尼日利亚这个非洲最大的石油出口国的石油产量。页岩油将于 2035 年达到 300 万桶/天的供应量。到 2020 年后，页岩油的增速将下降，是因为比较容易开采的页岩油基本上已经用完。在中期内，它主要在北美地区集中，但长远来看，世界其他国家将加入页岩油开发的行列。

11）上海合作组织

2001 年 6 月 15 日，上海成立了一个永久性的政府间国际组织，它由哈萨克斯坦共和国、吉尔吉斯共和国、中华人民共和国、俄罗斯联邦、乌兹别克斯坦共和国、塔基克斯坦共和国共同组成，即上海合作组织。该组织是由"上海五国"会晤机制发展而来的，它的目的在于使各个成员方能互相信任、和睦友好共处；在政治、经济、文化、科技、教育、能源的各个方面，该组织都鼓励成员方积极地参加合作。此外，在维护及保障地区的和平稳定上，上海合作组织也起到了积极的作用，它推动了一个新的国际政治经济秩序的形成，宗旨是民主、合理、公正。上海合作组织对内遵循"互信、平等、互利、尊重多样文明、协商、谋求共同发展"的"上海精神"，对外奉行"不针对、不结盟其他国家和地区"的开放原则。

上海合作组织促进了本地区和世界的和平及稳定，也加强了地区还有国际事务的磋商和协调行动，在十分重大的国际和地区问题上都有相互支持及密切合作，在维护世界战略和平与稳定上具有特别重要的意义。

12）经济合作与发展组织

经合组织是经济合作与发展组织的简称，34 个市场经济国家组成了这样一个国家与国家之间的合作性组织，其目的在于一起应对经济全球化带来的挑战，这些挑战包括经济、政府治理和社会等，同时把握了全球化带来的机遇。巴黎是经合组织的总部。

经合组织不会提供资金援助，这是与世界银行和国际货币基金组织的不同之处。它可以帮助政府制定政策，以及提供一个思考和讨论问题的场所，这些都是政策和分析的基础。而这些政策也许会导致各成员方政府之间达成正式协议或者可以在国内及其他国际场合实施。这对于各成员方有非常重要的作用。经合组织的工作方式是一个基于对数据收集与分析的高效机制，从而发展成为对政策的共同讨论，直至达到执行其决策。为了使成员方遵守规则和进行改革，经合组织会实施双边审查及多边监督、平行施压制度，这些就是经合组织在国际商业交易《反贿赂协议》等领域有效性的核心。经合组织为政府制定经济政策提供帮助，其主要的贡献是在信息技术革命对经济发展方面所做的分析。经合组织在失业起因及对策方面的研究给政策措施带来了新的政治动力，这在很大程度上减少了失业。经合组织也推动了国际贸易的成功，特别是在服务贸易领域上，开展了重要的分析和综合一致的工作。

经合组织的工作越来越具有跨学科性。它的多学科研究主要体现在可持续发展方面及尽快确定新兴政策问题上。其中，宏观经济学专家、税收专家、企业专家和卫生保健专家等都参与了经合组织对人口老龄化方面所做的研究，还有对劳动市场和社会政策分析。经济和环境的分析应该结合到一起进行，投资和贸易之间的关系也十分紧密。

13）亚洲基础设施投资银行

亚投行是亚洲基础设施投资银行的简称，其重点是支持亚洲区域的基础设施建设，是政府性质的亚洲区域多边开发机构。亚投行作为中国提出创建的区域性金融机构，其最主要的业务是帮助亚洲国家的基础设施建设。亚投行在全面运营之后，将运用贷款、股权投资和提供担保等方式来为亚洲区域基础设施建设项目提供融资支持，目的在于振兴能源、交通、农业、电信和城市发展各个行业的投资。亚投行体现的是一种大局思维，有利于亚洲地区的基础设施建设和经济发展，让新型市场得到自由发展，不受约束。同时，也把中国的国际化地位拉升了一个档次，带动了中国产业的快速升级，也推动了中国金融行业的发展和与国际接轨。

亚投行不仅有助于亚洲基础设施的投资，还推动了亚洲各国经济的增长。它是一个"修桥"机构，也是一个"造路"机构，在投资融资体制改革方面发挥了巨大的作用。亚洲及全球经济的持续增长都来源于亚投行的帮助，它还使全球经济的稳定性得到增强。中国提出筹建亚投行，是因为它能推动世界银行和国际货币基金组织的进一步改革，补充当前亚洲开发银行在亚太地区的投资融资及国际的援助职能。

建立亚投行是投资于亚洲的"活力与增长",其可以弥补发展中国家在基础设施投资领域中的缺口,也使亚洲区域内的资金外流得到减少。

建立金砖国家开发银行、上海合作组织开发银行都是亚投行提出来的,同时,它也是中国主导国家金融体系的又一个措施。它的建立说明了中国在尝试在外交战略中发挥出国际金融的力量。其中,最为期待的是亚投行会成为一种人民币国际化的制度保障,这样可以方便人民币的"出海"。

2.2　区域与区域之间的合作性组织介绍

一个国家内的合作性组织主要体现在区域与区域之间的联盟,而最主要的表现形式为各城市群或者称为城市联盟。2004 年,我国的城市联盟有厦泉漳城市联盟、东北 6+1 城市联盟。截至 2017 年 3 月底,我国城市群包括:长三角城市群、中原城市群、京津冀城市群、长株潭城市群、辽中南城市群、山东半岛城市群、长江中游城市群、珠三角城市群、武汉城市群、海峡西岸城市群、成江淮城市群、成渝城市群、哈长城市群、环鄱阳湖城市群、关中城市群 15 个。以下介绍两个城市联盟和部分城市群。

1)厦泉漳城市联盟

厦泉漳城市联盟的优势是有利的区位、闽南商业文化及快速发展的经济实体等。其建立的目的在于克服盲目的市场竞争、传统的不合理行政规划发展模式等缺陷。其首先让政府引导,其次以市场机制为主这种运行机制来整合各类资源,提高产业技术支撑、基础设施、人才扶持和政府服务的整体配套水平,最后形成经济联系紧密、地域分工明显、中心城市支撑、要素流动集聚、市场体系统一这些有着自己特点和优势的地域经济综合体,最终实现经济发展的城市战略合作性组织。在这个联盟组织结构中,福建省的主要领导负责专门委员会区域发展的调控,指导委员会则负责全省的区域发展战略政策的实施,该联盟可以协调及平衡全省的重点发展和加速落后地区的发展。

该联盟不仅为城市之间在信息交流上发挥了巨大的作用,还为省政府和各城市之间在信息交流上发挥了作用。特别是开展了泉州、厦门及漳州城市发展走廊规划研究、城市空间对接规划,这些使各城市之间在集输运系统、港区分工、重大基础设施、跨海通道和社会设施等共建共享问题上有了新的认识,为不出现基础设施的重复建设和避免各方面都不建设的"灰色地带"等问题提供了解决的条件。

2）东北6+1城市联盟

辽宁中部城市将根据《辽宁中部城市群（沈阳经济区）合作协议》，共同推进经济区建设，一起协商打造沈阳经济区。协议的主要内容包括产业发展、交通运输、贸易流通、金融服务、对外招商、生态环境、人力资源、旅游开发、科教文化统筹规划、信息通信等方面的合作内容。具体来说有以下几方面。

在交通运输方面，为了打造一小时经济圈，需启动建设环经济区高速公路。沈阳经济区应以交通一体化为基础，在城市间长100千米的距离内，有方便的交通方式让人们日常公务和工作通勤、旅游、购物、休闲。高速公路的建设是形成以沈阳为中心的公路格局，争取建设沈阳至抚顺、鞍山、营口、本溪、辽阳、铁岭城际轨道交通，从而可以尽快形成经济区城际轨道交通系统。

在产业发展方面，东北6+1城市联盟可以依托城市的优势产业还有龙头企业，重点推进汽车工业、装备制造业、石油化纤、钢铁工业和精细化工等产业的整合，增强配套能力，加强产业链接。现代农业得到大力发展，高新技术产业加快发展并在改造传统产业上做出贡献。在这个经济区域内，每个城市分别建立目的在于加强经济合作的载体，建立的地区为各城市相互交界的地带，进而形成一个合作竞争及分工合理的发展格局，避免重复建设和投资浪费。

在金融服务方面，该联盟支持沈阳商业银行的金融机构在经济区域内各个城市设立分支机构，给各城市的经济发展提供金融服务。积极培育资本市场，进一步完善沈阳产权交易中心，扶持经济区各城市中小企业健康发展，共建区域性产权交易市场。

在贸易流通方面，一起打造区域商品流通一体化格局，不仅可以消除贸易壁垒，还可以消除商品流通的地区障碍，建立一个覆盖全面和功能完善的区域物流网络，加快建设统一开放的大市场。该联盟鼓励参与营口港的建设和发展，共同建立沈阳保税物流园区，最终为各城市的散货运输、物流周转和货物出关提供便捷的口岸服务。

在招商方面，该联盟通过搭建经济区内的招商投资信息平台，利用东北投资网，推动各城市快速招商的步伐。一起协商组织对外招商活动，如举办沈阳韩国周、国际旅游节和中日文化交流等大型的活动。

在人力资源方面，可以加强经济区的城市劳务合作和人才交流，共享人才资源和劳动力供求信息网络，建立统一的劳务市场和人才市场，逐渐实现人才、人力等资源的合理配置及无障碍流动。

在科教文化方面，各个城市科研成果的转化及合作开发得到加快，可以联手来开展技术攻关和技术交流，从而共同实施科技合作项目，逐步建立起区域性的科技创新体制。建立联盟不仅可以加强职业上的技术培训合作，还可以为经济区培养优质的技术人才。

在旅游开发方面，开发各城市旅游资源优势，推出一批特色旅游线路，共同建设经济区旅游圈，促进各城市旅游发展。

在生态环境方面，制定了《辽河、浑河流域环境保护与生态建设规划》，搬迁周边整改没有达标的企业，治理污染的企业，力争恢复其生态景观。

在信息通信方面，积极创造条件，争取尽早实现经济区 7 城市共享 024 电信区号资源。

3）中原城市群

以郑州市为中心的河南省和以洛阳市为副中心的经济带组成的中原城市群，其主要范围包括中原一带的地区，如开封、郑州、平顶山、洛阳、新乡、漯河、许昌、焦作、济源多个城市。中原城市群是中原重要的经济支撑，整个区域的土地面积为 5.87 万千米^2，占全省土地面积的 35.1%。河南省全省 60% 的城市分布在这个区域，城市布局紧凑。中原城市群的空间布局优化有整体和局部之分，在城市群发展的不同阶段也应有不同的侧重。到 2020 年前后，中原城市群要努力形成"双核、两圈、四带、一个三角"的城市空间布局和功能发挥的整体格局。

采取以郑州为中心的"圈层"式空间整合发展模式是在城市圈层状空间分布基础上进行的，它是城市体系空间布局优化的总体模式。

郑州是中原城市群的核心城市、洛阳是其副核心城市。如果以郑州为四大产业带主核，以洛阳为副核，形成"双核"牵引的局面，中原城市群的雄起，乃至河南省在中部崛起中地位的改观，将会更有说服力。

"四带"主要是指沿黄河由东向西的连霍高速公路、陇海铁路、310 国道组成的复合发展轴为第一带；自北向南由京珠高速、京广铁路、107 国道组成的复合发展轴为第二带；由连接济源、新乡、焦作、洛阳的铁路和公路构成的复合轴线为第三带；由连接漯河、平顶山等市的漯阜铁路和正在建设的洛阳至平顶山、周口、漯河、阜阳至上海高速公路组成的复合轴线为第四带。

以平顶山、许昌、漯河三市为节点，依托其产业发展形成带动中原城市群西南部发展的"成长三角"。南部平-许-漯"成长三角"地理条件好，合作基础良好，可进一步加强三市之间的经济联系，重点搞好产业整合和基础设施整合，做到一体化发展，形成中原城市群南部地区的"金三角"。

《城市竞争力蓝皮书：中国城市竞争力报告No.4》是中国社会科学院在2006年发布的，其中在中国15个城市群竞争力排名中中原城市群位居第七位，超过武汉城市群、长株潭城市群，成为中部城市群的"龙头"。中原城市群将成为促进中部崛起、参与国内外竞争、辐射带动中西部地区发展的重要增长极。它同时也是河南省乃至中部地区承接发达国家及西部资源输出、中国东部地区产业转移的枢纽和核心区域之一。

4）长江三角洲城市群

长江三角洲位于我国东部沿海、沿江发达地带交汇处，区位优势突出，经济实力雄厚，其核心城市上海是世界最大城市之一。长三角城市群人口数量已接近北美、西欧、日本的世界级城市群，并有可能突破1亿。率先建设长江三角洲世界级城市群，能为探索中国的城市化道路进行试验、积累经验，为我国城市群建设提供示范。长三角城市群是我国最大的综合性工业基地，其工业总产值占全国近1/4。

城市群的发展必须遵循一定的城市发展规律，在城市群每一阶段的发展都有其发展的重点区域。根据城市发展理论和对长三角城市群发展趋势与走向的分析，目前长三角城市群的发展已进入城市群发展规律的第二阶段，即着重发展中心城市城郊地区，加强城市功能定位，加快整个城市群城市网络高级化。目前，上海及长三角城市群的重点发展区域应该有以下六类见表2-1。

表2-1 长三角城市群重点发展区域

重点发展区域	功能定位
上海	具有综合服务功能的核心城
苏州、无锡	新兴的中心城市，旅游与加工产业中心
南京、杭州	行政文化和商业中心
宁波、舟山、大小洋山	港口集散中心
上海的崇明、苏北的扬州、南通、浙北的嘉兴、湖州	欠发达地区中心城市
上海的松江、杭州的萧山	中心城市城郊地区

长三角城市群地处沿江两大发达地带，中国沿海的交汇部，其三次产业结构和轻重工业内部产业结构布局都较为合理。特别是钢铁、机电、汽车、石油化工等产业在全国占有举足轻重的地位，生物工程、光电子技术、航天、新材料、信息、等高新技术产业领域发展潜力巨大。国际经济学界认为，这一地区

已成为继纽约、芝加哥、巴黎、东京与伦敦为核心的五大城市群之后的世界第六大城市群。

5）长株潭城市群

长株潭城市群位于湖南省中东部，包括长沙、湘潭、株洲三市，是湖南省经济发展的核心增长极。长沙、湘潭、株洲三市沿湘江呈"品"字形分布，相距不足 40 千米，结构紧凑。2007 年，长株潭城市群获批为全国两型社会建设综合配套改革试验区。在行政区划与经济区域的不协调背景之下，通过该项目推动经济一体化，长株潭城市群为其他城市群做了榜样。不与中部六省争龙头，致力打造长株潭城市群成为中部崛起的"引擎"。长株潭城市群区域规划，将城市群核心区划分为四大类功能分区（表 2-2）。

表 2-2　长株潭城市群区域规划

功能分区	区域范围
禁止开发区	包括饮用水水源保护地、自然保护区、森林公园、湿地公园、重点公益林地、坡度 25 度以上的高丘山地、著名风景区、泄洪区、滞洪区、重要湿地、相对集中连片的基本农田保护区等
限制开发区	包括基本农田保护区以外的各类宜农土地、坡度在 15 度~25 度的丘陵山地、生态脆弱地区等
重点开发区	包括长沙黄花、黄兴、榔梨、含浦、坪塘、雷锋、白箬铺、夏铎铺地区；株洲天元、白井、南洲、黄泥坳地区；湘潭河东、易俗河、九华、楠竹山地区；益阳沧水铺、岳阳界头铺等
优先开发区	包括三市的建成区及湘潭、望城、株洲、长沙县城现状建成区

长株潭城市群近中期建设的重点地区为"一带五区"：湘江生态经济带和大河西示范区、云龙示范区、昭山示范区、天易示范区、滨湖示范区五大示范区（表 2-3）。

表 2-3　长株潭城市群"一带五区"

区域	区域范围
湘江生态经济带	从长沙月亮岛到株洲空洲岛，长度为 128 千米
大河西示范区	以长沙高新、金洲，益阳高新，常德德山等为核心区域的先进制造业走廊，重点发展机械制造、新能源、电子信息，辐射带动益阳、常德等地区
云龙示范区	包括株洲的云龙和清水塘，云龙重点发展先进制造业和临空产业、清水塘依托循环经济试点发展新型产业
昭山示范区	自长沙暮云至湘潭昭山、易家湾、九华，建设生态宜居新城
天易示范区	位于株洲天元和湘潭易俗河之间，重点发展机电制造、加工、环保现代物流等产业
滨湖示范区	包括岳阳的湘阴、汨罗、望城的部分区域和城陵矶临港产业新区，建设长株潭产业转移承接基地、再生能源产业基地、绿色农产品生产加工基地、健康休闲服务基地

6）京津冀城市群

京津冀城市群，也被称为京津唐城市群，前者涵盖天津、北京和河北全境所有城市。京津唐城市群指以北京、唐山、天津、连线向周围辐射所有城市构成的集合；包括北京、天津 2 直辖市及河北唐山、秦皇岛、承德、张家口、石家庄、沧州、廊坊和保定 8 地级城市，以及霸州、泊头、遵化、迁安、河间、三河、定州、任丘、安国、黄骅、涿州和高碑店 12 个县级城市。

以核心城市和次中心城市等为主要"节点"的统筹发展就是京津冀城市群"点"的发展。京津冀城市群内外主要交通走廊和产业带的发展就是"轴"的发展。采用"2+8+4"模式（表 2-4）是"点"的具体发展，推进京津冀城市群"节点"城市发展就是推动 2 个核心城市、8 个次中心城市及滨海新区、顺义新城、通州新城、唐山曹妃甸 4 个新兴城市的发展；以京津冀城市群各城市之间的主要交通线及沿交通线分布的产业带和城市密集带构成是"轴"的发展构想。"轴"的发展将以滨海新区和中关村科技园等高新技术产业为依托，以快速综合交通走廊为纽带，促进通州新城、滨海新区、廊坊等城市群主轴的发展；以滨海临港重化工产业发展带和渤海西岸五大港口为发展核心，促进秦皇岛市、天津市、唐山市、沧州市沿海地区城市发展带的快速发展。

表 2-4　京津冀城市群

区域	功能定位
北京市	全国政治中心、文化中心、国际交往中心、科技创新中心，现代服务业、文化创意产业、高科技研发业发达的国际大都市
天津市	我国北方经济中心，北方国际航运中心，现代物流中心和世界级现代制造业基地、重化工产业基地，服务业发达，环境优美的国际港口城市
唐山市	我国北方重化工产业基地，京津冀城市群主要重工业产品和能源供应基地，石油、铁矿石运输枢纽城市
廊坊市	京津塘产业带上的主要节点城市，京津高科技产业生产基地，服务业发达城市，环境优美的旅游会展城市，疏解京津城市功能的卫星城市
保定市	京-保-石现代制造业产业带上的重要节点城市，京津冀城市群现代制造业基地、华北腹地经济发展的领头羊，疏解北京城市功能的次中心城市
石家庄市	华北连接中原、华南地区的交通枢纽，以医药、纺织业为主导产业的现代制造业基地，华北南部的商贸物流中心和区域经济中心
秦皇岛市	全国著名的滨海旅游、休闲、度假胜地，国家级能源输出港和北方地区重要的出海口岸，京津冀滨海临港产业带北端节点城市，京津冀城市群生态屏障的组成部分和未来高新技术和高档居住扩散地之一
沧州市	京津冀滨海临港重化工产业带南部节点城市，以石油化工、盐化工为主的重工、化工产业基地，连接冀中南、鲁西北、西北地区的能源输出港

续表

区域	功能定位
承德市	世界闻名的以中国皇家园林为特色的旅游休闲城市,京津冀城市群水源涵养地,京津冀城市群绿色生态农业和清洁能源基地
张家口市	京津冀城市群连接东北、西北区域的交通枢纽,京津冀城市群的重要生态屏障和水源涵养地,京津冀城市群绿色生态农业和清洁能源基地
滨海新区	我国北方对外开放的门户、高水平的现代制造业和研发转化基地、北方国际航运中心和国际物流中心,宜居生态型城区
通州新城	面向区域的综合性服务新城,北京市参与环渤海区域合作发展的重要基地,服务设施完美,文化产业发达,承接商务、会展、行政及城区人口功能的现代化新城和综合服务中心
顺义新城	连接国际国内枢纽空港,服务全国、面向世界的临空产业中心和现代化制造业基地
唐山曹妃甸	北方大型能源原材料进口港口,北方重化工业基地和临港新城

京津冀城市群发展中主要存在两个方面的问题:一是京津冀城市群整体经济发展水平有待提高。京津冀城市群的经济总量虽然比较大,但反映区域经济发展水平的人均地区生产总值却远低于长三角地区和珠三角地区。二是核心城市带动区域发展的作用不明显。京津冀城市群两大核心城市并存,低等级城镇数量过多,中等城市偏少。其中,北京市的城市功能、技术和产业已向周边地区扩散和转移;天津市作为北方经济中心,随着滨海新区的开发建设,极化作用正在逐渐增强;相比而言,河北省 8 个次中心城市经济实力不强,与京津两市的发展水平差距明显,核心经济辐射接受能力有限,使中心城市的发展成果很难覆盖到京津冀城市群边缘地区。

7)长江中游城市群

长江中游城市群,亦称"中三角",是以武汉、长沙、南昌三个中心城市为支点,以武汉城市圈、长株潭城市群、环鄱阳湖城市群三大中部经济发展地区为核心,以浙赣线、长江中游交通走廊为主轴,与长三角和珠三角相呼应,打造的国家规划重点地区和全国区域发展新的增长极。

武汉作为我国著名的老工业基地和中部地区最重要的经济中心,产业体系相对完整成熟。截至 2016 年,以武汉为中心已经形成光电信息产业和生物医药产业为主体的高新技术产业群。沿长江的"宜昌-武汉-黄石"高新技术产业带和沿汉江的"十堰-襄阳-武汉"汽车工业走廊,其经济实力、产业规模、科技水平、发展前景等都有明显优势。而长沙、株洲、湘潭是湖南的"金三角",财政收入约占湖南省的 40%;沿京九铁路布局的昌九工业走廊,涵盖 7 个省级开发区和 1 个国家级经济技术开发区,成为江西省加工制造业基地和引进外资的主要平台。上述区域主要城市之间的通勤距离基本上都在 3 小时车程内,因此,无论是经济规模、产业规模还是交通运输都已经具备了打造 3 小时都市圈的条件。

8) 山东半岛城市群

山东半岛城市群有济南、青岛、潍坊、淄博、烟台、威海、东营、日照辖区及邹平县,规划区的土地面积为 7.4 万千米^2,有 8 个地级市、副省级市和计划单列市,22 个县级市,600 个建制镇。

山东半岛城市群以 6 个核心城市为节点来发展。其中,前 3 个分别是以青岛为对外开放的龙头城市,以青岛、济南为区域双中心城市,以烟台为区域副中心,促使烟台与济南、青岛分别成为区域东、南、西部子区域的核心城市;后三个节点是以潍坊、淄博、日照、东营、威海为城市区中心城市,以寿光、章丘、高密、青州、荣成、乳山、龙口等为城市区副中心城市,以邹平、桓台、济阳、昌邑、广饶、胶州、昌乐、安丘、平度、胶南、诸城、莱州、莱西、利津、招远、莒县、文登、莱阳、垦利等为城市区优先发展城市。在空间发展结构上,以济南-淄博-潍坊-青岛、日照-青岛-威海-烟台两条空间发展轴为山东半岛城市群发展主轴;以烟台-龙口-莱州-潍坊和日照-五莲-诸城-安丘-寿光-东营为山东半岛城市群发展次轴;形成山东半岛城市群内部密集分布的多条城市聚合带和空间紧密联系的济南-淄博-潍坊-东营、青岛-日照、烟台-威海三个联合城市区。

在全球范围内,山东半岛城市群带动了山东半岛城市群向外向型城市功能整体发展的城市密集区域,它是以东北亚区域性国际城市青岛为龙头的,也是全球城市体系和全球产品生产服务供应链的重要一环。在次区域经济合作圈内,山东半岛城市群是环黄海地区区域经济合作的制造业生产服务中心,构筑由山东半岛、日本九州地区、韩国西南海岸地区组成的跨国城市走廊,推动"鲁日韩黄海地区成长三角"的形成。在全国范围内,山东半岛城市群是黄河流域的经济中心和龙头带动区域,与长三角、珠三角比肩的中国北方地区的增长极之一,与京津唐和辽中南地区共同构筑环渤海地区经济合作圈的领头军。

9) 珠三角城市群

珠三角城市群以香港、深圳、广州为核心,包括珠海、肇庆、东莞、惠州、清远、澳门、江门、佛山、中山等城市,其是我国三大城市群(其他两个分别是长三角城市群、京津冀城市群）中经济最有活力及城市化率最高的地区。大珠三角城市群形成两条发展主轴、三大都市区呈网络状发展。两条发展主轴分别向香港和澳门延伸，一条是广深（香港）发展轴；一条是广珠（澳门）发展轴。三大都市区分别是中部都市区、西岸都市区、东岸都市区。

珠三角城市群各城市间的定位和分工也愈加清晰。香港、澳门利用有利区位优势大力吸收和利用外资，同内地形成了最广泛的协作；广州则着力提升核心城市的服务和管理水平，快速建成具有国际竞争力的商贸流通中心及现代服务中心；深圳重点发展商业、金融和服务等行业；珠海有数量众多的高等院校，正借助其优势发展信息技术产业和旅游业。到 2012 年，珠三角地区城际轨道交通营运里程约达 580 千米，基本形成以广州为中心，连通区内 9 个地级以上市，以及延伸至清远市区的城际轨道交通网络构架。

10）成渝城市群

成渝城市群位于成渝地区，以成渝经济区为依托，以成都和重庆主城为双核，以安岳为成渝之心，以遂宁为成渝北弧中心城市，以内江为成渝南弧中心城市，以成遂渝、成安渝等交通线为纽带，包括四川的成都、眉山、德阳、南充、遂宁、广安、内江、自贡、资阳和重庆主城、大足、涪陵、永川、合川、江津等不同规模等级的城市。

我国人口最多、面积最大的城市群就是成渝城市群。重庆市是全国四大直辖市之一，重庆市直辖后的城市规模快速扩大，经济实力增强，同时，对周边的影响力也在增强。成都是四川省的省会城市，基础设施建设在城市发展中走在全国前列。该城市群在 2007 年的综合竞争力位列全国第六，其中先天竞争力位列全国第四，现实竞争力位列全国第七，成长竞争力位列全国第七。

该城市群的 GDP 规模排名为全国第五位。外资额与进出口额排名均在全国前十名以内，经济开放竞争力也较强。非农产业比例与城市化水平分值低，各项人均指标值也偏低，其中人均 GDP、人均第三产业增加值、人均储蓄余额等的排名均在全国二十名以外，中心城市首位度较高，城市群分工程度较好，这两项指标的排名分别为全国第三位与第九位。该城市群重型机械、军用飞机、核工业、汽车和其他重化工业研制在全国占有重要地位。其中，以前的军工企业基础雄厚，人才、设备、技术方面优势突出，在成渝城市群经济发展中占据一席之地。

2.3　产业与产业之间的合作性组织介绍

我国有 80 余家行业协会或联合会组织。这些组织有的成立于较早年份，如中国房地产业协会，成立于 1985 年 9 月 20 日，其是各地房地产业协会和从事房地产开发经营、市场交易、经纪中介、物业管理、房地产金融、法律咨询、装修装饰等企事业单位及有关部门自愿参加组成的全国性行业组织。中国证券业协会成立得也比较早，于 1991 年 8 月 28 日成立。然而有些组织起步比较晚，主要是为了适应市场需求而生。例如，2005 年 8 月 18 日一个全国性、非营利性的行业自律组织——中国水利工程协会召开成立大会，发起人主要包括全国水利工程建设管理、监理、施工、维修养护、运行管理等企事业单位，同时也包括一些热心水利事业的其他相关组织和个人。

我国有两种行业联盟的组织形式。第一种是会员代表大会组织形式，如中国保险行业协会，于 2001 年 2 月 23 日成立，是经中国保险监督管理委员会审查同意并在民政部登记注册的中国保险业的全国性自律组织，是自愿结成的非营利性社会团体法人。中国保险监督管理委员会是其主管单位。截至 2007 年，中国保险行业协会共有 218 家会员，包括 145 家保险公司、37 家保险中介机构、36 家地方保险行业协会。

根据中国保险监督管理委员会《关于加强保险业社团组织建设的指导意见》（保监发〔2007〕118 号）的文件要领，中国保险行业协会于 2007 年 12 月 17 日召开了第三届会员代表大会，顺利开展了体制机制改革，并成功实现了换届，建立了专职会长负责制。其组织结构如图 2-1 所示。

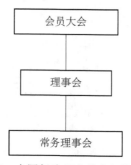

图 2-1　中国保险行业协会组织结构

事实上，很多行业协会所采用的都是这种行业协会组织结构，这是一类应用比较广泛的组织形式。例如，中国期货业协会，中国房地产业协会，中国证券业协会，中国银行业协会，中国电力建设协会，中国农业工业机械协会，中国食品工业协会，中国消费者协会，中国企业联合会，中国创业投资协会，中国国债协会，中国棉花协会，中国畜牧业协会，中国水利工程协会，中国报关协会，中国盐业协会，中国航空运输协会，中国演艺设备技术协会，中国铸造协会，中国冶金建设协会，中国石油和化工勘察设计协会，中国茶叶流通协会，中国房地产估价师与房地产经纪人学会，中国服装协会，中国国际商会，中国电子商会，中国电器工业协会，中国对外贸易经济合作企业协会，中国烹饪协会，中国饭店协会，中国医药商业协会，中国互联网协会，中国体育用品联合会，中国百货商业协会，中国胶粘剂工业协会，中国家用电器服务维修协会，中国交通建设监理协会，中国环境保护产业协会，中国拍卖行业协会，中国国际货运代理协会等协会。

另外一种比较典型的行业协会或者联合会采用的是公司制的组织结构，如1994年成立的中国商业联合会，是经民政部注册登记的具有社团法人资格的全国性行业组织，由从事服务业、饮食、商品生产和流通的企事业单位、有关社会组织及从事商品流通活动的个人自愿组成，有13个工作机构，24个分支机构，以及近百位在编工作人员；有3000多家直接会员和8万多家间接会员；在政府委托下，主管31家国内外公开发行的报刊，直接管理事业单位14个，代管全国性专业协会39个。该联合会分别是国际零售协会高级管理人员论坛和亚太零售商协会联盟的成员。它的组织结构如图2-2所示。

这种联合会的组织结构比较类似于公司制，有理事会、监事会、监事长、监事，并且其下设了工作机构，如办公室、人事部、财务部、行业发展部等，并且成立了各行各业的委员会，这种组织形式有利于其内部管理和外部管理，并且对政策的传导与实施都能发挥比较好的效果。在中国商业股份制企业经济联合会的组织结构中，同样看到其设置了监事会，也是采用了这种组织结构。其他采用了这种组织形式的具有代表性的机构有中国信托业协会、中国财务公司协会、中国物流与采购联合会、中国对外承包工程商会、中国有色金属工业协会、中国通信企业协会。中国质量协会的组织形式比较特殊，如图2-3所示。

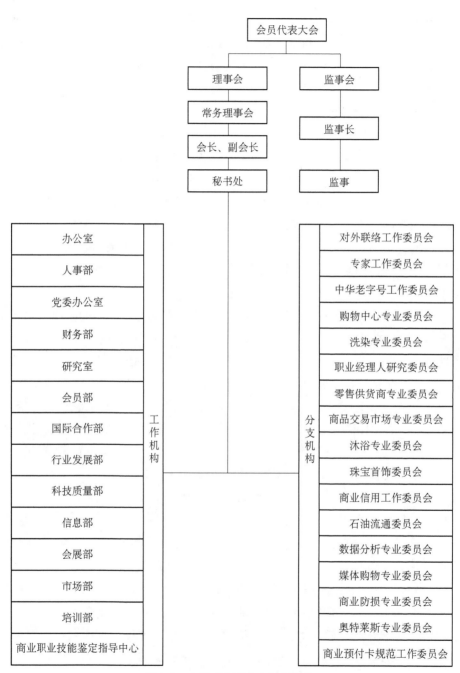

图 2-2　中国商业联合会组织结构

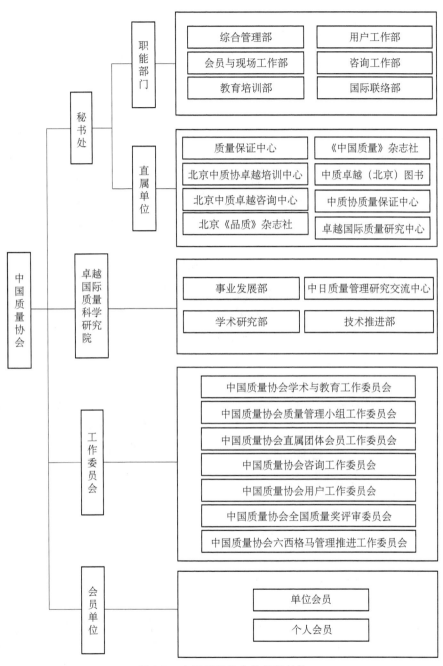

图 2-3 中国质量协会的组织结构

2.4 合作性组织结构分析

合作性组织结构是具有合作共识的多个组织内部间各个有机构成要素之间相互作用的联系方式或形式，以求合理、高效地把组织成员组织起来，为实现共同需求、目的、社会责任及历史使命而协同努力。在专家看来，组织结构是企业资源和权力分配的载体，通过人的能动作用及信息传递，推动着企业业务的开展，从而推动或者阻碍企业继续发展。组织结构在合作性组织结构中占据基础地位，具有关键作用，其所有战略意义上的变革，都必须最先在组织结构上做出改变。

组织结构作为一套形式化系统，明确了组织内职务与权利的关系，阐明了如何分工与合作，以及权责关系和内部协调的机制。决定组织结构的六个关键要素有工作部门化、专门化、正规化、命令链、集权与分权、控制跨度。组织结构主要涉及基本的岗位设置、企业部门构成、业务流程、管理流程、权责关系及企业内部协调与控制机制等。当前应用比较广泛的组织结构类型主要有直线职能式、职能式、矩阵式、事业部式。在钱德勒的考证和前人的研究基础上，美国学者威廉姆斯将合作性组织结构形态分为三种类型，即 U 型组织结构（单元结构）、M 型组织结构（多元结构）、H 型组织结构（控股结构）三种组织结构。从而三种与之相对应的管理模式在组织内部应运而生。

2.4.1 控股公司制（H 型组织结构）

控股公司制，即 H 型组织结构，是一种高度分权的组织形式。一般拥有很多相关的产业单元（子公司）的合作性组织才会实行 H 型组织结构，每一个子公司都有单独的利润核算，甚至可独自进行投资决策。该组织结构职能层主要对下属子公司的收益进行统计和监督，而不具备战略控制功能。在这种结构下，作为集团核心企业的母公司与被控股、持股公司之间是出资人与被投资公司之间的关系，母公司对子公司的间接管理取决于控制股权的多少，而不是上下级的行政隶属关系。母公司通过对子公司的绩效进行评价，调整整个集团的资产组合，以实现资源合理配置（图 2-4）。

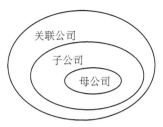

图 2-4 控股公司制（H 型组织结构）图

控股公司制管理模式的优点是：通过持有股权来获取子公司的信息，从而提高集团决策层的决策质量。然而，这也有缺点，即集团的整体发展容易受制于子公司的经营行为，导致集团公司缺乏总体的发展方向和战略，整体活力和长期效益缺乏保障。事实上，从 20 世纪 60 年代起，很多集团已经开始向 U 型组织结构或 M 型组织结构转变，原因是 H 型组织结构不利于形成强有力的集中控制。

2.4.2 直线职能制（U 型组织结构）

直线职能制，或称 U 型组织结构，作为一种比较正规化管理的组织模式，与传统的组织结构——直线职能结构有几分相似，包含三个层次：决策层、职能参谋层及生产执行层。其中，集团分子公司作为生产执行层，这就使相对独立运作的利润中心不可能是内部各单位，而只能是整个企业。它的特点是权力集中在决策层（总部），决策层通过职能参谋层对下级生产经执行层实施高度集中管理，形成金字塔形的垂直领导系统，方便集团贯彻发展战略。职能参谋层机构在所有管理层次下都存在，机构间职责十分明确（图 2-5）。

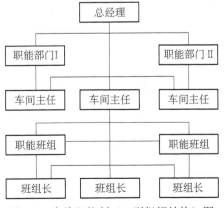

图 2-5 直线职能制（U 型组织结构）图

但是 U 型组织结构具有下级主动性差的缺点，它只适用于大量生产单一产品的中小型企业。同时，U 型组织结构管理层次较多，不利于信息传递，易导致信息传递迟滞或失真，难以应对千变万化的外界和市场，容易出现较为严重的官僚作风，进而增加管理上的成本。最后，职能参谋层间不能有效地沟通，在面对较为复杂的合作性任务时，完成难度很大。因此，直线职能制必然向更有效率的事业部制（M 型组织结构模式）发展。

2.4.3　事业部制（M 型组织结构）

事业部制，又称 M 型组织结构，是实行分权式的多分支单位（multidivisional structure）组织结构形式，常在大型企业中存在，指的是在总经理的领导下，根据地区、市场或商品设立事业部，各事业部作为独立的决策单位，权责明确。总经理层负责企业战略方针的确定和重大决策的决定，事业部则在其领导下，根据总部的战略方针和决策，实行分权化的独立经营。各事业部是独立的利润中心，进行独立的财务核算，总部则按各事业部的盈利多少，决定对事业部的资源配置。事业部作为相对独立的生产单位，不是独立的法人，只是集团下辖的一个子公司。它的利润核算按照集团公司的核算方法，它在投资决策、价格管理、形象设计和人事政策等方面也没有大的自主权。事业部的分权是建立在总部集权基础上的，是一种集权与分权相互融合的管理模式。而在每一个事业部的内部，均采用 U 型组织结构进行集中管理。事业部制组织结构如图 2-6 所示。

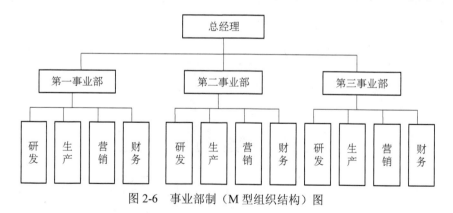

图 2-6　事业部制（M 型组织结构）图

事业部制组织结构的优点是"集中决策，分散经营"，总部最高层（或集团）具有重大问题决策权，便于确定集团整体的发展战略；最高层实施评价、奖惩、升迁等机制，能够更好地对下级管理者进行控制。集团常采用财务预算等方式，对集团内各事业部进行资源有效配置。在事业部制中，最高领导者不直接参与日常生产经营活动，只负责集团的战略性活动和管理，如重大项目的投资、事业部重组和对分支机构的战略性管理等。美国通用汽车公司采用的组织结构就是这种事业部制组织结构，在1920～1921年经济危机中，正是这种组织结构使得美国通用汽车公司得以生存。发达国家大型企业标准的组织结构模式就是事业部制组织结构。

事业部制组织结构的缺点：各事业部之间联系比较少，集团总部是其联系的媒介，彼此的协作难以实施。在超大型企业中，事业部制会增加管理层次，使得组织结构变得复杂等。

研究发现合作性组织结构，国家与国家之间、区域与区域之间、产业与产业之间大多数都是采用以上三种组织结构模式。

2.5 合作性组织形式分析

科技的发展特别是现代信息技术发展使人类社会的各个方面产生了一场深刻革命，人类赖以生存的空间结构发生了翻天覆地的变化。城市化是人类经济社会发展的必然结果。在中国，由于国民经济不断发展，城市化进程不断推进，新兴城市不断涌现，城市数量由少到多，由分散孤立到聚集，城市化进程强有力地促进了经济与社会的协调发展，同时经济发展对城市化进程也具有推动作用。城市逐渐成为社会经济发展的战略中心领域，人类的未来依赖城市发展。城市化发展已经形成了多个城市群，进入了高级阶段，若根据戈特曼将容纳3000万以上人口的城市群作为大都市群的衡量标准，那么中国的珠三角城市群、京津冀城市群、长三角城市群包括即将崛起的成渝城市群就是大城市群了。

大城市群掌握着国家经济的命脉，作为国家经济战略的中枢，是国家发展水平的衡量标志，是国家经济的增长极，也是国家参与世界经济竞争的"拳头"。我国还形成了大量的中小城市群，如中原城市群、华中城市群、济青城市群、徐州都市圈、苏锡常都市圈、闽南城市群、杭宁温城市群、沈大城市群、南京都市圈、陕西关中城市群、成都平原城市群、长株潭城市群等，中小城市群是区域发展的重心，是区域发展水平的衡量标志，是推动区域发展和推动区域经济增长的极点，也是国家大城市群的重要补充。城市群发展超越了行政区经济发展框架，加快了大中小城市的共同发展，发挥了城市间的集聚和辐射功能，创新了区域发展的体制，加快了地区经济的全面发展。然而，因为中国采取的是行政区经济，计划经济体制长期存在，市场经济制度仍不完善，所以未形成一个完善的城市群制度体系。当前的经济体制与制度的生产关系已经成为城市群发展的桎梏。本书对区域与区域之间的合作性组织的分析以城市群为典型代表，在此基础上揭示了制约中国城市群发展的主要原因是缺乏合理有效的组织形式，并提出了城市联盟可作为城市群的一种有效组织形式，并对城市联盟这种新型超边界组织形式进行了具体分析。

2.5.1　城市群运行中组织制度缺陷及其影响

1）城市群的概念

所谓城市群（又称城市圈、城市带、都市圈或都市群等），是指在特定的区域范围内云集了相当数量的具有不同性质、不同等级规模和不同类型的城市，以某一个或两个特大城市为中心，依托一定的交通条件和自然环境，不断加强城市之间的内在联系，共同构成一个相对完整的城市"集合体"，是指以中心城市为核心，向四面八方辐射而构成的城市集合。城市群的特点表现在经济紧密联系，各产业分工与合作，交通与社会生活、城市规划和基础设施建设相互影响。经济圈则由单个大的城市群或多个城市群构成。

目前，最先明确提出城市群概念的是法国地理学家戈特曼（J. Gottmann），这也是国际上比较公认的。他将城市群称为 megalopolis（大都市带）。1957 年，美国东北沿海地区的城市密集区域被戈特曼用原意为"巨大城邦"的希腊语 megalopolis 来命名，南起华盛顿，北至波士顿，是由纽约、哈特福德、费城、普罗维登斯、巴尔的摩、纽黑文等众多大城市组成的功能性地域。在这一地域，城市沿主要交通干线连绵分布，城市之间密切联系，产业高度集中，形成了主轴长 600 英里[①]，人口超过 3000 万的大城市连绵分布带。

部分国内学者将城市群称作大都市连绵带，也有的称之为大都市圈（metropolitan inter-hocking region，MIR）。其认为城市群是特定地域范围内具有不同等级规模、不同性质和不同类型的社会经济联系密切的相对完整的城市聚

---

① 1 英里≈1609.34 米。

集构成的城市集合。城市群是在地域上集中分布的若干城市和大城市集聚而成的庞大的、多层次、多核心的城市集团，是大都市区的联合体。其实质是由各等级城市形成的高度集中、相互串联的中心经济地带。城市群内的城市之间在自然条件、经济结构、历史发展、社会文化等某一个或几个方面有着密切的联系。其中，中心城市对城市群内其他城市具有较强的经济、社会、文化辐射和向心作用。

截至 2017 年，在世界范围内已经形成了五大著名城市群，分别是以纽约为中心的美国东北部大西洋沿岸城市群、以芝加哥为中心的北美五大湖城市群、以伦敦为核心的英伦城市群、以巴黎为中心的欧洲西北部城市群、以东京为中心的日本太平洋沿岸城市群。我国比较公认的有三大城市群，分别是长三角城市群、珠三角城市群、京津冀城市群。今后还将形成更多的城市群，如长江中游城市群、成渝城市群、关中城市群、山东半岛城市群、辽中南城市群、中原城市群、海峡西岸城市群等。

2）城市群的形成和发展

城市空间的不断聚集和扩散直接导致了城市群的形成、演进和发展。一方面，经济的发展促进了城市化程度的提高，使某一区域内城市之间的信息、交通等联系紧密，城市的数量逐渐增加，规模不断扩大，城市之间的密切联系使城市不断聚集；另一方面，城市的聚集反过来也进一步地推动了经济的发展，某些城市的相关产业在相互带动下，获得了较快的发展，使这些城市也成为该区域的经济中心，该中心城市不断发展，辐射能力不断增强，辐射范围逐渐扩大，城市群发展不断加快。简而言之，城市群在空间形态上的不断发展和演进即为大量城市的聚集与经济中心的辐射扩散，以谋求集群效应，实现城市群地域空间的不断优化。城市群的形成和演进通常要经历四个发展阶段，即城市孤立发展阶段、单中心城市群形成阶段、多中心城市群形成阶段及大城市群发展阶段。

一是城市孤立发展阶段。在西方国家，城市孤立发展阶段主要发生在前工业化时期。而在我国，城市孤立发展阶段主要发生在改革开放以前，因为当时国家实行的是计划经济，城市与城市之间也处于一个相对封闭的状态。

二是单中心城市群形成阶段。在区位和市场经济等诸多影响因素作用之下，部分城市迎来了国家政策红利，抓住了发展机遇，培育了大量优势产业，形成了经济增长点，逐步形成了中心城市。在城市群发展之初，城市群空间结构主要是极核型，空间联系则是中心指向型，构成了以单中心城市为主的城市群。

　　三是多中心城市群形成阶段。随着单中心城市群的不断发展，城市群区域的经济实力不断增强，在更加广泛的区域产生了辐射作用，城市群区域内各大城市产生了更为紧密的关系网，城市群内部分城市的功能逐步分化开来。城市群内副中心城市和次中心城市不断形成和发展，城市群的空间结构演进为点轴型，空间联系是多向指向型，逐步形成了多中心城市群。

　　四是大城市群发展阶段。在多中心城市群的基础上，各中心城市能量进一步增强，就形成了大城市群。大城市群具有比较复杂的构成，通常以一至数个大型城市（或者超大型城市）为中心，连同若干大型城市和一批卫星城市及这些城市覆盖的范围，共同构成具有一定特色的城市群体，大城市群内部通常又可以划分出几个较小的城市群。随着功能效应不断增强，大城市群的空间范围逐步扩大，其影响甚至可能超出国界，形成世界级城市群经济区域，进而产生跨国界的集聚和辐射作用，成为地区乃至世界经济的增长极。城市群产生的过程如图 2-7 所示。

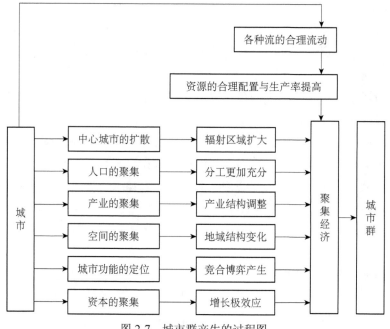

图 2-7　城市群产生的过程图

3）城市群的功能和效应

　　戈特曼认为城市群有两种功能，即枢纽功能和培养功能。他认为枢纽功能引致各种流的聚集，城市群内部与外部的联系网络和各种资源流（包括人流、物流、技术流、资金流、信息流）的聚集就像干道和交通的交汇路口一样，促进了城市群的地域扩张，提高了城市群在国内乃至全球经济活动中的地位。戈特曼认为培养功能是通过各种流的聚集以不同的行为方式相互影响，从而产生新思想、新技术、新方法及新产品乃至成为城市群发展的主要动力。城市群成为社会进步和创新的重要区域，并推动了国家乃至全球经济的繁荣及社会文化的大发展、大繁荣。

（1）聚集-扩散效应。中心城市作为区域经济活动的核心，是城市群内部的经济、文化、科技、金融、物流、贸易和信息中心，它在所属城市群中具有不可替代的竞争力和影响力。一方面，区域经济系统中相互联系的网络系统，把城市群周围的地区紧密联系在一起，使各种经济资源流向中心城市并沉淀下来；另一方面，中心城市周围地区的辐射作用也能促进该地区经济发展，随着自身聚集效应的不断加强，不断对周边地区产生辐射影响，城市群的范围不断扩大。

（2）规模经济效应。城市化包括三个过程的统一：人口、产业及服务业的聚集，人口素质的提高及企业的发展。市民在空间结构上的集聚能够降低生产和消费成本，实现社会经济的集约化，产生经济利益。城市圈的发展进一步深化了社会分工和扩大了市场容量，不断降低企业生产服务和商品流通的边际成本，不断提高要素流动和信息共享的效率，实现生产和消费的规模经济。

根据我国城市群发展历程，发现在中心城市的聚集和扩散效应下，资源得到了高效利用、经济得到了快速增长，整体经济实力不断增强。

4）城市群中城市关系分析

城市群区域内城市之间的关系大致可以分为如下四类。

一是存在行政隶属关系的城市。例如，成渝城市群中的重庆市和江津市。这类城市关系是城市群中最便于协调的。

二是不存在行政隶属关系但是在同一个行政区的城市。例如，成渝城市群中的德阳市和绵阳市，它们之间不存在隶属关系但是都隶属于四川省。这类城市关系可以通过上级行政区予以协调。

三是不存在行政隶属关系亦不在同一个行政区且经济实力差不多的城市。例如，长三角城市群中的浙江省的杭州市和江苏省的南京市。这类城市关系的特点是在经济、文化、社会等多方面有着密切的历史关系，空间地域相连接，经济发展水平也相当，并通常作为同一层次政府机构的驻地。这类城市关系往往是协调难度最大的一种。

四是不存在行政隶属关系亦不在同一个行政区且经济实力不相当的城市。

例如，长三角城市群中的江苏省的无锡市和上海市。这类城市关系中小城市往往依附于大城市。

事实上，在一个较大的城市群中，这四类城市关系类型都有存在的可能。它们之间相互交叉、相互渗透、密切联系、相互连接而形成跨界的城市群。

2.5.2 城市群发展中存在的问题

我国是行政区经济，长期以来计划经济体制占主导，市场经济制度还有待进一步完善，还没有形成一个完善的城市群制度体系。当前的经济制度与体制下的生产关系已经成为城市群生产力发展的桎梏。目前，我国城市群尚处于自然状态，远未形成合力之势，主要存在以下问题。

1）重复建设

重复建设问题是城市群内部十分严重的一个问题。例如，位于宁波的北仑港是一个优良的深水港，吞吐能力很强，为了与上海接轨，浙江方面已经修建了杭州湾大桥，拉近了宁波和上海的距离，与此同时，上海也不惜投入巨资，着手修建了大小洋山深水港码头。

2）产业同构化

产业同构化是指在一个地区产业结构变动过程中，区域间产业结构不断形成并增强的极度相似趋势，这种产业结构相似性的增强使资源配置效率极低，对经济发展产生了抑制作用。城市群产业结构化发展的矛盾非常严重，大量低层次产业同构化现象发生。以长三角城市群为例，其产业结构严重同构，在较小范围内的 15 个城市中，有 8 个城市选择石油化工业，有 12 个城市选择通信产业，有 11 个城市选择了汽车零件配件制造业。

3）恶性竞争

城市群内部之间相互攀比、无原则的恶性竞争也时有发生。例如，为了吸引外资，各地竞相压低外资使用的地价，无原则地开放各种优惠政策，导致地价低于成本价。

4）环境恶化

伴随着城市化进程的加快和城市群经济高速增长，农村人口大量涌向城市地区，导致城市人口激增。然而，城市基础设施短缺或配套不完善，使城市自然环境和城市居民的生活条件大不如前。较多城市采取了"先污染，后治理"的发展模式，以"环境破坏、资源消耗"为代价来换取高速的经济增长，只看重经济速度，而忽视社会效益和生态效益。还有一些城市只注重本辖区内的环境保护，污染下游城市的生态环境，这样势必会增加城市群和整个社会经济发展的社会成本，从而抑制经济的高速发展。

5）定位不准

城市群更强调的是城市与城市之间资源的配置和相互联系及大中小城市的功能等级划分。城市群作为一个一体化的整合体，其内部可以划分为不同的等级，进而形成不同的城市群体系。城市群内不同的层级，具有不同的功能价值。我国城市群中的城市没有弄明白自己在城市群中的角色，造成大城市不大、中等城市不强、小城市不小的结果。各自角色不明，都想担当中心功能角色，都想成为一个封闭的小城市群系统，使城市群内功能重叠且混乱，经济无序发展，加剧了城市之间的无序竞争和不平等竞争。

6）地方保护

目前，地方保护和各自为政现象还十分严重。鉴于城市群内各城市都有不同的隶属关系，区域及资源的自由流动受阻而不能有效融合。城市群内的各项基础设施如土地、水、电、路等往往处于相互分割的状态，区域内的城市建设和经济规划相互间缺乏联系，区域内诸如文化、教育、科技等软资源亦处于割裂状态。这一条条无形的分割阻碍了城市群的经济发展。

这些问题之所以存在，主要原因是我国长期以来以行政区经济和计划经济为主。制度性矛盾表现为以行政区分割为特征，是阻碍城市群发展中最重要、最根本的原因，根据制度经济学的理论，就是城市群缺乏有效的组织形式的制度安排。

2.5.3 城市联盟是城市群的组织形式

城市群不是几个城市的简单相加，亦不是城市面积的简单扩大，而是城市之间通过新型组织形式相互联系而形成的经济网络，是城市功能的重新定位和划分，是城市资源的重新整合与配置，是城市要素的相互补充与协调，是城市之间的优势互补互融，走向区域经济一体化，谋求城市群和区域经济的共同协调发展，实现多赢的局面。城市联盟作为城市合作博弈的制度安排，是创新的城市群组织制度形式，它冲破了行政区域划分的限制，消除了城市间的市场壁垒；建立了独特的协调运作机制，有效地促进了城市经济发展的资本投入和科技投入；促进了人才的合理流动；加快了城市一体化建设，资源得到了优化配置，人居环境得到了改善。城市联盟克服了目前城市群存在的缺陷，促进了城市经济的协调发展，使城市群的发展由自然状态过渡到有序状态，提高了城市群的稳定性，有效地促进了城市群的经济发展。

当前，组织结构的扁平化是合作性组织的主要发展趋势，即通过减少管理层次、裁减冗余人员来建立一种紧凑型的扁平式组织结构，以提高组织的灵活性和敏捷性，促进组织效率和效能的提高。彼得·德鲁克（P. Drucker）曾预言：未来的企业组织结构将不再是一种金字塔式的等级制结构，而会逐步向扁平式组织结构演进。扁平式组织结构主要有以下几个方面的优势：第一，信息流通畅，决策周期较短。组织结构的扁平化，可以减少信息的失真，增加上下级的直接联系，信息沟通与决策的方式和效率均得以改善。第二，创造性、灵活性的加强，促进士气和生产效率的提高，员工工作积极性大大增强。第三，可以降低成本，增加利润。管理层次和职工人数的减少进一步促进了工作效率的提高，从而降低了产品成本，进而使公司的整体运营成本降低，市场竞争优势增强。第四，组织的反应能力和协调能力显著增强。企业的所有部门及人员更直接地接触市场，降低了决策与行动之间的时滞，增强了对市场和竞争动态变化的反应能力，从而使组织能力变得更具柔性、更加灵敏。

组织结构框架实现从"垂直式"向"扁平式"的转化，是众多知名大企业摆脱大而不强困境的有效途径之一。美国通用电气公司实施"零管理层"变革，杰克·韦尔奇（J. Welch）把减少管理层次形象地比喻成给美国通用电气公司脱掉了厚重的毛衣。例如，在一个拥有8000多工人的发动机总装厂里，除了厂长和工人之外，没有任何其他的层级。生产过程中必需的管理职务由工人轮流担任，一些临时性的岗位（如招聘新员工等）由经验丰富的老员工临时抽调组成，任务完成后立即解散。国内进行了企业组织结构调整的行业有家电行业，如长虹、海尔，由原来的"垂直式"金字塔结构实现了向"扁平式"结构的转化。总之，合作性组织的组织结构趋于扁平化的发展，是合作性组织发展的必然性。

2.6 本章小结

本章主要从国家与国家之间，区域与区域之间及产业与产业之间的三个层次介绍了国内外合作性组织，三个层次的合作性组织有着各自不同的组织结构和组织形式，为国家、地区、产业的发展提供了源源不断的动力，合理优化配置了资源。

第一，分析了国家（地区）与国家（地区）之间的合作性组织的基本概况和组织结构、运行效果等。作为最高层次的合作性组织，国与国之间的合作能促进成员方在各个领域的交流，加强在地区和国际事务中的磋商与协调行动，在重大国际和地区问题上相互支持和密切合作，联合促进和巩固本地区及世界的和平与稳定，对维护世界战略平衡与稳定都具有特别重要的意义。

第二，分析了区域与区域之间的合作性组织，提出了其主要表现形式为城市联盟，进而分析了我国 15 个城市群的具体发展现状，采用的组织结构和多样化的组织形式及其运行效果等。作为我国城市群建设领军示范的长三角城市群，依靠其突出的区位优势和雄厚的经济实力，仅占全国 2.1%的国土面积，却集中了全国 1/4 的经济总量和 1/4 以上的工业增加值，被视为中国经济发展的重要"引擎"，是中国经济最发达的地区。成渝城市群是我国人口最多、面积最大的城市群，GDP 规模全国排名较高，经济开放竞争力较强，城市群分工程度较好，是西部地区唯一具备突破省市界限，在更大范围内优化配置资源的地区。

第三，分析了产业与产业之间的合作性组织，主要分析了各行业协会的发展近况、组织运行效果、组织结构等，提出了各行业协会主要以会员大会为其组织结构的观点。我国的行业联盟主要分为会员制组织和公司制组织两种组织形式，会员制组织主要表现为非营利性的自律组织，如中国证券业协会；公司制组织类似于公司企业，设置有理事会、监事会，有利于其内部管理和外部管理，如中国商业联合会。

第四，分析了合作性组织结构，总结归纳 H 型组织结构（控股结构）、U 型组织结构（单元结构）、M 型组织结构（多元结构）三种基本类型的合作性组织的特点和异同及急需改善的不足之处。H 型组织结构可以提高集团最高层的决策质量，但是不利于形成强有力的集中控制；U 型组织结构将权利集中于最高层，实行高度集中管理，但是管理层次较多，管理成本较高，下级的主动性差；M 型组织结构是在集权基础上的分权，集权和分权相互融合的管理模式，是发达国家大型企业标准的组织结构模式。

第五，分析了合作性组织的形式，主要以城市联盟为例来展开介绍，先后阐述了城市群运行中组织制度缺陷及其影响，分析了城市群在发展中存在的问题，最后建设性地提出了城市联盟是城市群的组织形式及合作性组织的组织结构未来将趋于扁平化的发展。大城市群是国家经济战略的中枢，中小城市群是区域发展的重心，通过聚集–扩散效应和规模经济效应，资源得以高效利用、经济快速增长和整体实力不断增强。我国的城市群发展中最重要、最根本性的障碍是以行政区分割为特征的制度性矛盾，因此建立创新的城市群组织制度，如城市联盟，能够很好地解决城市间市场的壁垒，促进城市经济的协调发展。通过减少管理层次、裁汰冗余人员来建立一种紧凑的扁平式组织结构，使信息流更通畅，决策周期更短，同时提高员工的积极性，营造创造性、灵活性的工作氛围，从而使组织能力变得更柔性、更灵敏。组织结构从原来的"垂直式"金字塔结构向"扁平式"结构转化已经成为发展的必然趋势。

3

区域经济联盟的形成分析

本章分析了区域经济联盟的形成机制，包括区域之间的竞争、合作及基于资源理论的伙伴选择机制。随着经济全球化的发展、信息技术和网络技术的进步，"天涯若比邻"已不再是诗人的想象，城市之间的相互依赖程度越来越高。城市联盟是城市之间的一种战略合作性超边界组织，它对联盟之外讲究竞争为主，在联盟内部讲究合作，同时联盟内部也有竞争。研究表明，城市联盟是城市化最有效率和效益，也是最切合我国实际的模式。

3.1 区域之间的竞争行为分析

城市竞争是指城市政府以市场为导向，根据市场情况制定决策、合理建立制度，不断吸引外部生产要素投入，促进内部经济体制相互作用，使城市经济持续发展的一个过程。

改革开放后，珠三角地区在从计划经济向市场经济转轨的过程中，利用国家赋予的优惠政策，以其独特的地理区位、土地和劳动力等优势，与外来资源相结合，创造了由地方政府主导的外向型快速工业化经济发展模式，走出一条具有中国特色的沿海地区新工业化发展道路。其共有四个典型特征：一是政府主导；二是外向经济；三是民营经济的快速市场化；四是国内外两个市场联动。

珠三角地区是我国人口增长最快的地区之一，也是我国人口最稠密的地区之一。在这个地区，发达的基础设施网络连接使各种城市形成不同层次的城市聚集。城市竞争广泛存在于同一层次的城市之间，如广州和香港在1999年的科技城和数码港的建设计划；广州和深圳的会展策略；东莞、顺德、南海、中山吸引外来投资的政策和措施等。正是因为这种竞争，珠三角地区的各城市在相同的区位条件下，通过产业集群和专业分工形成各自比较优势和领先的行业，在同一层次的城市之间形成城市发展的差异。例如，东莞是国际加工业基地，顺德是国际家电生产基地；顺德的容桂镇是全国空调生产基地，北滘镇是全国的小家电生产基地；东莞的虎门是国际服装生产基地，中山的沙溪是国际休闲服装生产基地。

在珠江三角洲地区，竞争的效用是不断提高城市的经济实力和运作效率，城市之间的良性竞争使珠江三角洲地区的社会资源得到合理配置，通过专业化的分工和合作，促进相互发展，通过竞争促进区域经济的整体发展。城市政府之间的竞争对城市人才培养和引进、吸引外资、生产技术的改进及思想解放与制度创新等有着极大的促进作用，加快了对外开放步伐、经济结构调整、城市基础设施改善和城市居民生活水平的提高。珠江三角洲地区城市间也存在过度竞争的现象，如在20世纪90年代过度的开发区建设，以及城市建设用地的无序扩张，都导致了土地资源的浪费和环境的破坏。

3.1.1 区域之间竞争行为的原因分析

1. 经济全球化

城市作为经济活动的一种载体，聚集了各种企业和人口。理性假设企业始终追求利润最大化，人口总是追求居住效用最大化，从长期来看，为了追求利润最大化和居住效用最大化的目标，企业和人口会在城市之间进行转移。因此，城市面临的是大量流动的生产因素，如资本、劳动力、技术等。在珠三角地区，城市的发展是一个由外国资本驱动的城市发展过程，这使城市在融入经济全球化的过程中，成为国际竞争力的重要组成部分。在经济全球化的大背景下，城市经济不断受到制造业向低成本地区转移和服务业在区域内重新布局的影响，产业和技术不断变化，城市被纳入经济竞争中。珠三角地区城市的发展是从这个变化中受益的过程。

在全球经济分工体系中，珠三角地区在产业链中发挥着生产基地的作用，推动珠三角地区城市化进程的工业大都是具有成熟技术的制造业，从企业的角度来看，这类企业在区位选择上的需求是低廉的劳动力、土地、运输成本。珠三角地区长期的基础设施建设使该地区的对外交流、通信和各种辅助城市设施非常完善。珠三角地区的劳动力来源于全国，全国约 3 亿的剩余劳动力为其劳动力供给的低价格提供了保证，因此，除了不同的地理条件，珠三角地区的各城市具有很强的相似性，这使得城市之间不得不进行激烈的竞争，通过竞争吸引各种生产要素的投入，并充分利用城市的比较优势提升竞争力。

2. 地方政府的推动

从计划体制逐步走向市场机制以来，中央政府一直实行与地方政府的分权改革，包括地方政府管理权限、财政、投资和开放等领域的政策和制度变迁。一方面，改革让地方政府有经济发展的自主性，并承担促进区域经济发展和提高地区综合实力的责任；另一方面，改革使地方政府从计划式的资源流动与配置脱离出来，要求地方政府必须以市场为导向寻求经济发展的促进因素，争取稀缺的生产要素特别是资本因素。作为改革开放前沿的珠三角地区，其各级地方政府以地区中心作为基础，不断增加对外投资的吸引力。因为土地和城市基础设施是在地方政府控制下的生产要素，具有无法流动的特点，在运输成本和劳动力成本等都较为一致的情况下，地方政府通过直接投资和调动各种社会资源，大力改善城市基础设施，形成土地价格-质量的比较优势，将流动生产要素固定在各自的地区。其结果是地方政府对经济发展的责任转变为对任何流动生产要素的吸引力，在流动生产要素稀缺特别是资金稀缺的情况下，地方政府之间的竞争是必然的。城市竞争在很大程度上是地方政府之间的竞争，地方政府通过对未来城市发展方向的控制和对经济发展政策如城市规划、税收政策、土地政策、人才政策的制定，对城市基础设施的大量投资，以确定城市竞争力的发展方向。正是地方政府间以这种经济发展为目标的竞争，加剧了城市竞争的激烈程度，促进了珠三角地区的城市化进程。

3.1.2 区域之间竞争的理论模式

区域之间竞争的理论模式主要有两种，一种为供给指向型的竞争，另一种为内生增长能力的竞争。

1. 供给指向型的竞争

当城市化进行到一定阶段，城市发展取决于经济的进一步增长，即城市能否有能力吸引更多的生产要素,这种能力是城市供应的基础,它包括城市的物质技术基础、城市投资的集聚程度、城市投资经营环境和基础设施建设。

建立有效的城市供应基地,可以降低城市的交易成本,持续吸引生产要素的集聚,如吸引企业的转移从而提高城市的生产能力,通过居民的迁移以降低劳动力成本和增加地区的需求,并通过乘数效应推动相关产业的发展,促进新旧产业的更新换代。因此,在资源稀缺的情况下,城市之间的竞争首先是城市供给基础的竞争,也是有效供给的竞争。

2. 内生增长能力的竞争

内生增长(endogenous growth)指的是公司利用现有的资产和业务,而不是通过兼并和收购来实现销售收入和利润的增长。内生增长理论是 20 世纪 80 年代中期产生的,是西方宏观经济理论的一个分支,其核心思想是经济不依靠外部力量推动实现持续增长,内生技术进步是保证经济持续增长的决定因素。在充分竞争假说下,内生经济增长理论研究的是长期增长率的决定因素。由于宏观经济因素对城市经济发展产生一定的影响,对单一城市而言具有一定的不确定性,因此简单地依靠吸引外部因素来促进城市的发展有一定程度的脆弱性。根据内生经济增长理论,城市的经济发展应致力于增加人力资本和技术进步,并不断推动城市经济内部系统的相互作用,促进经济发展,这样才可以实现城市经济的持续增长。当城市化达到一定水平时,城市的内生增长能力就变得非常重要。当外部条件相似时,城市的内生增长能力决定了城市的经济发展水平。由于城市的内生增长能力形成所需的时间较长,效果不能反映在短期内,因此,发展城市内生增长能力需要政府和企业的资本投资,以及城市文化的合作和协调。

城市间的竞争主要从以下几个方面进行。

1)城市间产业集聚能力的竞争

产业通过空间集聚可以实现同类部门的数量增加和整体规模的扩张,在合作的基础上实现外部规模经济,珠三角地区的企业大多是中小型企业,这些企业往往是通过产业集聚来克服自身内部规模经济的局限性。中小企业的产业集群是以产业链为中心,结合生产的专业化形成产业的前后向联系,通过空间上的紧密联系可以大大提高企业生产力和城市的经营效率。

产业集聚在城市竞争中不再是传统意义上的资本、劳动等生产要素在空间上的集中,更多的是强调集聚过程中知识和技术的重新融合,强调技术人才的聚集和熟练劳动力市场的形成。这种融合可以促进城市内生增长能力的提高和经济可持续发展。由于产业集聚具有很强的路径依赖性，一旦形成了产业集聚能力就具有长时间的持续增长潜力，地方政府在城市竞争中充分认识到产业集聚的重要性，不断寻求可以产生集聚的核心企业，高度重视培养和加强城市的产业集聚能力。

珠三角地区各城镇产业集聚竞争激烈，通过专业化城镇的不断出现表现出来。例如，东莞定位于国际性加工基地，是以电子信息产品为专业化的发展方向，使其有别于顺德的家电制造业。东莞的专业化的发展方向是集聚了大量的电子信息产品加工企业，95%的电子信息产品都可以在当地找到，如东莞宏达集团有限公司周边车程 2 小时的范围内有相关的供应厂家 30 多家，东莞宏达集团有限公司 45%的产品都可以在这些厂中解决。截至 2015 年，东莞在专业化基础上，按产业链形式的集聚使其成为我国第四大出口城市。

2）城市间制度创新能力的竞争

在生产要素类似的条件下，制度创新能力对城市经济增长起到了决定性的作用，城市制度是城市管理软环境的体现，制度创新是实现与国际接轨的新的经济制度和与之相适应的组织体系及运作机制，包括城市管理体制创新、企业产权制度创新、市场交易制度创新和人才流通制度创新。

制度创新能力可以通过交易成本的降低和培育城市的内生增长能力来提高城市的竞争力。快捷有效的管理制度，可以减少行政管理的效率损失，加快公司的创办速度和生产要素的流通速度；地方政府通过人才吸引、激励技术创新和合法产权保护，将形成城市经济增长的有效机制，继续吸引生产要素的投入。

一般认为，顺德是通过制度创新提高城市竞争力的典型案例。顺德通过企业产权制度改革，使政府完全退出具有竞争性的行业，鼓励民营企业发展，如顺德的核心空调企业，通过股权转让，逐步退出城市管理。顺德通过行政区划改革，减少了土地使用权上的分散，发挥了中心城镇的扩散作用，促进了区域的整体水平和整体竞争力的提高。

3）城市间环境条件竞争

城市竞争的环境条件包括基础设施条件的竞争和生态环境的竞争。基础设施条件的好坏直接影响到企业的生产和加工产业的成本，珠三角地区大量的以原始设备制造商（original equipment manufacturer，OEM）为主要形式存在的加工产业对外部交通可达性和信息控制及交换的速度要求很高，这些条件是企业生存的条件之一，基础设施条件成为生产要素区位确定的重要因素，因此在城市竞争中往往首先是地方政府通过对城市总体规划的制定和以政府为主体的基础设施投入来不断改善基础设施条件的，城市竞争的实质之一是基础设施有效供给的差异。例如，广州市政府在 2013 年之前三年的基础设施投资高达 600 亿元，未来 5 年还将投资 900 亿元，在东莞建设一个密集的交通网络。

生态环境的竞争是近年来城市竞争的新内容，其已成为生产要素区位选择的因素，合理的生态环境和物质环境是城市实现可持续发展的重要因素，良好的生态环境可以用相同的工资吸引更高质量的管理人员，并满足高新技术企业的发展条件，对城市产业结构升级和发展高附加值与高技术含量产业十分有利。

地方政府要充分认识产业升级过程中，生态环境对提升城市竞争力的作用，把改善城市生态环境作为地方政府长期努力的目标，如东莞清溪在良好的生态环境下，形成了电脑加工业，顺德伦教建立了广东省第一个生态示范镇，并以此为基础吸引外商的投资。珠三角地区的"水""山"和"耕地保护区"成为地方政府建设生态环境的重要元素。地方政府对环境的长期投资表明，生态环境在城市竞争中具有强势地位。

3.1.3　区域之间竞争的策略框架

近年来，我国的城市化进程大大加快，已形成珠三角、长三角、京津冀三大城市群。这些城市群是我国城市化发展的领导者。我国区域协调发展的进程还不能跟上形势的发展，行政区域经济造成的问题逐渐显现，直接结果就是城市之间的恶性竞争。

行政区域经济是一种特殊的经济现象，它是由行政部门对区域经济的刚性约束所产生的。它的特点是由国内行政区域经济划分，而城市区域经济一体化则与行政区域经济相反。因而在一定程度上，行政区域经济已成为制约城市联盟形成和发展的重要因素。

以行政区域为单元的行政区域经济利益格局是我国经济结构的重要特征。为了自身利益，我国各级政府经常按照行政区域来组织和控制经济发展。产生这样的局面，其原因不外有三个方面：一是我国行政区域除了政治功能以外，还有自身的经济功能，"为官一任，造福一方"，各级政府既有经济发展的责任，也有经济发展的冲动；二是各级政府不仅拥有组织和调控经济的工具，而且具有一定的经济资源，拥有参与经济活动的能力；三是各级政府不仅要对行政区内企业、居民负责，而且要对上级政府负责，而上级政府对下级政府的绩效考核的好坏又经常与下级政府管辖地区的经济发展状况好坏相关联。

正是由于这样的背景，行政区域经济存在一定的合理性，它对国家经济成长也起着不可替代的作用。然而，从现实情况来看，行政区域经济也有着以下几个不容忽视的问题。

（1）行政区域经济来自政府对经济的干预，同时也进一步强化政府对经济的干预。在行政区域经济背景下，区域经济处于一个稳定的状态，并具有较强的地方政府行为。由于这个原因，一个行政区域的"经济"，往往以一个地区，甚至一个国家的"非经济"为代价。

（2）行政区域经济阻碍国家统一市场的形成与发展。经验表明，如果经济发展水平和地区人均收入水平相近，则该地区的需求结构和偏好是相似的，市场之间的隔离会小，而区域专业化分工的机会增加。反过来，则将导致需求和供给关系的减弱。在我国，由于区域经济发展差距不断扩大，区域间的利益摩擦日益加剧，地方各级政府为了追求和保护自身利益，往往以行政区域为依托，建立贸易壁垒，实行市场封锁，阻碍资源和经济要素自由流动。

众所周知，珠三角地区的经济发展呈现出明显的行政区域经济特征，这种"板块经济"的经济格局曾经使珠三角城市联盟的发展被当前行政管理体制制约和束缚。由于各级行政区划层次较多、分割繁细（珠三角地区横跨9个地级市），联盟的城市可能属于不同的行政区，在发展目标、产业结构、产业布局、环境保护等方面，城市之间的区域经济联盟与各行政区域城市之间可能存在明显的冲突，集中体现在要素的流动上，使要素流动和进入成本高，无法顺利流向优势区位城市，这影响和制约了城市联盟的发展。同时由于行政区域内城市不根据区域经济一体化的大局来正确定位，城市之间缺乏整体规划与协调，在珠三角地区经济生态格局里，出现了争资源、争项目、争中心的现象，在一定程度上造成资源浪费、重复建设、产业同构、恶性竞争。具体而言有以下几点。

1）重复建设

这个问题集中在有巨大利润潜力的产业，如港口、机场等基础设施领域。主要问题不仅是表现在数量上很多，而且还表现在对这些资源的使用效率不高，使用的方法仍然缺乏协调。①机场方面，在珠三角地区的区域半径200千米范围内，共有五个机场：香港国际机场、广州白云国际机场、深圳宝安国际机场、澳门国际机场、珠海金湾机场，合称"A5"，除了珠海金湾机场，其余的是国际机场，尤其是香港、广州和深圳三个地区具有相当规模的国际机场；②港口方面，深圳港已经对香港港口形成巨大的冲击，而广州在这之后继续推出"南沙港区"计划，东莞也不甘示弱地要斥巨资建设虎门港，两侧的珠海港和惠州港也从不相信它们不能成为华南地区的大港；③会场展览馆方面，珠江三角洲地区的城镇近年来互相攀比盲目建设展馆，一些城市有三四个大型展览场馆，造成资源浪费和会展业的过度竞争。据调查，截至 2016 年，广东省具有一定规模的会场展馆超过 200 个，而利用率仅为 40%左右。

2）产业结构雷同

在行政区域市场经济条件下，除了企业是市场主体之外，政府作为市场主体还具有地方利益。因此，在地方政府对国内生产总值、税收、就业等基本评价目标的约束下，作为区域产业政策行为主体的政府选择也是市场化，行政博弈的出发点是本地利益最大化。在这个前提下，各地的摩擦和纠纷、实现的合作和协调只能是利益博弈的选择，是市场化的交易过程。珠三角地区的城市从 20 世纪 80 年代开始实施"赶超战略""逆向开发战略"，即市场需要什么就生产什么，导致珠三角经济区的投资集中于少数几个"投资少、见效快"的行业，致使产业结构相似，削弱了珠三角地区经济的区域分工和规模的双重利益，并导致相似产业在该地区的激烈竞争。80 年代中期的"电视大战""冰箱大战"就是由于各地的产业结构相似造成的。到了第八个五年计划期间，各地投资热点又有惊人的相似性：广东沿海等地受香港产业转移和珠三角地区外向型战略等因素的影响，再加上利益的驱动和信用、财务约束机制不健全，珠江三角洲地区的产业结构严重雷同。

3）恶性竞争

在珠三角地区，许多地方在开放和吸引外资上竞相引入优惠政策，在出口上竞相降低价格，导致过度或恶性竞争。由于省市之间、城市之间乃至县乡之间存在着不平等的一道道行政壁垒，属于不同行政主体的产业开发区实施的是"背靠背"的招商政策，每个城市的招商条件是不透明的，企业成本缺乏正常梯度。本应是成本为导向的企业投资和经营活动却与追求地方利益最大化的政府行为并在一起，使同类产品及上下游的生产能力难以集中在一起，使产业链分工和合作关系出现断裂，或不经济地扩张了空间距离。在这种背景下，外商投资企业无论其行业属性和专业性，都成为各地区政府部门争夺的对象。

4）行政隶属关系"重叠"，矛盾重重

在同一经济区域甚至同一行政区内，因为经济关系造成的问题也应该用经济的方式来解决，但由于行政隶属关系不同而又矛盾重重，即使要处理也不是按经济规律，往往是通过行政手段加以解决。近年来，整顿市场经济秩序的"打假"行动之所以经常受到阻碍，"清障"之所以屡屡被困，相当程度上是由于这种变味了的"属地管理"式的地方保护主义造成的。

因此，冲破这种行政区域经济，对组建城市联盟意义重大。具体措施有以下四个方面。

（1）对城市具有竞争优势的资源进行整合，形成有效的竞争资本，包括专业化的产业、政府可应用的财政和可动用的社会资金、全体市民的文化意识、环境与自然的条件。

（2）对区域经济发展条件和竞争城市的发展威胁进行经常的分析，抓住机会构成核心竞争力，形成品牌效应。

（3）以城市规划为抓手，加强有效的基础设施供给、生态环境的改造与保护及城市生活质量的全面提升。

（4）面对竞争，城市要建立全新的发展概念、广泛的企业网络和宽松的贸易环境，拥有高素质的劳动力和充分的政府财政。

3.2　区域之间的合作行为分析

城市之间存在恶性竞争，特别是 20 世纪中期，城市为了吸引外资，竞相低价出让土地，减免税收，牺牲财政收入，结果城市的经济势力下降。在这种形势下，越来越多的城市意识到，合作竞争比对抗竞争更能为其带来更多的利益。为此，越来越多的城市加入了合作的行列，相互之间缔结友好城市关系，进而发展到组建城市联盟，形成更大的竞争优势。

3.2.1　区域之间合作行为的原因分析

究竟是什么力量驱使着现代社会条件下的城市之间从对抗、竞争走向合作进而结盟呢？归纳起来其动因主要有以下几方面。

1）全球化竞争的结果

经济全球化带来生产国际化、市场全球化、竞争全球化，这些给城市发展提供了机会，也带来了困难，迫使其不得不寻找新的更为有效的竞争武器。20 世纪五六十年代，世界各国尤其是发达国家的发达城市普遍采取独家投资的战略进行扩张。这种方式的优势是城市对投资实体有绝对控制和取得投资的全部利益。由于地区经济的发展和东道国城市竞争能力的加强，这种独家投资进行经营的方式越来越困难。最佳的方法是到区域外甚至海外寻找合作伙伴。通过合作伙伴的介入进入当地市场，并与合作伙伴共同解决城市发展过程中出现的问题。

2）技术创新的内在要求

其一，随着科学技术的发展日趋复杂，新技术研制开发成本日益增大，而且蕴含着极大的风险。很多城市，即使是资本雄厚、人才聚集的大城市也难以独自负担如此巨大的技术发明新投资。甚至几个大都市若是仅仅在技术创新方面联手在国际竞争中有时仍显得捉襟见肘。激烈的国际技术竞争和科学技术的发展加速了产品的更新换代，从而使产品的生命周期缩短，形成对创新城市的巨大时间压力。时间上的落后和应用过程的缓慢意味着技术创新城市不仅难以获得由技术垄断带来的高额回报，甚至难以收回投资成本。其二，当今科技发展呈现聚合趋势。新的科学突破通常是多种学科知识融合的产物，如高温超导涉及材料学家、物理学家、化学家和电力工程师的通力协作。新兴技术产业往往也是不同行业技术的结晶，如电信技术的发展就是融合了计算机技术和通信技术。因此，科学技术发展要求创新城市建立广泛的合作关系。为了分担昂贵的研发费用，分散因竞争而产生的投资风险，城市发展压力使它们只能选择城市联盟。这也在一定程度上说明了为什么城市合作主要集中在能源、交通、水利、航空、汽车、计算机、半导体、核技术和平利用等战略资源或高新技术产业部门。

3）突破贸易壁垒的有效途径

日趋严重的贸易摩擦和贸易保护主义浪潮的兴起，对推动城市联盟的形成起了不可低估的作用。西方大国贸易失衡是 20 世纪 80 年代世界经济中的一个突出问题，也是各国政府对话的主要议题。1985～1989 年，美国积累了 6673 亿美元的贸易赤字。到 1993 年，美国全年贸易赤字竟达 1325 亿美元；而日本在 1985～1989 年却积累了 4361 亿美元的贸易赤字，1993 年日本全年的贸易大战此起彼伏，日本在工业制成品、高新技术领域展开了争夺市场的斗争。关贸总协定东京回合谈判执行结果：在各国关税税率下降的同时，非关税壁垒却大幅度增加，贸易壁垒更加森严。据世界银行国际经济部资料，西方发达国家的主要进口商品中，遇到非关税障碍，1965 年为 17%，1986 年上升到 54%，1981～1986 年，发达国家贸易总额中受非关税限制的比例从 13%上升到 16%，到 1988 年，全世界约有 40%的商品受到各种保护主义措施的不同程度的影响。到 1992 年，关贸总协定成员方的各种歧视性进口限制协议多达 249 个。正是由于森严的贸易壁垒，尤其是覆盖面宽的非关税条款，限制密度加大，加上人为因素越来越多，驱使跨国公司不得不寻求新的对策。借助城市合作进行战略联盟，特别是在城市联盟内部，贸易条件亦得到极大改善，这也是缘何 20 世纪 80 年代以来城市联盟数量激增的原因所在。

3.2.2 从"友好合作"到"区域经济联盟"的变迁

缔结友好城市，是各国为促进世界和平与发展，推动双方城市之间开展友好交往而建立的联谊与合作关系。这项活动开始于第二次世界大战结束后的美国和法国、德国等欧美国家，外国一般称作"姐妹城市"。我国的国际友好城市工作始自 1970 年。当时，日本神户市长访华时，首先向周恩来总理提出，希望神户市能和我国某城市建立"姐妹城市"关系。周总理对此表示原则愿意，还特别建议将外国习惯称谓的"姐妹城市"改为友好城市，以体现城市不分大小，平等相称的精神。1973 年 6 月 9 日，在周总理的亲切关怀下，天津市与神户市成为我国与外国建立的第一对友好城市。1979 年 11 月 2 日，在中美双方相互承认并建立外交关系后，我国的南京市和美国的圣路易斯市结成两国间第一对友好城市。通过 40 多年的工作探索和实践，我国各省市与世界五大洲各国建立了大量的友好城市，仅江苏省就结成了 150 多对友好城市。

1. 友好城市在我国城市发展中起到了重要作用

友好城市在城市的发展中有其不可磨灭的历史功绩，正如国务院原副总理钱其琛所言："国际友好城市工作已成为我国改革开放事业的重要组成部分，在贯彻执行我国对外方针政策，促进地方经济建设，增进中国人民与世界各国人民的了解和友谊方面发挥了积极作用。"我国不少城市利用友好城市的渠道进行人员、技术、信息等方面的交流，对促进城市的改革开放和现代化建设及与国际先进水平接轨、提高我国城市的国际知名度等都做出了巨大贡献。

2. 友好城市与城市联盟的比较

城市联盟是友好城市的发展趋势和方向，但城市联盟与友好城市毕竟有所不同，二者主要有以下的区别。

（1）友好城市是一种政府性的行为，是由政府作为主体来进行交流的，其目的强调友好交往，增进友好城市间相互了解，尽管也有城市技术和管理经验方面的交流，但谈不上有明确的计划。城市联盟则实现了"政府搭台、企业唱戏"，其已不再是单纯的政府行为，也有企业行为。城市联盟与友好城市的区别在于有明确的目标和计划、确定的战略目标而做出符合市场规律的理性选择。

（2）友好城市的建立往往起源于一些偶然因素，如某一次会面、某个熟人的介绍，甚至城市政府领导人个人的偏好等，一旦这种偶然因素不再存在，友好城市关系的维持和发展就会缺乏动力。城市联盟作为一种理性的选择，是经过多方论证后实施的战略性行为，有相当的稳定性和长期性。

（3）进行友好城市交流活动所需要的经费通常被看作一项纯支出，而城市联盟所投入的资金可以看作是一种投资，对城市联盟所产生的效益和回报可以做定期评估。

（4）友好城市交流的层面往往局限于城市的高层领导，内容也往往比较宏观，而城市联盟将内容具体化了，涉及的主体范围更广，影响也更深刻。

（5）友好城市一般是双边活动，是 A 城市和 B 城市之间的事情，不具有传递性；城市联盟可以是多边的，一个联盟可以有几个甚至几十个城市盟员。

（6）城市联盟是开放性的动态联盟系统。城市联盟是以契约和协议为约束构成多个盟员的开放性的动态联盟系统。某个盟友失去了他的优势，就可能被联盟淘汰，符合联盟标准的将会被吸收为新盟友。因此，城市联盟是一个开放性的动态联盟系统。

3. 城市联盟取代友好城市成为世界城市合作的主要方式

虽然城市联盟作为友好城市发展的新形式，尚处于起步阶段，但是城市联盟更符合市场经济的游戏规则，更有利于城市和城市之间资源的配置、提高经济运行效率；城市联盟扩大了城市之间合作的范围，打破了行政区域划分的限制，可以消除城市市场壁垒；有效地增加城市经济发展的资本投入和科技投入；有利于人才的合理流动；能促进城市一体化建设，优化资源配置，改善人居环境。因此，城市联盟将取代友好城市，成为国内外城市间合作和交往的主要方式。

3.3　区域之间的竞合行为分析

城市联盟是一种城市之间的战略合作性超边界组织。它对联盟之外讲究竞争为主；在联盟内部讲究合作，同时联盟内部也有竞争。因此它是一个竞合组织。

城市联盟间合作与竞争并存。城市联盟合作伙伴拥有自身特殊竞争优势并愿意与对方分享，合作的形式是交换技术、聚集资源或其他"软"方式，它们拥有一个共同的长期战略目标，并围绕这一战略目标建立取长补短、优势叠加的合作。与此同时，参与城市联盟的成员们在合作范围以外的市场上仍然激烈竞争。人们把城市联盟内各成员城市企业之间这种情景形象地描绘为"左手挥拳，右手握手"。

城市联盟是一种以其高密度的城市和一定门槛规模的人口及巨大的城市体系，区别于其他地区和其他城市类型的空间组织。城市联盟内等级体系较为合理，相互分工与合作关系明确，城市联盟内城市之间经济发展则具有相对独立性。根据城市化、工业化的内在规律组建起来的城市联盟，可以为我国未来国民经济分级、分区调控体系的建立提供一种有效的组织载体。

事实表明，城市联盟是城市化最有效率和效益，也是最切合我国实际的模式。

如果说，中华人民共和国成立以来传统的行政区划是按行政手段对相互关联的自然区域进行的人为划界，那么城市联盟则是按经济关联度，对不同行政区域重新进行的自主组合。前者是"分"（行政划分），后者是"合"（资源融合），两者有不同的运行方式和发展规律。现代区域经济之所以必然要从行政区域经济走向城市联盟，主要有以下原因。

首先，从我国行政区划和区域经济的发展历史及相互关系看，行政区划的稳定是相对的，变动是绝对的。而且从本质上说，行政区划是一种具有明显政治意识和行政色彩的国家行为，属上层建筑范畴，而城市联盟则属于经济基础范畴，其存在和发展有自身不以人的意志为转移的客观规律。作为上层建筑的范畴，行政区划的发展必须适应经济基础需要，必然要服从于、服务于经济发展。城市联盟的发展往往会突破既定行政区划的框架，最终形成更符合区域经济发展规律的新型城市发展格局，同一城市联盟内的经济一体化势在必行。

其次，从我国改革开放的历史过程和开放改革的发展趋势看，从行政区域经济走向城市联盟势在必行。从 21 世纪开始，以"入世"为标志，随着世界经济中心向亚太地区的逐步推移，增强国际综合竞争力，将成为一个国家稳扎国际舞台的第一要务，地区的对外形象特别是国家的整体形象，从来没有像今天这样重要，因而必须打造新型的行政区划和区域经济格局，以适应国际发展新趋势和竞争新局势。例如，珠三角作为我国最具竞争力的三大城市集中区域之一，由于受行政区域经济的传统束缚，无论是规模还是自身的水平，都还远远不能适应国家发展需要。这不仅限制了区域经济一体化的进程，也制约了自身的进一步发展，更直接影响了国家的整体形象和国际综合竞争力水平。

最后，从国内外区域经济发展战略的路径选择看，建立以跨行政区城市体系为主导模式的新型城市联盟格局，是我国城市化道路长期探索的客观选择和当今世界城市经济发展的必由之路。一方面，"以大城市为主，大中小城市协调并举"的发展对策，是我国城市化道路长期探索的客观选择；另一方面，不同行政区划间的城市以协调互补实现共同繁荣，是当今世界城市经济发展的必然趋势。西方城市规划的先行者认为解决城市问题不能局限于各自狭隘的单一范围内，必须走联合协调、资源互补之路。美国学者芒福德（Mumford）在阐述其区域整体发展理念时指出："真正的城市规划必须是区域规划"。为此，自 20世纪 50 年代始，美国沿大西洋中部，北起波士顿，南至华盛顿，在 600 千米长、100 千米宽的地带，建立了由 5 个大都市和近 200 多个中小城市组成的世界上最早的大都市连绵带。日本则建立了东京大都市圈、大阪大都市圈和名古屋大都市圈三大都市圈，成为亚洲大都市连绵带发展程度最高的国家。目前，这几大都市圈都已成为世界上经济最发达的地区。

3.4 区域经济联盟形成机制

3.4.1 基于资源理论的区域经济联盟形成机制

资源基础理论可以从城市管理的角度强调通过整合和利用有价值的资源来实现城市价值创造的最大化。资源基础理论主要被用来研究合作性竞争中合作伙伴间的相互依赖性和结构稳定性。借助于资源基础理论，本书将城市组织作为一种社会资源来加以研究，从而使其可以将组织内部及组织间的交换理论置于一个开放系统中去分析。资源基础理论在分析不平衡的"强权"合作结构和城市合作的稳定性方面，也有其独特之处。当然成功的合作并不一定要发展成为一种依赖关系，而且过度的依赖往往对合作有害。合作应被视为克服竞争局限和实现复杂产品互补性生产行为的一种方式。可以说，资源基础理论反映了人类迈入知识经济时代的趋势：当能够创造价值的生产要素不再仅仅是土地、资本和劳动力时，当信息、技能和知识在价值创造中占据越来越重要地位时，资源基础理论就必须将其纳入分析之中并赋予其应有的地位。

资源基础理论认为，城市资源同样具有异质性和非完全流动性特征，因此不同城市之间会存在很大差异性，也就是说，城市资源的异质性导致了城市之间的异质性。由于资源是不完全自由流动的，城市之间的异质性可能会长期存在。如果一个城市拥有稀缺的、能够创造价值的资源，并且这些资源既不能够被其竞争对手城市所模仿，也不能被其他资源所替代，那么这个城市就具有某种垄断的地位，这些资源还会成为该城市获得持久竞争优势和利益的必要条件。因此，资源基础理论把城市竞争能力与城市占有资源密切联系起来。资源基础理论认为，城市间组建城市联盟正是因为当资源不能有效地通过市场交易或常规渠道获得时，城市联盟可用来使其他城市共享或交换有价值的资源。也就是说，城市联盟可以利用其现有的资源与其他城市的资源进行融合，从而创造更大财富。资源基础理论强调，每个城市联盟伙伴必须为联盟带来有价值的资源。在当今城市间竞争空前激烈的总体环境下，仅仅依靠某一类型的资源并不能使一个城市建立起可持续的竞争优势。因此，许多城市都建立城市联盟以获取不同的资源。

1984 年沃纳菲尔特（B. Wernerfelt）在美国的《战略管理杂志》（*Strategic Management Journal*）上发表《企业的资源基础论》（*A Resourcebased View of the Firm：Summary*）一文，提出了企业内部资源对企业获利和维持竞争优势具有重要意义，此观点同样对城市创造市场优势的研究具有重要参考意义。城市内部的组织能力、资源和知识的积累是解释城市获得、保持竞争优势的关键。沃纳菲尔特及后来的罗梅尔特（Rumelt）、里普曼（Lipman）、巴尼（Barney）、温特（Winter）、库尔（Cool）及柯利斯（Corliss）等的研究共同促进了战略管理理论的新流派——企业资源基础理论的形成。

对资源类型，学者提出了多种分类方法。最简单的分类就是 Grant（1991）提出的有形资源和无形资源。而 Barney（1991）则将企业资源分为物质资源、人力资源和组织资源。Hafer 和 Schendel（1978）认为，企业资源包括金融资源、物质资源、管理资源、人力资源、组织资源和技术资源。这些分类方法、标准，同样适宜针对城市资源的分类。Das 和 Teng（1998）还进一步分析了金融资源、技术资源、物质资源和管理资源在组建联盟过程中的作用。

Miller 和 Shamsie（1996）认为，基于模仿壁垒，所有的资源可分为两大类，即以所有权为基础的资源（property-based resources）和以知识为基础的资源或知识资源（knowledge-based resources）。以所有权为基础的资源包括金融资产、物质资源、人力资源等。所有者对这些资源拥有所有权，没有所有者的同意，其他人不能拿走它们。因此，以所有权为基础的资源是不容易获得的，无论是专利、合同、商标、版权、注册的设计，还是油田、销售渠道、好的地点等都是难以替代的。而以知识为基础的资源由于存在知识和信息壁垒而不容易模仿。隐性的技术诀窍、技能及不受专利保护的技术和管理系统，都属于这个范畴。除了不可模仿之外，技术和管理资源还具有不可替代性。先进的技术和管理才能往往难以找到令人满意的替代选择。以所有权为基础的资源有更好的法律保护，而以知识为基础的资源往往会出现不经意的转让。如果其他城市获得进入或接近知识资源的渠道，那么城市就很难将这些资源长久地控制在城市内部。资源基础理论认为，拥有关键性资源是建立城市联盟的前提。因此，城市占有关键性资源也是建立城市联盟的重要前提之一。

城市联盟的必要性在于不完全流动、不可模仿和不可替代的资源可以通过城市联盟的建立而获得。例如，城市声誉是不可交易的，但是它可以转移到城市联盟当中。正如 Barney（1991）和 Peteraf（1993）认为，资源的不完全流动性是指从资源的所有者获得资源的壁垒。不可模仿性和不可替代性是指难以从其他地方获得类似的资源。同样，当一个城市实行的财富创造战略无法被其他现有的或潜在的竞争性城市实施时，该城市就拥有了竞争优势。竞争城市无法实行这种战略是因为他们无法拥有相关资源。因此，在资源基础理论看来，资源（或能力）与竞争优势之间存在密切的关系。有价值的城市资源往往是稀缺的，难以模仿而且缺少直接替代品。因此，资源的积累和交易是战略上的需要。当资源的市场交易是可能的和有效率时，城市更可能独自行事并依赖市场。但是有些资源是难以通过市场交易获得的，因为它们或与其他资源混合在一起，或植根于组织之中。Rumelt（1982）认为因果关系模糊性或透明度缺乏是资源能够创造竞争优势的原因。而依照此观点，因果关系模糊性便限制了一个城市模仿其竞争者的能力或使用替代性资源的能力。Reed 和 DeFillippi（1990）将这些导致因果模糊性的原因归纳为隐含性、复杂性和专用性。城市资源的不完全流动性、不可模仿性和不可替代性不仅对维持资源的异质性是重要的，它们也是组建城市联盟的工具。如果所有的关键性资源可以在要素市场以合理的价格获得，那么城市也就不会建立联盟，因为联盟可能招致较高的管理成本（Osborn and Baughn，1990），而且会牺牲一些政府组织控制权。一座城市的良好声誉，包括服务和管理的声誉，也会促使决策者利用这些资源组建城市联盟。当然，那些能力较弱的城市也往往更积极地从外界寻求联盟伙伴。对城市而言，成功的联盟是那种能够利用各种相关资源和能力并形成优势的联盟。

城市联盟的目标就是通过控制和利用外部独特的战略资源或战略要素，强化城市的战略环节并扩展价值链以增强城市的总体竞争能力。但是要建立城市联盟，城市首先必须具备合作的资本即核心竞争力。因此，核心竞争力是城市联盟的基础。针对深入研究城市联盟的内因分析，核心竞争力理论的最大贡献就是把开创新事业作为城市联盟焦点，并把核心竞争力作为城市可持续竞争优势与新事业发展的源泉。从资源理论基础看，核心竞争力的基础是以资源为基础的竞争优势观，它源于以资源为基础的城市观，即把城市看作是一系列独特的资源组合，城市是异质的而不是同质的。本书认为，城市是不同的知识、能力和核心专长组成的集合体，没有两个城市是相同的，因为没有两个城市具有同样经验，获取同样的资源和技能，或建立同样的组织文化，这些资源和能力决定了城市运作的效率和效益，也决定了城市经营的范围和领域。城市文化资源往往会为城市带来竞争优势。独特的组织技巧和组织能力是城市各种资源的有机结合，它们也是城市竞争优势的源泉之一。

3.4.2 联盟伙伴的选择机制

选择适当的合作伙伴是成功实施城市联盟的关键步骤之一。根据国外的经验，城市联盟失败的重要原因之一就是合作伙伴选择错误。一个成功的城市联盟，必须依赖参与城市联盟的成员群策群力、彼此信任，以及相互学习，以促成城市联盟目标的达成。因此，城市联盟在选择合作伙伴时应谨慎小心，对潜在的合作伙伴作定性和定量的评价分析。

1. 城市联盟盟友选择的原则

互补性，即与合作伙伴结盟是否能达到优势互补的目的。如果城市联盟各方都不具备优势或是优势不明显，甚至具有明显的弱点，这样的城市联盟就会以失败而告终。协同性，即合作伙伴之间能建立一种双赢的合作关系，双方能够共同朝一个目标努力。兼容性，即各自城市的文化的互相融合的可能性。若各自文化不能融合，则结盟易于失败。另外，还包括要考察协调的可能性与协调能力，沟通渠道的便利性和沟通能力等因素。

2. 城市联盟盟友的选择评价方法

国内外对企业联盟合作伙伴的选择进行了大量研究。本书认为城市联盟盟友的选择评价也可以用以下方法。

1）基于动态聚类的选择方法

可以用动态聚类方法将候选城市分类。基本思想是如果多个候选城市在待评估指标体系中相差不大，则可以将它们并做一类，以该类为一个新的候选者，重新进行比较。由于归为一类的城市之间情况相差不大，不论选择哪个，对城市联盟整体效益影响不会很大。

假设有 8 个候选城市 A～H，聚类结果如图 3-1 所示。则可以认为 A 与 B 竞争优势相差不大，因此选 A 与选 B 效果基本相同；同理，C 与 D、E 与 F、G 与 H 也基本相同。这样，可以将 8 个候选城市重新定义为 4 组：I 组、J 组、K 组、N 组，将组中成员的相应指标进行一定的换算（如算术平均），作为新组的指标值。在第二轮中，又可以将它们归为三组：L 组、K 组、N 组，如此反复，最后一轮中，所有候选城市分为两组即 M 组和 N 组。假设进行比较后，确定 M 组综合指标较 N 组要好，则剔除 N 组，即入选成员将从 M 组产生。这时，将 M 组中的成员 L 组和 K 组进行比较，若 K 组胜出，则进一步比较 E 和 F，强者被选入城市联盟。

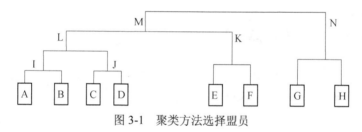

图 3-1　聚类方法选择盟员

2）基于 AHP[①]的模糊综合评价法

模糊综合评价法在处理多层次复杂问题的评价和决策问题时具有优势。将 AHP 和模糊综合评价法有机结合运用在城市联盟盟友的综合评价中，结合了影响城市联盟盟友选择因素的多层次和复杂性，为城市联盟盟友的选择提供可靠的决策依据。

（1）单级模糊综合评判模型（陈畴镛和胡隆基，2000）。

（A）设 $U=(u_1,u_2,\cdots,u_m)$ 是一个由评价指标组成的指标集合，$u_i(i=1,2,\cdots,m)$ 是评价指标体系的最后一级指标。

（B）设 $A=(a_1,a_2,\cdots,a_m)$ 是一个权重集合。其中，$a_i \geq 0, i=1,2,\cdots,m$ 是第 i

---

① AHP 指 analytic hierarchy process，即层次分析法。

个指标 u_i 在指标集合 U 中的权重，$\sum_{i=1}^{n} a_i = 1$。各指标的权重值在综合分析结合经验评定的基础上，采用 AHP 来确定，即运用专家咨询法构造两两比较的判断矩阵，求矩阵特征向量和特征根，并进行一致性检验，得出各指标权重。

（C）设 $V = (v_1, v_2, v_3, \cdots, v_n)$ 是一个评价集合，$v_j (j = 1, 2, \cdots, n)$ 是由高到低的各级评语。评语设定为若干等级一般设定为"优""良""中""一般""差"五个等级。

（D）从 U 到 V 的模糊关系，用模糊评价矩阵 $\boldsymbol{R}$ 来描述

$$\boldsymbol{R} = \begin{pmatrix} r_{11} & r_{12} & \cdots & r_{1n} \\ r_{21} & r_{22} & \cdots & r_{2n} \\ \vdots & \vdots & & \vdots \\ r_{m1} & r_{m2} & \cdots & r_{mn} \end{pmatrix}$$

式中，$r_{ij} (i = 1, 2, 3, \cdots, m; j = 1, 2, 3, \cdots, n)$ 是对第 i 评价指标做出的第 j 级评语 V_j 的隶属度。

r_{ij} 的取值方法为对各专家的评分结果进行统计处理。得到对第 i 个评价指标有 v_{i1} 个 V_1 评语，有 v_{i2} 个 V_2 评语，$\cdots\cdots$，有 v_{in} 个 V_n 评语，则对于 $i = 1, 2, 3, \cdots, m$ 有 $r_{ij} = v_{ij} / \sum_{j=1}^{n}$，其中，$j = 1, 2, 3, \cdots, n$。

利用模糊矩阵的合成运算，得综合评价模型为 B

$$B = A \cdot \boldsymbol{R} = (b_1, b_2, \cdots, b_n)$$

其中，模糊运算一般可选用 $M(\wedge, \vee)$、$M(\cdot, \vee)$、$M(\wedge, \oplus)$、$M(\cdot, \oplus)$ 四种算法。前三种用于突出主因素，不考虑或略微考虑次要因素的评价方法；后一种对所有影响因素依权重大小均衡兼顾，适用于要求整体指标的情形。本书研究采用 $M(\cdot, \oplus)$ 算法，其中，"·"表示普通实数乘法，$a \oplus b = \min\{1, a+b\}$。

若 $\sum_{i=1}^{n} b_j \neq 1$ 则采用归一化处理 B 为 $\tilde{B} = (\overline{b}_1, \overline{b}_2, \cdots, \overline{b}_n)$，式中，$\overline{b}_j = b_j / \sum_{j=1}^{n} b_j, (j = 1, 2, 3, \cdots, n)$。

（E）设 $\boldsymbol{F} = \left(\int_1, \int_2, \cdots, \int_j \right)^{\mathrm{T}}$ 是一个分数集，它是一个列向量，$\int_j (j = 1, 2, \cdots, n)$ 是第 j 级评语的分数。分数一般采用 100 分制或 5 分制。若以 100 分为满分，则用等差打分法可得 $\int_j = (n + 1 - j) \cdot 100 / n, (j = 1, 2, \cdots, n)$。

（F）利用向量得乘积，计算出最终评价结果 Z。

Z 是一个代数值：$Z = B \cdot F$ 或者 $Z = \tilde{B} \cdot F$。

（2）多级模糊综合评价模型。

在模糊综合评价模型的实际应用中会存在一定的问题：一方面，当因素较多时，权重的分配极难确定；另一方面，每个表示重要度的权重分量都很小，单因素评价矩阵 $\boldsymbol{R}$ 在求评价结果 $B = A \cdot \boldsymbol{R}$ 的合成运算中使用的因素减弱到不能起作用，导致评价结果难以分辨。为了解决这些问题，对模糊综合评价模型做改进，形成多级模糊综合评价模型。

（A）设 $X = (X_1, X_2, \cdots, X_n)$ 是一个由一级评价指标组成的指标集。$X_i(i = 1, 2, \cdots, m)$ 是评价指标体系的一级评价指标。

（B）设 $A = (a_1, a_2, \cdots, a_m)$ 是一个权重集合。其中，$a_i \geq 0, i = 1, 2, \cdots, m$ 是一级评价指标 X_i 在指标集合 X 中的权重，$\sum_{i=1}^{n} a_i = 1$。

（C）对 $i = 1, 2, \cdots, m$，设 $X_i = (X_{i1}, X_{12}, \cdots, X_{im})$ 是对应于 X_i 的二级评价指标集。设 $A_i = (a_{i1}, a_{12}, \cdots, a_{im})$ 是权重集，其中，$a_{ij} \geq 0, j = 1, 2, \cdots, n, a_{ij}$ 是 X_{ij} 在 A_i 中的权重。

（D）权重 $a_i(i = 1, 2, \cdots, m)$ 与 $a_{ij}(i = 1, 2, \cdots, m; j = 1, 2, \cdots, n)$ 的确定。针对不同的评价问题，在综合分析结合经验评定的基础上，采用 AHP，通过两两成对的重要性比较建立判断矩阵，然后通过解矩阵特征值的办法得出各指标权重。

（E）对于 $i = 1, 2, \cdots, m$，对每一组二级评价指标集 X_i，利用前述方法建立多级模糊综合评价模型 $\overline{b}_1, \overline{b}_2, \cdots, \overline{b}_m$，计算后得各组的评价结果。

（F）利用向量的乘积，计算出多层指标评价结果 Z。

Z 是一个代数值：$Z = B \cdot F$ 或者 $Z = \tilde{B} \cdot F$

同样的程序可建立三级、四级等多级模糊综合评价模型。

另外，还有基于人工智能的评价方法、基于 ROUGH 的评价方法、基于遗传算法的评价方法等城市联盟盟友的选择评价方法。

3.5 本 章 小 结

本章主要分析了区域经济联盟主体的行为，主要以城市联盟为例。

首先，分析了区域竞争行为及其产生的原因、城市间竞争的理论模式和策略框架。

其次，分析了区域之间的合作行为及其产生的原因，以及从友好城市到城市联盟的变迁，提出了城市联盟是城市间合作形式的制度创新，是友好城市的发展。

最后，提出了城市联盟是一种区域之间建立在一定愿景之上的战略合作性超边界组织的观点。它以城市联盟为整体对外竞争，在联盟内部以合作为主，同时联盟内部也存在竞争，因此城市联盟是一个竞合组织。

4

区域经济联盟的运作分析

本章分析了区域经济联盟的运作。区域经济联盟的运作，包括其实现、价值创造，以及针对联盟的维护等，对我国城市发展、区域竞争、优化资源配置等具有现实的指导意义。区域经济联盟运作的实现是基于资源理论，它从城市管理的角度，通过产业集聚效应、产业扩散效应、区域网络化组织发展、企业区位选择行为、政府宏观调控行为及城市功能集聚与扩散行为等的驱动，整合和利用有价值的资源，实现资源的合理配置，来实现区域经济联盟价值创造的最大化。

4.1 区域经济联盟的实现与价值创造分析

4.1.1 区域经济联盟的实现

1. 产业集聚效应的驱动

在工业化初期和中期，一些煤、铁、石油等矿产资源丰富的地区开发本地丰富的资源，并建设了基础设施、生产设施和配套设施，同时发展上、下游产业和服务性产业。在产业集聚效应的驱动下，在某区域内，一些不同等级的城市因生产相同或类似的产品而大量集聚，在该区域内形成城市密集区。这些城市通过相关产业的关联逐渐产生了密切的联系，从而形成了合理的产业分工体系，最终形成了城市联盟或区域经济联盟，如德国鲁尔区、我国辽中南城市群和长三角城市群。德国鲁尔区依托优质煤田和丰富的铁矿资源，建立了强大的钢铁工业、能源工业，并发展了相应的配套产业：汽车制造、机械制造、化学工业、电力工业、电气工业等，成为世界著名重工业基地，形成城市联盟。

我国的辽中南地区蕴藏有丰富的煤、铁、石油等资源，历年来通过对当地资源的开发，形成了大量的钢铁工业、能源工业、石油化工等重工业及相关配套产业。近年来，逐步形成了以沈阳、大连为中心，以长大、沈丹、沈山、沈吉和沈承五条交通干道为发展轴线的城镇布局体系，提高了地区城市化水平。在工业化推动下形成了中部城市密集圈和沈大城市走廊，并最终形成了辽中南城市群。

长三角地区有着悠久的文化历史，有着发达的水系、丰饶的土地和优于其他地区的农业、手工业，使其在我国封建社会的中后期就已经初步形成了一个可观的城市群。改革开放后，长三角城市群城市功能分化重组。钢铁、汽车、机电、石油化工等产业在全国占有举足轻重的地位，生物工程、航天、光电子技术、信息、新材料等高新技术产业领域发展潜力巨大。以上海为中心，南京、杭州、宁波、苏州、无锡为副中心，其周边城市在长三角地区集聚，城市间分工明确、联系紧密，形成了高度密集的长三角城市群。

另外，产业集聚对京津冀城市群、珠三角城市群等的形成也具有巨大的推动作用。

2. 产业扩散效应的驱动

在城市化进程中，因为集聚效应，城市规模扩张，产业迅速集中，人口大量集聚，这就会产生许多的城市问题和社会问题，而解决这些问题就需要产业扩散。产业扩散就是以一个大城市为中心，在其周围形成若干个中小城市，这些城市间产业关联密切，并最终形成以这一中心城市为核心的区域经济联盟或城市联盟。产业扩散分为主动扩散和被动扩散。

产业主动扩散是在官方机构协调下进行的，如韩国首尔城市圈。首尔经快速发展之后，规模迅速扩张，为防止产生一系列的社会问题和城市问题，自20世纪70年代开始韩国政府就通过制定一系列措施对产业进行扩散，引导其首都圈范围内的城市和人口，向西、向南转移，在京仁高速公路和京釜高速公路沿线形成了一系列产业高度相关的中小城镇，从而发展成了首尔城市圈。京津冀城市群的核心城市北京，通过大力发展第三产业及高新技术产业，向外围城市扩散第二产业，不仅调整了产业结构，还促进了周围城市的发展，使城镇间的联系更加紧密，促进了京津冀城市群的发展。

产业被动扩散是指当产业集聚扩张达到一定程度，集聚产生不经济，产业就开始向外围城市扩散，这样就导致了一批中小城镇或是卫星城市的兴起，从而形成城市联盟或区域经济联盟，如欧洲西部城市群、北美五大湖区城市群等。一般在城市联盟的形成过程中，产业主动扩散和产业被动扩散经常是同时进行的，如长三角城市群。

3. 区域网络化组织发展的驱动

区域网络化组织包括物质性网络和非物质性网络两种，其中物质性网络由通信、交通、电力等物质性线路组成，非物质性网络由市场中流动的各种要素资源形成。

工业化发展初期和中期，一些港口城市交通运输业发达，凭借此交通网大力发展钢铁、石油、化工等传统产业，大量的相关产业及其配套产业、关联产业、服务业等因产业集聚效应而在此区域集聚，并推动了该区域内大批城市的发展，城市间因紧密的联系而最终形成了区域经济联盟。例如，在北美五大湖区，纽约、费城、波士顿、巴尔的摩等重要的港口城市借助发达的交通运输网络，形成了波士顿-华盛顿都市连绵带。此外，相邻城镇间，因空间作用，逐渐形成公路、轨道、通信、电力、管道等物质性网络组织。凭借此网络组织，各城市之间开展分工合作，进行产业布局，使区域内城镇间的相互联系增加，形成各具特色的区域分工体系，并最终使城市联盟形成。例如，在长三角城市群的发展过程中，其区内上海、南京等城市就是凭借发达的交通运输网络而迅速形成城市联盟的。

要素资源市场的发展是城镇发展的又一大因素。非物质性网络是依托市场上各要素资源的流动而形成的，其将区域内密切联系、分工合作、密集分布的城镇进行结合，从而形成了城市联盟。例如，长三角地区在我国明清时期就已经初步发展成了一个可观的城市群。明清时期，苏州、南京、杭州、松江作为纺织业及其交易的中心，无锡、扬州、常州为粮食集散地，湖州作为印刷中心，上海作为沿海地区沟通南北贸易的重要商业中心，共同形成了长三角地区的较大城市群。而近现代商业的发展使城市间的网络联系更加深入，劳动力、生产资料、资本及信息技术等市场布局更加合理，区域网络组织更加完善，城市间的分工合作更加紧密，这使长三角城市群发展更加成熟。

4. 企业区位选择行为的驱动

在市场经济中，市场机制在资源配置中具有关键作用，而企业作为市场中最基本的生产单位，其区位选择对城市空间布局及人口分布具有重要作用，由此，企业区位选择驱动着城市间的相互作用。企业通过对资源、技术、劳动力、交通、区域政策、通信及生态等投资环境进行分析后对其区位指向进行设定，而若大量企业的区位指向是相同的则会对城镇的兴起和发展起直接影响作用，并进一步影响城镇间的相互联系。若大量企业集聚于某一区域，在产业集聚效应的作用下，该区域经济就会快速发展并加快城市化进程，使大批城市在此区域形成、发展，从而最终形成城市联盟，如我国的珠三角城市群。

1978 年改革开放以来，我国城镇化得以迅速发展，尤其是作为改革前沿的珠三角地区，其发展更是达到了空前的高度。珠三角地区先行改革，得到了大量的经济优势和政策优势，这对其城市群的形成与发展产生了重大意义。经济体制改革和对外开放，吸引了全国的人才、资金、技术等生产要素，大量企业迅速集聚在珠三角地区，使城镇化进程加快，大量城市联系紧密，最终形成了以广州、深圳、香港为核心，包括珠海、东莞、肇庆、清远、澳门、佛山、江门、中山等城市所组成的珠三角城市群。随着我国企业管理体制的不断完善，企业进行区位选择的自由度越来越高，对驱动城市联盟形成的作用也越来越大。

5. 政府宏观调控行为的驱动

政府宏观调控行为可分为引导性行为和强化性行为两种。引导性行为是指政府通过改革和完善基础设施建设、相关政策、区位环境、人才培养机制等投资环境，来对城市的发展施加影响。政府通过制定相关产业政策引导企业进行区位选择。各个政府间共同制定协调机制用以协调城市间的发展及产业布局与交通运输、电力、通信等网络的建设活动，以形成区域经济联盟。例如，韩国首尔城市圈的形成，为了防止首尔的人口过度膨胀，韩国政府从 20 世纪 70 年代就开始实施"分散首尔人口政策"，相邻地方政府需采取必要的措施来引导这些人口的进入，同时政府大力建设交通、通信设施，以引导企业及人口的分散布局，最终形成了首尔城市圈。

强化性行为是指政府通过行政管理等手段对城镇的设立和其区位进行设定；相同级别的城镇间政府部门对城市联盟的内部事务进行协调；行政主管部门对区域经济联盟的组成与管理进行参与等。在区域城市化过程中，一些城镇密集区通过其政府间各部门的协调、组织、推进，最终形成区域经济联盟，如长三角城市群和长株潭城市群。明清时期，长三角地区就通过行政等手段对城镇的设立、等级和规模等进行了设定，从而在明清时期长三角城市群就已具雏形。长株潭城市群坐落于湖南省，包括长沙、株洲、湘潭三市，是湖南省经济发展的核心增长极。1997 年，湖南成立长株潭经济一体化发展省级协调机构，开始推进长株潭三市一体化。2007 年，长株潭城市群获批成为全国两型社会建设综合配套改革试验区。长株潭城市群一体化是中部六省城市中全国城市群建设的先行者，被《南方周末》评价为"中国第一个自觉进行区域经济一体化实验的案例"。在行政区划与经济区域不协调的情况下，以项目来推动经济一体化，为其他城市群做了榜样。

6. 城市功能集聚与扩散的驱动

城市化的发展往往导致城市功能集聚与扩散。一个城市在发展初期往往是以一个或几个功能为主，如军事功能或政治功能，但随着城市的不断发展，其功能也越来越多，这就是城市功能的集聚。城市功能的不断集聚需要相应的区域空间，当原有的空间容量达到或趋于极限时，城市功能就会向周边临近的区域扩散，这就是城市功能的扩散。城市功能集聚与扩散促使城市发展、众多中小城镇出现，甚至形成城镇密集区，最终产生区域经济联盟。例如，日本东京都市圈的形成。在产业革命前，东京是作为一个单纯的政治性城市出现的，在产业革命中，人口、资本、企业管理等功能向东京集中，商业功能和商务功能在东京集聚，其空间不断扩展，商业企业发展与集中需要相应的区域空间。当东京原有的商业中心容量达到了极限时，其商业功能开始向邻近的中央区、港区、千代区及铁路沿线地区城市扩散，商业区的扩大又促使住宅功能向城市周边甚至远郊地区转移，城市区域范围进一步扩大，东京及其周边区域最终成为日本的政治、经济、文化中心，东京都市圈形成。

区域经济联盟作为城市化过程中产生的一种区域空间组织形式，其形成与发展的动力机制分为了产业集聚、产业扩散、区域网络化组织发展、企业区位选择、政府宏观调控、城市功能集聚与扩散六种驱动形式。但是，对于不同的国家，政治、经济、文化、管理体制不同或者在不同的经济发展阶段，区域经济联盟形成与发展的动力机制是各不相同的，一个区域经济联盟往往是在几种动力机制的共同作用下才形成的；同一机制在不同的区域、发展阶段其外在表现也不尽相同。此外，国外区域经济联盟的形成往往是在该区域的城市化水平达到一定程度时自然发展产生的；而我国大多数区域经济联盟的形成是在其形成条件还未成熟时，由政府等外部因素促成的，从我国的现实发展情况来说，这种做法是切实可行的，但这也为各级政府如何抓住适当的时机来促成区域经济联盟的形成与发展提出了一个难题，这是日后研究应予关注的。

4.1.2 区域经济联盟的价值创造分析

结论一：区域经济联盟所创造的总体收益大于联盟城市个别收益之和。

假设其总体收益是 V，第 i 个联盟城市从区域经济联盟中分配到的收益是 $v_i'(i=1,2,3,\cdots,n)$，第 i 个联盟城市的个别收益是 $v_i(i=1,2,3,\cdots,n)$，则有

$$V > \sum_{i=1}^{n} v_i \tag{4-1}$$

证明：假定区域经济联盟中的各个城市都是经济理性的。

若 $V \leqslant \sum_{i=1}^{n} v_i$，

由于 $V = \sum_{i=1}^{n} v_i'$，

则有 $\sum_{i=1}^{n} v_i' \leqslant \sum_{i=1}^{n} v_i$。

因此存在至少一个 $v_i' \leqslant v_i$，则第 i 个城市没有从区域经济联盟中得到利益，它将不在区域经济联盟内，这与命题矛盾，所以式（4-1）成立。

结论二：联盟城市本身的收益不如从区域经济联盟获得的利益。

根据杨小凯的新兴古典经济学分析框架和模型来对此结论进行证明。假设 x、y 是城市 A 和城市 B 的必需品，那么每个城市都面临着对这两种产品的生产组织模式进行选择的问题，而这种选择的过程是众多企业个体自行决策的结果。每个城市都可以选择自给自足的生产模式，同时对两种产品进行生产，此时，每个城市必须将资源投入每种产品的生产过程中，并且企业之间及与其他城市之间不存在交易行为；该城市也可以选择专业化生产模式，只生产一种产品，对另一种产品进行购买，此时城市之间会有交易行为发生，而且该城市可以选择在公开市场上进行交易，也可以选择在区域经济联盟中进行交易。一个城市的上述决策就是生产组织模式的选择决策。现在，假设两个城市对两种产品的生产效率是 a_{ij}，其中 $i=A$、B，$j=x$、y，假定各个企业的技术水平都是相同的，

那么，生产效率只与产品的种类相关，而与城市及企业无关。两个城市分别就生产 x 和 y 两种产品的生产组织模式进行决策。一个可以内生专业化水平的生产系统可以表示为

$$x_i^p = x_i + x_i^s = a_{ix}(l_{ix} - c_x) \tag{4-2}$$

$$y_i^p = y_i + y_i^s = a_{iy}(l_{iy} - c_y) \tag{4-3}$$

$$l_{ix} + l_{iy} = 1 \tag{4-4}$$

式中，x_i^p 和 y_i^p 是两种产品的产出水平；x_i 和 y_i 是城市 i 自给的产品数量；x_i^s 和 y_i^s 是用于交易的产品数量。$l_{ij}(j=x,y)$ 是城市 i 用于生产 j 产品的生产要素数量（如劳动时间等），对应着城市 i 在生产 j 产品上的专业化水平。假定每个城市可用于生产的生产要素为一个单位，则存在 $l_{ix}+l_{iy}=1$。$c_j(j=x,y)$ 是产品 j 的投资成本，包括可以摊销的投资成本、生产成本、管理成本、学习成本等，这些成本对于生产产品是必需的，且每个城市都相同，可直接冲减用于产品生产的要素数量，因而 $l_{ij}-c_j$ 是构成产品实体价值的生产要素的数量。在上述假定下，$a_{ix}(l_{ix} - c_x)$ 本质上来讲可以反映不同城市之间的绝对比较优势和相对比较优势，上述生产系统可表现出专业化经济性，因为 $\mathrm{d}x^p / \mathrm{d}l_{ix} > 0$，$\mathrm{d}^2 x^p / \mathrm{d}l_{ix}^2 > 0$；$\mathrm{d}y^p / \mathrm{d}l_{iy} > 0$，$\mathrm{d}^2 y^p / \mathrm{d}l_{iy}^2 > 0$。当一城市提高其在一种产品上的专业化水平时，在另一种产品上的专业化生产水平就会下降，生产范围的缩小使该种产品专业化生产规模得到扩张，从而体现出规模经济。每个城市的预算约束为

$$p_x x_i^s + p_y y_i^s = p_x x_i^d + p_y y_i^d \tag{4-5}$$

式（4-5）表明了城市 i 的预算约束，其中的 p_x 和 p_y 是产品 x 和 y 的交易价格；x_i^s、y_i^s 是城市 i 专业化生产并用于售卖的产品数量；x_i^d、y_i^d 是城市 i 不生产而购买的产品数量。于是式（4-5）的左边部分表示来自交易的收益，右边表示用于交易的支出。不同的生产组织模式决定着不同的预算约束条件，如果某城市选择全部产品都是自给自足，那么相应的市场价格对企业的收益就不会产生影响。

反之，若是选择专业化生产，使交易得以产生，必然会涉及交易效率问题。假定交易效率系数为 $k(k \in [0,1])$ 时，如果购买 1 单位的商品，它的实际消费量仅为 k 单位，其中的 $1-k$ 作为交易费用被损失掉了，因而，如果由购买方承担交易费用，那么每个城市的需求量为 x_{ir}^d 时，仅有 kx_{ir}^d 的部分能够满足其效用。一般来讲，交易效率作为一个同基础设施、运输条件、城市化程度、制度环境等有关的外生变量，反映的一定是交易条件。不同的交易条件对应着不同的交

易效率，因此，交易效率是一种内生于企业选择行为的变量。由于交易费用总额与交易频率相关，在每笔交易的交易费用既定的情况下，提高交易频率，就会节约交易费用总额，平均到每笔交易的交易费用会下降，使交易效率得以提高。定义交易效率如下

$$k = \begin{cases} 0, & \text{if } \sum_{j \in (x, \ y)} x_{ij}^s = 0 \\ k, & \text{if } \sum_{j \in (x,y)} x_{ij}^s > 0 \end{cases} \tag{4-6}$$

这里我们用到了文定理，即一个城市的最优决策是：不会买和卖同种商品，不会同时买和生产同种商品，不会卖一种以上的商品。式（4-6）意味着，当选择非专业化的内部化生产时，由于不存在交易，即 $\sum_{j \in (x,y)} x_{ij}^s = 0$，所以交易费用不会对交易效率产生任何影响，但为了统一的方便，假定此时的交易效率为 0；而当选择专业化生产时，$\sum_{j \in (x,y)} x_{ij}^s > 0$ 表示城市 i 至少生产一种专业化产品，此时，由于交易的存在，交易效率会受到影响，即对于 $\sum_{j \in (x,y)} x_{ij}^s > 0$ 且 $k<1$ 时的情况来讲，交易费用必然存在。

两个城市之间的交易情形可分为两种情况，一种是在一个公开的市场中进行，另一种是在区域经济联盟中进行。前者的情形如前所述，对于后者来讲，联盟的契约是永久性的，即交易行为不受物流条件、市场环境、交易对象等的制约，因此可以定义联盟内城市之间的交易效率为 1，k 为外生交易效率，以区别于两城市联盟后又因合作冲突而内生的交易效率。在区域经济联盟内部进行交易也会内生交易费用，这也是区域经济联盟不稳定的原因。

每个城市都有一个反映其偏好和决策标准的效用函数，采用 C—D 函数形式，即

$$u_i = (x_i^c)^{\gamma_x} (y_i^c)^{\gamma_y}$$

式中，$x_i^c = x_i + k x_i^d$；$y_i^c = y_i + k y_i^d$；$\gamma_j(j = x, y)$ 是反映偏好的参数，也用来量度 x 和 y 的相对重要性。按照前述 x 和 y 均是某种最终产品的核心中间产品的假定，可以进一步令 $\gamma_j = 1$，意味着两种中间品对城市都是至关重要的，这样，上述效用函数可以表述为

$$u_i = x_i^c y_i^c = (x_i + k x_i^d)(y_i + k y_i^d) \tag{4-7}$$

此外由于允许角点解，还有非负约束：

$$x_i, x_i^s, x_i^d, y_i, y_i^s, y_i^d, l_{ix}, l_{iy}, k \geq 0 \tag{4-8}$$

基于上述分析，一个城市的专业化水平和生产模式决策就可以表述为在考虑 x_i、x_i^s、x_i^d、y_i、y_i^s、y_i^d、l_{ix}、l_{iy} 满足式（4-2）～式（4-4）中给定的生产条件、式（4-5）中给定的预算约束、式（4-6）定义的交易效率，以及式（4-8）中的非负约束的条件下，将其在式（4-7）中的效用最大化。

城市的三个决策模式分别如下。

（1）非专业化的内部化生产，由 $x_i, y_i, l_{ix}, l_{iy} > 0$ 和 $x_i^s = x_i^d = y_i^s = y_i^d = 0$ 定义，并对应着式（4-6）中的 $k=0$，这个模式意味着所有的产品都自给，不存交易。此时的决策问题是

$$\max u_i = x_i y_i$$
$$\text{s.t. } x_i = a_{ix}(l_{ix} - c_x)$$
$$y_i = a_{iy}(l_{iy} - c_y)l_{ix} + l_{iy} = 1$$

（2）专业化生产并通过市场进行交易，由 $x_i, x_i^s, y_i^d, l_{ix} > 0$ 和 $x_i^d = y_i^s = y_i = l_{iy} = 0$ 定义，或者由 $x_i^d, y_i, y_i^s, l_{iy} > 0$ 和 $x_i = x_i^s = y_i^d = l_{ix} = 0$ 来定义，并对应着式（4-8）中的 $k<1$，意味着城市可以选择专业化生产 x，也可以专业化生产 y，选择要根据 c_j 的比较来确定。专业化生产 x 并通过市场交易时的决策问题是

$$\max u_{ix} = x_i k y_i^d$$
$$\text{s.t. } x_i + x_i^s = a_{ix}(1 - c_x)$$
$$p_x x_i^s = p_y y_i^d$$

而专业化生产 y 并通过市场交易时的决策问题是

$$\max u_{iy} = y_i k x_i^d$$
$$\text{s.t. } y_i + y_i^s = a_{iy}(1 - c_y)$$
$$p_x x_i^d = p_y y_i^s$$

（3）专业化生产并组建区域经济联盟，城市 A 和城市 B 之间组建区域经济联盟，并在联盟内部实现中间品的供求平衡。如果城市 A 专业化生产 x，城市 B 专业化生产 y，此时的决策问题转化为下列规划模型：

$$\max u_{1x} u_{2y} = (x_1 y_1^d)(x_2^d y_2)$$
$$\text{s.t. } x_1 + x_1^s = a_{1x}(1 - c_x), \quad y_2 + y_2^s = a_{2y}(1 - c_y)$$
$$x_1^s = x_2^d, \quad y_1^d = y_2^s$$

分别求解上述三类规划问题，并将其列在表 4-1 中。

表 4-1　各种生产组织模式下的角点解

模式	非专业化的内部化生产	专业化生产并通过市场进行交易		专业化生产并组建区域经济联盟
		城市 i 专业化生产 x	城市 i 专业化生产 y	
角点需求	0	$y_i^d = \dfrac{pa_{ix}(1-c_x)}{2}$	$x_i^d = \dfrac{a_{iy}(1-c_y)}{2p}$	$y_1^d = a_{2y}(1-c_y)/2$ $x_2^d = a_{1x}(1-c_x)/2$
角点供给	0	$x_i^s = \dfrac{a_{ix}(1-c_x)}{2}$	$y_i^s = \dfrac{a_{iy}(1-c_y)}{2}$	$x_1^s = a_{1x}(1-c_x)/2$ $y_2^s = a_{2y}(1-c_y)/2$
自给数量	$x_i = a_{ix}(1-c_x-c_y)/2$ $y_i = a_{iy}(1-c_x-c_y)/2$	$x_i = \dfrac{a_{ix}(1-c_x)}{2}$	$y_i = \dfrac{a_{iy}(1-c_y)}{2}$	$y_2 = a_{2y}(1-c_y)/2$ $x_1 = a_{1x}(1-c_x)/2$
效用函数	$\dfrac{a_{ix}a_{iy}(1-c_x-c_y)^2}{4}$	$\dfrac{kpa_{ix}^2(1-c_x)^2}{4}$	$\dfrac{ka_{iy}^2(1-c_y)^2}{4p}$	$\dfrac{a_{1x}a_{2y}(1-c_x)(1-c_y)}{4}$

由表 4-1 可知，选择专业化生产的城市，通过市场进行交易时的效用，会受到市场交易价格比的影响，而这个价格比是外生的，是由一个瓦尔拉斯均衡机制来确定的，任何城市都只是此价格的接受者。但是，考虑一个包含无限个相同企业的经济体，在充分竞争及自由进入和退出的情况下，专业化生产 x 的城市和专业化生产 y 的城市能够实现相同的效用水平，即效用均等化，否则任何城市都可以转变其专业化水平或调整资源投入量，因而，下列条件必然成立，并由此确定出市场价格比：

$$\frac{kpa_{ix}^2(1-c_x)^2}{4} = \frac{ka_{iy}^2(1-c_y)^2}{4p}$$

由此可得

$$p = \frac{a_{iy}(1-c_y)}{a_{ix}(1-c_x)}$$

表明在瓦尔拉斯机制下，两种产品的生产效率和其投资成本共同决定了市场的交易价格。

（1）非专业化的内部化生产模式和专业化生产并通过市场进行交易模式之间的比较。

由于 c_x 和 c_y 不为 0，意味着 x 和 y 的生产必须要进行固定投入，则必有

$$c_x^2 + c_y^2 - (c_x + c_y) < 0 \tag{4-9}$$

因此可以得到

$$c_x c_y > (c_x + c_y)(c_x + c_y - 1)$$

由此可得

$$\frac{a_{1x}a_{2y}(1-c_x)(1-c_y)}{4} > \frac{a_{ix}a_{iy}(1-c_x-c_y)^2}{4} \tag{4-10}$$

同时，考虑到在市场交易的情况下，如果有 $k > \dfrac{(1-c_x-c_y)^2}{(1-c_x)(1-c_y)}$，可以得到

$$\frac{kpa_{ix}^2(1-c_x)^2}{4} > \frac{a_{ix}a_{iy}(1-c_x-c_y)^2}{4} \tag{4-11}$$

而如果此时存在 $k < \dfrac{(1-c_x-c_y)^2}{(1-c_x)(1-c_y)}$，则可以得到

$$\frac{kpa_{ix}^2(1-c_x)^2}{4} > \frac{a_{ix}a_{iy}(1-c_x-c_y)^2}{4}$$

由式（4-10）和式（4-11）可以看出，在满足式（4-9）和 $k > \dfrac{(1-c_x-c_y)^2}{(1-c_x)(1-c_y)}$ 的情况下，无论是选择市场交易还是组建区域经济联盟，每个城市的收益都高于非专业化的内部化生产时的收益，集中体现了分工的经济性。

（2）专业化生产并通过市场进行交易模式和专业化生产并组建区域经济联盟模式的比较。

根据 4.1.2 节对区域经济联盟的交易费用的假定，联盟成员的交易行为不受搜寻交易对象、物流条件、市场交易制度和环境等的影响，因此可以假定区域经济联盟的外生交易费用为 0，从而交易效率为 1。则

$$(1-c_y) > k(1-c_y)$$

因此得到

$$\frac{a_{1x}a_{2y}(1-c_x)(1-c_y)}{4} > \frac{kpa_{ix}^2(1-c_x)^2}{4}$$

这说明，为节约交易费用或是提高交易效率，城市之间组建区域经济联盟总是经济的。

总之，上述分析表明，区域经济联盟的动力首先是对专业化分工经济的追求，生产专业化使投资成本得到节约，也使城市的生产可能性边界向外扩展。同时，区域经济联盟可以节约交易成本，提升交易效率。因而，联盟城市从区域经济联盟中获得的利益大于联盟城市本身的收益。

4.2　区域经济联盟的维护机制

在经济全球化和现代化进程中，城市在社会经济发展中的作用越来越重要。然而人口膨胀、生态环境恶化、交通拥堵等矛盾和许多新的重大挑战在大城市飞速发展中时有出现。因而区域经济联盟的形成、发展很重要，但其维护也必不可少。这就需要设计和建立有效的区域经济联盟维护机制，包括信任机制、协调机制和奖惩机制三部分。

4.2.1　信任机制

信任是一种长期预期，指信任者认为信任对象能在无监督和外界环境变化的情况下表现出所期待的行为。

在竞争条件下，区域经济联盟已触及参与者的核心竞争力。区域经济联盟是否成功，这涉及许多因素，其中信任是非常重要的。在联盟成员间建立信任关系就需建立一个信任机制。

信任，作为一个复杂的心理行为，可涉及很多层面。设计区域经济联盟信任机制需考虑三个基本层面：一是联盟成员的预期，各个城市以选择行动来反映信任；二是对未来所发生事件的不可预料性是信任产生的条件；三是联盟成员可进行理性选择时就会避免做出非理性的行为。简而言之，不仅要增强信任，还要防止不信任行为的出现，以避免不信任取代信任行为。因为信任非常脆弱，要想消除不信任及其影响往往代价巨大，所以防止不信任行为的产生非常重要。高度信任是指被信任者能主动表现出有利于信任者利益的行为。

建立区域经济联盟信任机制就是以实现联盟中成员之间的高度信任为目标。区域经济联盟信任机制，是一种能够有效加强联盟内成员间及时的信息沟通和交流，能合理公平地进行资源享用和利益分配，能在城市合作中做到程序公平与平等对话的区域经济联盟运作机制。

成员间的相互信任是一个区域经济联盟得以成功的必要前提，甚至是区域经济联盟生存与发展的根本。区域经济联盟的合作关系是对未来行为的一种承诺，因为只有彼此相互信任，各方都信守承诺，才能使各种未来行为得以实施。

事实上，大多数区域经济联盟也都是依靠最初的联盟成员间的相互信任才发展起来的。

因此，建立信任机制不仅是成员间互利互惠的需要，也是联盟得以稳定并健康发展所必不可少的机制。建立和维护区域经济联盟各成员间的信任关系就必须依靠信任机制。若是一方欺骗对方，那么终将会损害其信誉，危害合作的利益，并最终失去伙伴的信任。因而，必须建立信任机制，来防范区域经济联盟运行时发生机会主义倾向。信任机制是区域经济联盟得以产生和发展的前提。

4.2.2 协调机制

协：和谐、协调。调：协调，调和。协调：和谐一致，配合得当。毋庸置疑，信任是区域经济联盟中各成员组织合作和稳定发展的关键成功因素，而创造信任就需要协调及协调机制的有效设计和建立，即各方的交流和沟通。威克曼（1790）为说明沟通的重要性曾专门做过心理实验。他将被试者分为三组：一组能与同伴谈话，但看不到对方；一组能看到同伴，但不能交谈；一组是面对面的交流。然后对每组的人都鼓励他们合作或是竞争，结果无论动机是什么，交流增加合作数量也会增加。因而，建立科学的沟通可加强区域经济联盟的稳定性。联盟各成员要加强与合作者的多重沟通、多重联系，建立起相互信任机制，以使区域经济联盟组织健康长远发展。协调机制是区域经济联盟存续发展必不可少的条件。

协调的含义，是指对内部系统与外部环境及系统内部之间的关系进行调整，以使各成员组织权责清晰、合作协调、相互配合，从而实现联盟目标、提高整个系统运作能力。因而，区域经济联盟的协调机制应具有以下意思：一是协调联盟外部环境，增强区域经济联盟的韧性及创新性。区域经济联盟是一个开放的系统，与外部环境的变化是密不可分的，必须依据外部环境的变化，不断地对联盟体系及其组织结构进行及时的调整，以使区域经济联盟能够适应外部环境的变化。二是协调联盟内部的各种纵横向关系，以使区域经济联盟的整合力增强。要提升能力，以适应外部环境的变化，就需对区域经济联盟内部各种纵向、横向的关系进行协调，这包括联盟与各成员间及各成员间的各种关系。三是协调内部关系和外部关系，纵向关系和横向关系，增强区域经济联盟的凝聚力。联盟成员间因为地域差异、经济实力不同及所面临的各种各样的社会经济问题，不可避免地会导致矛盾冲突。因而，必须建立有效的协调机制，增强联盟成员间相互理解、相互信任和互相支持，以消除分歧，从而使区域经济联盟的凝聚力增强，实现区域经济联盟的健康发展。

因为协调对象复杂、多样，所以建设区域经济联盟协调机制，可有以下选择。

首先，协调联盟外部环境。其机制主要分为三种：①信息反馈。即区域经济联盟对外部环境进行分析转化，并通过制定协议对外部环境实施反作用，再依据外部环境的发展变化对联盟中的各项对外活动加以转变调整。②职能调整。区域经济联盟通过对职能的转变和组织机构的增减来适应外部环境及社会的需求。以增强联盟自身的适应力与活力。③城市参与。由区域经济联盟通过各种渠道和形式（如各种专题听证会、论证会、调查会等）直接或间接介入区域经济联盟，以协调联盟发展与社会利益之间的不一致现象，从而达成联盟和社会的统一。

其次，建立协调联盟内部纵横向关系机制：①建立协调纵向垂直的联盟和成员之间各项关系的机制，其关键问题是利益分配是否公平、资源如何分享、风险怎样分担等问题；②建立协调横向平行的联盟成员之间的各种关系机制。其关键问题是怎样解决分工和合作的问题。

最后，建立协调联盟运作过程中各环节的机制。其关键是决策与执行、生产与服务等职能、角色的分离。

交流与沟通，是指区域经济联盟内各成员依据一定的媒介和渠道相互传递观念和思想，对信息进行交流，以实现相互理解、相互支持，从而进行合作的行为。正式的交流和沟通是指通过正式渠道在联盟内部所进行的沟通协调。因而，交流与沟通是进行协调的前提，而协调机制的建立是交流与沟通的结果。

总之，区域经济联盟的协调机制是指区域经济联盟进行协调发展的内在机理，是为实现区域经济联盟的协调发展，所建立的带规律性的发展模式。协调机制通过解决发展什么、为什么发展及怎样发展这三个基本问题来实现区域经济联盟的协调健康发展。

要建立合理有效的协调机制，首先，必须在联盟成员之间达成共识，即为什么要组建区域经济联盟、怎样推动城市健康快速发展、追求什么样的共同观念、怎样解决发展问题；其次，建立相应的社会组织结构，规范联盟成员间的地位，确立其相互间的关系，对联盟各成员进行定位以解决应当怎样发展的问题；最后，通过法律、政策、协议等方式对区域经济联盟的运行规则等进行设定，以对联盟各成员的具体行为进行规范与约束，建立起市场机制、政府机制和社会机制三位一体的区域经济联盟协调机制。

4.2.3 奖惩机制

1. 建立区域经济联盟奖惩机制的必要性

在区域经济联盟发展的过程中，保持联盟的稳定性是一个必须重视的问题。区域经济联盟内部在分配利益时，可能会产生"准超额利润"，其存在就有可能使区域经济联盟的不稳定性增加。但是，这种"准超额利润"也可对区域经济联盟内的成员进行约束，若有某成员违约，区域经济联盟内的其他成员可与之解除合作，使之失去通过合作而带来的高收益。对违约成员进行惩罚的概率越大，其违约的可能性就越小；而惩罚的力度越大，防止成员违约的约束性就越强。因此，建立奖惩机制是区域经济联盟稳定的基础条件。但是，出于保持区域经济联盟稳定和激励创新等的需要，对成员实施奖惩，其奖惩机制的设计尤为重要。对奖惩机制进行科学的设计、完善，以做到"建功必奖，违约必罚"，这是区域经济联盟各成员共同发展、共谋利益的重要手段，也可调动成员城市的积极性、创造性。因而，在区域经济联盟中，应通过合理有效的运用联盟组织的资源优势、人力物力优势等，来维持联盟的稳定，建立合理的奖惩机制。同时，必须认识到对奖惩激励机制进行正确实施的重要性，从联盟最大利益出发，增强完善这一机制的紧迫感。

2. 区域经济联盟奖惩机制的作用

对区域经济联盟而言，奖惩机制的作用可分为三个方面：一是可以将激励效果直接向联盟利益转化；二是能够激发出各成员的主动精神；三是可以使联盟内各成员间的凝聚力增强。因此，区域经济联盟必须充分认识到正确实施奖惩机制的重要作用，尽快完善适合区域经济联盟发展的奖惩机制，使各成员以此奋斗，充分发挥各自优势。区域经济联盟的各成员为联盟的发展做出特殊贡献时，奖惩机制要能准确及时地进行表彰奖励，否则就会削弱奖励的鼓动性。同样道理，对成员实施惩罚也要做到及时，才能及时抑制区域经济联盟中的不良行为，使各成员增强制度观念和维护联盟的意识。

3. 区域经济联盟奖惩机制的内容

区域经济联盟在对奖惩机制进行设计和实施奖惩时，一定要坚持"公平、公正、公开"的原则。一方面，奖惩要公平公正，奖优惩劣。失去公平，奖惩机制就很难发挥其应有的作用。于奖惩问题上一视同仁，才能向天下表示公正。

因而，坚持"三公"原则，真正做到公正客观，才能形成有利于区域经济联盟发展的良好客观环境；另一方面，奖惩要准确，有根有据。区域经济联盟的奖惩机制要设计的科学合理，以使"罚有根、奖有据"。奖惩机制设计不合理、不科学，或者奖惩机制实施不严格，将势必造成"奖之不准、罚之不当"的结果。因此区域经济联盟的奖惩机制，应当具有以下内容。

首先，奖励方式要多种多样。单一的奖励方式，长年不变，难以引起成员的积极性，从而降低或失去奖励的作用。因此，实施奖励的方式应根据联盟的发展动态与社会经济发展现实来经常变换，以调动各成员的积极性为前提条件。

其次，惩罚等级要合情合理。惩罚的等级可以分为很多形式，如通报批评、经济制裁、法律诉讼等。但惩罚时一定要谨慎，首先要对受惩罚对象的行为动机进行考虑，同时分析其行为所造成后果的影响程度，在不激化矛盾的情况下，坚持原则、灵活处置，以维护联盟的稳定。设计科学合理的奖惩机制，做到奖惩公正、合理、及时，那么无论奖罚，在区域经济联盟中都能实现各成员间的和谐相处，以促进区域经济联盟的健康稳定发展。

4. 区域经济联盟惩罚机制博弈模型分析。

通过博弈模型，找出最佳的惩罚系数，对联盟中不诚信等违约行为进行处罚，可以提高成员的违约成本，以对违约行为的发生进行有效遏制。

1）模型的建立

假定：①区域经济联盟是长期的合作关系；②区域经济联盟理事会是区域经济联盟的管理者，对区域经济联盟具有高度的责任感，完全维护区域经济联盟的健康发展；并能够对联盟参与人的违约行为一一查出。

设：局中人 M——联盟城市；

局中人 N——区域经济联盟理事会。

对 M，区域经济联盟的策略是

M_1——不违约；

M_2——违约。

对 N，区域经济联盟理事会的策略是

N_1——对联盟城市的行为进行检查；

N_2——不检查联盟城市的行为。

如果 r 是区域经济联盟不违约时的收益，e 是区域经济联盟违约的超值所得，k 是区域经济联盟理事会查出成员违约行为时的罚款系数，c 是检查所花费的成本，$-s$ 是因区域经济联盟违约而给其他城市造成的利益损害，则区域经济联盟支付矩阵见表 4-2。

表 4-2 区域经济联盟支付矩阵

		区域经济联盟理事会	
		检查	不检查
区域经济联盟	不违约	r，$-c$	r，0
	违约	$-ke+r$，$ke-c$	$e+r$，$-s$

2）模型的简化

r 是区域经济联盟不违约时的收益，为了计算方便，仅考虑其违约所得。这样模型可以简化为表 4-3。

表 4-3 区域经济联盟支付矩阵

		区域经济联盟理事会	
		检查	不检查
区域经济联盟	不违约	0，$-c$	0，0
	违约	$-ke$，$ke-c$	e，$-s$

3）模型的求解

只有当区域经济联盟 M 的两个期望值相等时，即 VM=V′M，M 才能得到最优解。

由 VM=$-ke$（$1-x$）=V′M=e（$1-x$），

解得 $x=1$，VM=0。

故局中人 M 的最优混合策略：

$$\begin{pmatrix} M_1 & M_2 \\ 1 & 0 \end{pmatrix}$$

$$VM=0$$

同理，对局中人 N，当 VN=V′N，N 才能得到最优解。

由 VN=cy=V′N（$ke+c$）$y-s$（$1-y$），

解得 $y=s/$（$ke+s$）；VN=0。

故局中人 N（区域经济联盟理事会）的最优混合策略：

$$\begin{pmatrix} N_1 & N_2 \\ 1/(1+k) & k/(1+k) \end{pmatrix}$$

$$VN=0$$

可见，当 VM=VN=0 时，N 以概率 $y=s/(ke+s)$ 选择 N_1，M 则将采取概率 $x=1$ 选择策略 M_1。

上述结果的经济含义为在区域经济联盟理事会 N 期望区域经济联盟稳定，若区域经济联盟理事会 N 以概率 $y=s/(ke+s)$ 选择对联盟城市 M 进行检查，则联盟城市 M 将采取不违约策略。

因为 $y=s/(ke+s)$，所以

$$k=s/ey-s/e \tag{4-12}$$

式（4-12）为惩罚系数公式，它揭示了区域经济联盟理事会对联盟城市制定的惩罚系数及其检查概率之间的关系，以及惩罚系数与因联盟城市违约而给区域经济联盟所带来的损失之间的关系。

一种特殊情况区域经济联盟的违约超值所得 e 等于区域经济联盟的损失 s 时，则 $y=1/(1+k)$，$k=1/y-1$

根据以上的博弈模型分析，可得出如下结论。

（1）联盟内的城市为追求自身利润最大化有可能会违约。区域经济联盟理事会作为其管理协调机构，通过加大对违约城市的惩罚系数来减少违约行为的发生。区域经济联盟理事会通过惩罚系数和违约行为发生的概率，来合理安排检查人员及经费开支。

（2）区域经济联盟理事会进行检查的概率是根据惩罚系数和违约行为发生的概率来确定的，惩罚系数与检查概率成反比，违约行为发生的概率与检查概率成正比，这样才能保证区域经济联盟的健康发展。

（3）违约城市给其他联盟城市带来的损害越大，则区域经济联盟理事会对其违约行为制定的惩罚系数也应该越大，以加大违约成本，从而遏制违约的发生。

（4）当惩罚系数确定以后，且检查的比例越大，则联盟城市将不会违约。

4.3 本 章 小 结

区域经济联盟的运作，包括其实现、价值创造，以及针对联盟的维护等，对我国城市发展、区域竞争、优化资源配置等具有现实的指导意义。

本章首先研究区域经济联盟的实现和价值创造，最后研究区域经济联盟的维护。提出信任机制、协调机制和奖惩机制是区域经济联盟得以维持的要素。信任机制是区域经济联盟得以产生和发展的前提，协调机制是区域经济联盟存续的必要条件和重要手段，奖惩机制是区域经济联盟稳定的基础。同时得出两个结论：①城市联盟实现的总体收益大于联盟城市个别收益之和；②联盟城市从城市联盟获得的利益大于联盟城市本身收益。

　　而对已经形成区域经济联盟或类似城市组织的，本章关于区域经济联盟维护机制的研究更具现实指导意义。区域经济联盟能否长久，或能否长久高效率地运作，就要看其是否能科学设计、合理建立一系列的信任机制、协调机制和奖惩机制。对区域经济联盟的生存与发展而言，这三个机制的关系应当如下。首先，区域经济联盟内的主体成员之间，必须拥有一种便于交流和沟通的信任机制，这是维持联盟长久生命力的基础；其次，充分而及时的交流和沟通，又有赖于协调或协调机制作用的发挥；最后，当协调机制作用受到联盟个别主体成员破坏而难以发挥时，奖惩机制就必须启动。这三种机制的联合协同效应，对我国目前一些似近还远、貌合神离、地方保护为本的区域经济联盟组织的维持不无裨益。

5

区域经济联盟的动力分析

所谓动力系统，其描述的是几何空间内的一个点随时间变化的情况。例如，海洋中生物在不同季节数量不一、排水系统中水的流动等现象，都可以称为数学意义上的动力系统。在动力系统中，由所谓的状态可以确定一组实数，它们的细微变动对应着这组实数的细微变动，在确定的规则下，这个动力机制就能够描述未来的状态如何依赖于当前状态。基于此动力系统的思想，本书将政府、企业、居民等当作动力系统的主体，同时将产业、市场、技术、制度等因素作为动力系统的机制，构建了区域经济联盟的动力系统。本章分为两个部分：其一，利用振动力学，建立区域经济联盟的动力学模型，对区域经济联盟进行振动力学分析；其二，运用协同理论，分析区域经济联盟的自组织运动及演化过程。

5.1 区域经济联盟的动力系统

5.1.1 区域经济联盟动力的构成

在空间上，区域经济联盟表现为区域间的人流、物流、资金流、技术流和信息流的加速流动和高度融合。但是，这些流动不是天然的，也不可能永不磨灭，而是产生于一定条件之下。促进区域经济联盟的动力主要有以下九种。

第一，根本动力。在人类社会发展中，利益是永恒的主体，同时也是社会发展的动力之一，我国古代就有"良禽择木而栖"等俗语描述这一社会现象。直到 20 世纪 40 年代，一些西方学者将"趋同"这一生物学术语引入社会科学领域。到 60 年代，随着经济全球化不断深入，趋同论逐渐开始被一些经济学家所重视，并且进行了比较系统的研究，代表人物主要有荷兰的经济学家丁伯根、美国的社会学家贝金等。结合区域经济发展的特点，将"利益趋同"引入区域合作研究之中，这既符合现实区域发展轨迹，也符合经济学的一致性原则。同时，区域经济联盟也是非零和合作博弈，它具有价值创造功能，能够实现共赢。区域经济联盟可以创造超额利润，这部分利润将在联盟区域之间分配，使作为博弈主体的联盟区域得到比联盟前高的利益。区域经济联盟如果能够稳定发展，可以使联盟区域中的各个主体城市得到相对合理的收益，实现共赢的目标。如果城市通过联盟区域得到的利益少于其联盟前本身的收益，则会促使其退出区域经济联盟，因此，"利益趋同"是区域经济联盟的核心动力和根本动力。

第二，产业动力。随着社会分工、历史传统及社会风俗习惯等，每个区域都会形成各具特色的产业链条，但是商品市场的国际化及科学技术的快速发展，不断推动产业升级和结构调整，由于资源禀赋和地理位置地制约，任何国家或区域都无力包揽一切。现代产业经济理论认为，由于社会经济不断发展，每个地域的产业需要不断优化升级，同时区域间形成的产业链条也会产生规模经济效应。因此，区域内的产业结构调整与区域间的产业结构调整成为城市空间社会经济发展与社会经济资源合理配置的直接动力。基于产业经济学理论，产业结构通过以下几个方面实现有序演变。

（1）伴随社会分工、劳动生产率提高和经济增长，产业结构的调整表现为第二产业的产值和就业人数所占比重逐渐上升，第一产业的产值和就业人数所占比重逐渐降低。目前，产业结构逐步偏向以第三产业为主。

（2）在工业内部结构方面，以轻工业为主导逐渐转变为以重化工业为主导；以初级产品为主的工业结构逐渐向以加工组装工业为主导；以加工为主导的工业向以高精尖工业为主导演变。

（3）在要素密集程度方面，其表现为劳动密集型产业向资金密集型产业演变，再向技术密集型产业演变。按照新古典经济学观点，资源要素（资本、劳动）是产业结构变化的关键因素之一，其在不同产业部门中，由需求收入弹性小的产业部门转移到需求收入弹性大的产业部门。

在区域产业结构的有序演变过程中，资源要素在产业部门和空间不断地发生转移，而这又将引起区域动力机制的变化。新古典经济学的研究者认为，实现经济增长的关键因素有资金的投入和劳动力的投入及全要素劳动生产率的提高，这些因素的改变促成了产业结构的演变。而在区域产业结构的有序演变过程中，资源要素在产业部门和空间不断地发生转移，转移的发生又将进一步引起区域动力机制的变化。

在区域经济联盟组织中，生产力发展水平不同的区域其资源（包括资金、设备、能源等）、技术、管理、理念、人员等要素之间的互补作用将进一步得到促进。发达区域的薄弱产业生产力可以通过整合资源发展高新技术产业，在发展中增强与其他城市的经济互补，从而实现生产力的增强。对一般区域而言，一方面，可以积极使用城市在当地的直接投资，优化产业部门结构；另一方面，也要学习先进的管理方法，从管理层面推动区域经济结构调整。上述理论说明区域经济联盟能够推动区域产业结构调整和有效配置资源。同时，区域经济联盟将推动产业呈现出集群化、梯度转移、融合化、生态化的发展，从而带来集聚经济效益。随着产业集聚规模的不断发展扩大，当达到一定程度时，在集聚区内部就能够产生一种良性循环的"产业生态链"和"经济生态圈"。因此，产业动力是区域经济联盟的拉动力。

第三，市场动力。西方经济学认为，市场是经济发展的源泉。而随着市场经济不断发展，市场分工也不断细化，一个区域只能关注几个细分市场甚至集中优势发展某一特定市场，那么区域发展需要不断扩大市场，同时保证自身在该行业的竞争地位，这就需要补充某些资源，如人力资源、矿产资源、技术资源等，区域经济联盟可以满足区域发展的这些需求。构建区域经济联盟，有利于打破行政区域划分的限制和地方保护主义政策，促进区域经济联盟内部贸易的发展，减少区域经济联盟内部设置的有碍商品和其他生产要素流通的限制，联盟区域实现相互开放，市场得以扩展，贸易量也相应地发展。区域经济联盟可以节省大量的资金投入，在节省时间的同时仍能够从市场上获取最好或最适合自己的资源要素。区域经济联盟已经成为区域发展必不可少的一部分。因此，经济一体化是区域经济联盟的驱动力，扩大市场是区域经济联盟的内在动力之一。

第四，资本动力。资本是区域发展的重要基础之一，具有乘数效应。无论在珠三角快速发展之际，还是长三角浦东开发之时，或是在西部大开发中，都需要资本的强有力支持。鉴于资本对区域发展和区域 GDP 增长的推动作用，其对产业聚集、产业升级或者产业生态化等也均有推动作用，因此，招商引资成为政府的主要工作之一。

在国际资本体系中，资本产业化与国际资本流动带来全球资源优化配置，同时也是世界经济发展的前提。作为获取资本的快速通道，区域经济联盟能够有效促进联盟区域内资本的流动，其表现为：①在经济发达区域，资本输出使其产业链不断完善，增强抵御经济危机的能力；②在经济欠发达区域，资本输入在一定程度上解决区域经济发展所需资金，如基础设施、医疗设施、教育等的资金需求，同时对调整与升级区域产业链，资本亦承担着举足轻重的角色。因此，资本动力是区域经济联盟的推动力，还有助于促进区域资本的流动，实现资本的优化配置。

第五，制度动力。在市场经济中，"无形的手"对资源优化配置有基础性作用，但是市场调节具有盲目性、滞后性等特点，使其无法实现经济稳定、持续发展，因此市场经济也需要"有形的手"，特别是当今社会经济已经成为复杂的、多层次的系统。这倒逼政府对不利于区域发展的制度进行变迁，即实现社会生产力与生产关系的协调发展。具体而言，一方面，区域经济联盟应该按照产业发展内在规律的要求，突破行政区划界限，以中心区域为依托，实现多个省市联盟的经济生态圈，以促进全国范围内生产力的合理布局；另一方面，区域经济联盟一旦形成，其能够促进区域政府之间相互交流、融合、借鉴，带来制度的变迁，从而有利于区域社会经济的发展，有利于社会的和谐。同时通过区域经济联盟，可以更好地促进区域职能的转变，使其更好地服务社会经济发展。因此，制度动力是区域经济联盟的诱导动力。在制度动力的诱导下，区域经济联盟达到共振，创造出巨大的价值。

第六，资源动力。资源禀赋是区域拥有的自然资源、地理资源及社会经济资源等的总称，区域差异将会导致不同的资源禀赋结构，即绝对优势与比较优势。同时，资源又具有稀缺性的特点，使经济主体总是追求资源利用过程中的价值最大化。那么，基于价值最大化的目标，以及区域之间具有资源禀赋的差异性和比较优势，使区域具有追求资源互补的动力。

在理论上，有以下两种情况区域经济联盟的资源动力比较强烈：①资源禀赋均稀缺的区域，即都需要资源；②资源禀赋均充裕的区域，即都拥有可共享的资源。在关键资源禀赋归属不同区域并且其无法分割情况下，为了把握住发展机会、实现共赢局面，区域经济联盟将会出现。

根据比较优势理论，区域经济联盟通过资源的交换，尤其是技术与管理之间的合作带来的竞争优势，将推动其实现资源优化配置、规模经济及创造协作的目标，最终使生产边界向外扩张。同时，互补资源具有不可流动性、不可模仿性和不可替代性，所以要实现资源禀赋的交换，也必定推动区域经济联盟的形成。在区域经济联盟形成之后，区域之间将消除生产壁垒、贸易壁垒等因素，这有利于人流、物流、资金流、技术流和信息流的跨界流动，也能够更有效地实现资源在区域范围内的合理配置。因此，资源动力可以实现区域优势互补，达到资源的合理配置，成为区域经济联盟中一股重要的吸引力。

第七，结构动力。古典经济理论认为社会分工是商品经济发展的基础，其能够缩短社会劳动时间、提高社会生产效率。目前，经济全球化与区域化程度的不断加强，也彰显出高度分工和密切协作的魅力。分工理论是区域经济联盟形成的理论基础之一。在我国经济发展过程中，区域经济长期受到计划经济体制的束缚，并且区域之间各自为政、地方保护主义盛行。同时，劳动力资源、技术水平等方面存在较大差距，沿海发达区域的产品质量、劳动生产率远远高于内陆欠发达区域。因此，为了发挥经济生产过程中的比较优势，区域经济主体应该依据自身所能支配的社会资源、生产要素等，从事具有优势的产业领域，形成各具特色的区域经济。基于上述区域之间的分工原则，各区域之间就产生了明显的分工和专业化。在区域经济发展过程中，经济生产专业化的必然结果就是加强区域之间在经济发展上的相互依存性，从而产生区域经济联合。这种区域经济联合建立在产品、技术、服务等相关区域分工基础之上，通过建立的互补关系而实现经济互联；相关区域经济活动主体为了增强竞争实力，建立优势互补或者是联合起来以扩大同种优势。因此，结构动力能够进一步深化分工，重新定位区域的地位，形成区域经济联盟的区位动力。

第八，学习动力。从事生产生活过程中，人类通过不断研究与总结而形成的具有指导意义的理论体系，即科学知识。在新经济增长理论中，科学知识已经成为一种新资源。20世纪80年代，知识经济作为一种新的形态悄然兴起，其以科学理论为基础、强调生产过程中知识和信息运用，以高技术产业为支柱、以创新为灵魂。随着知识经济时代到来，科学知识俨然成为社会经济的第一资源，决定着社会经济的发展方向，社会经济的发展离不开知识的生产、传输和运用。另外，知识具有不可磨灭性、增值等优势，成为社会经济主体的共享资源。

科学知识是第一生产力，持续的区域发展也要求进行持续的知识学习，并将知识转化为生产力。区域知识有两种获取途径——区域内部开发和区域外部获取。当今社会，技术的更新速度日益加快，国际化程度也逐渐提高，区域的发展需要更多的知识。区域内部开发的知识已远不能满足需求，因此，需要从区域外部获得知识，外部知识的内在化学习逐渐成为越来越多的区域追求的目标。区域经济联盟，作为城市发展的又一创新模式，可以更进一步提高城市的学习能力。知识是流动的，区域经济联盟的过程也是大量知识在区域间转移的过程，其中蕴含着非常多的学习机会。联盟城市之间不停地发生着知识信息的快速流动，正是这样的流动创造了学习机会和知识分享环境，有效地降低了学习成本，学习机制得以完善，学习效率进一步提升，同时，能够实时追踪全球知识进步和技术发展的相关动态。可以认为，区域经济联盟过程可以看成是加速学习过程，区域各方通过联盟实现战略性学习和知识互补。区域经济联盟也能够促进不同城市的价值观、知识和文化的融合，进一步推动区域组织的革新，通过革新产生新的核心竞争力，具有显著的未来性，为构建学习型城市奠定基础。因此，区域经济联盟的内生动力是积极获取外部资源。其基本模型为

$$M = f(F)$$

式中，M 是通过区域经济联盟学习所获得的知识量；F 是学习的力量。

第九，技术动力。在知识经济的背景之下，对一国或者地区经济而言，其增长的核心动力就是科学技术创新，但是科学技术创新具有复杂性、艰难性等特征，任何区域都不可能拥有全部的科学技术创新优势。那么，区域主体之间就存在合作的动力，构筑区域技术创新联盟有利于占领技术高地，巩固和更新区域核心竞争力。同时，由于核心竞争力并不是一种固化的竞争力，而是一个动态适应系统，其将随着科学技术的进步和市场发展而演变，这就使原有的核心竞争力演化成一般能力，原有的竞争优势不复存在，因此区域需要时刻关注核心竞争力的演变。区域外部环境的变动通常是剧烈的，这对企业的研发能力提出了新的要求。对任何区域来说，新技术的开发需要承担高昂的代价，而且经常受到自身能力、信息不完全和消费者态度等因素的制约。因此，各个区域逐渐放弃封闭自创，转而进行开放合作，通过区域经济联盟提升研发能力，加速技术创新，加快成果的商业化，使区域的技术水平保持在较高水平。各个区域拥有自身的技术优势，这些优势可以通过区域经济联盟加以聚集，为攻克高难度的高新技术积聚力量，节省开发时间，降低开发成本，形成更新、更高层次的核心竞争力。因此技术动力是区域经济联盟的推动力。

多个区域通过根本动力、产业动力、市场动力、技术动力、学习动力、制度动力、资本动力、资源动力、结构动力维系着区域的经济联盟（图 5-1）。

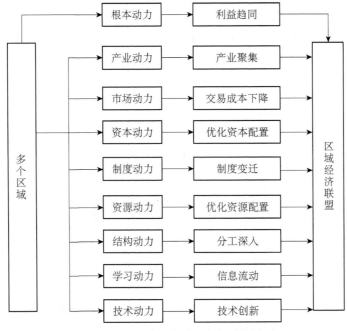

图 5-1　区域经济联盟动力系统图

5.1.2　区域经济联盟的主体

在哲学上，主体是指对客体有认识和实践能力的人，这表明其拥有自觉的、主动的意识去认识世界和改造世界，从而推动社会历史不断发展。在区域经济联盟机制中，主体也被赋予相同的概念，即它们拥有构建区域经济联盟的动力和意识。区域经济联盟的主体有以下三个。

第一，区域内的政府机构。在社会经济发展过程中，政府通常能够将行政管理职能和经济管理职能相结合，对区域内市场结构有较深影响。城市经济学理论认为，政府的利益偏好将会影响城市在一定时期的发展方向，特别是在中国推行计划经济时期。政府在区域经济联盟中扮演着关键角色，尤其是区域经济联盟发展的初期。因此，区域经济联盟在一定时期依赖于城市间政府的行政协调和利益偏好，最终区域经济联盟将逐步过渡到市场机制推动上来。区域政府的协调，可以使区域经济联盟达到共振，创造出更大价值，使联盟区域得到更大的利益。

第二，区域内的企业。在市场经济中，企业是最重要的微观主体之一，其在经营目标上追求价值或利益最大化。同时，企业也是一种资源配置的方式，其不断寻找降低交易成本的方法。而区域经济联盟能够为企业提供的作用主要如下。①规模效益。区域经济联盟创造和拓展了市场规模。人才聚集促进了公共设施的建设，这为企业经营活动提供了物质条件，同时又节约了企业的经营成本。②专业分工效益。区域经济联盟可以重新定位城市的地位，区域之间的分工也更加专业化。区域经济联盟加深了社会服务，使其相互合作更加紧密，协作形成的外部效益又进一步支持专业化生产，从而为企业经营活动提供了更多的便利。③竞争效应。各企业在市场环境下开展合理竞争，以争取利益的最大化，合适的人才聚集到合适的区域，提高了整体水平。④要素优化效益。区域经济联盟要求快速地进行要素的组织和流动，企业对要素的需求也更有效地得到满足，从而提升企业的经济效益。尤其是推动区域城市的不断发展，使生产力要素和现代化因素集中于区域内中心城市，最终带来要素优化效益。

第三，区域内的居民。居民是社会经济最直接的微观主体之一，其是企业的投资者、社会产品的消费者，应该说社会经济发展都是围绕居民而来的，因此他们在区域经济联盟中扮演着重要角色。社会发展的目的之一，就是提高居民的物质生活水平和文化素养。区域的发展一方面可以提高居民素质；另一方面也需要高素质的居民，需要复合型高层次的人才。学习可以培养人才，区域经济联盟使人才的流动更加通畅，给人才提供更多的学习机会，也可以更合理配置人才在区域经济联盟中的位置。

5.1.3 区域经济联盟的弓弦箭模型

弓弦箭模型认为区域竞争力表现方式可概括成两类，即硬力系统和软力系统，两者又由一些具体的分力构成，分力之间相互兼容和交叉（图 5-2）。如果把硬力系统看作是弓，软力系统就是弦，区域产业就是箭，三者相互作用，相互影响，形成区域竞争力，弓弦质量越好，搭配越合理，就能形成越大的力量，箭才能射得越远，实现越大的产业价值。

弓弦箭模型也适用于区域经济联盟，区域经济联盟的产业动力、市场动力、技术动力、学习动力作为弓，制度动力、资本动力、结构动力、资源动力作为弦，根本动力比作箭，它们构成区域经济联盟动力系统。弓弦质量越好，搭配越合理，形成越大的力量，利益趋同性越好，越易达到共振，箭射得越远，区域经济联盟获得的增值价值越大，区域经济联盟走得越远。

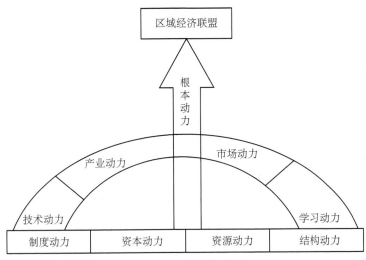

图 5-2　弓弦箭模型图

　　综上所述，政府、企业、居民构成区域经济联盟的动力主体。根本动力作为区域经济联盟的核心动力，与产业动力、市场动力、技术动力、学习动力、制度动力、资本动力、资源动力和结构动力共同构成区域经济联盟的动力系统。从区域经济联盟的弓弦箭模型分析中，可以看到，利益趋同性越好，越易达到共振，箭射得越远，区域经济联盟实现的增值价值越大，区域经济联盟越能获得成功。

5.2　区域经济联盟的协同理论分析

　　20 世纪 70 年代，德国科学家赫尔曼·哈肯（H.Haken）创立了协同理论，这个理论跨越了自然科学和社会科学，形成了新兴的交叉学科，主要研究的是系统通过内部子系统间的协同作用从无序结构到有序结构转变的机理和规律。协同是指系统中诸多子系统相互协调、相互合作或同步的联合作用和集体行为，它是系统整体性、相关性的内在表现。通过协同理论，可以很好地解释区域经济联盟合作动力的内在协同机理。

5.2.1　协同理论的基本理论

　　协同理论以系统论、信息论、控制论、突变论等为基础，吸收了结构消耗理论的精华，运用统计和动力学相结合的方法，通过对不同领域的分析，提出了多维空间理论，建立了一整套的数学模型和处理方案，从微观到宏观的过渡上，描述了各种有序的、无序的系统和现象的共同规律，应该说它是以现代科学研究方法为基础的最新研究成果。由于协同理论研究的是不同事物的共同特征及其协同机理，近十几年来被广泛运用到综合性学科之中。目前，该理论形成了以下两个比较完善的理论体系。

第一，自组织理论。一般而言，组织是指系统内的有序结构或这种有序结构的形成过程。根据德国理论物理学家哈肯的观点，从组织进化形式来看，可以为分为他组织和自组织两类。如果一个系统通过接受外部指令形成组织，那么这样的组织就是他组织；相应的，如果一个系统不依靠外部指令，只需按照自身规则化的相互默契，各自完成职业，协调有序地形成有序结构，那么这样的组织就是自组织。自组织理论正是基于这样的理论思想，在20世纪60年代末期建立起来并发展完善。系统存在由无序走向有序，由低级走向高级的过程，自组织理论主要研究的就是这样的复杂自组织系统，包括生命系统、社会系统的形成和发展机制，即系统在一定的条件下，是如何完成这样的高级而有序的变化的。

作为协同理论的核心，自组织理论更加侧重于研究自组织的产生与调控等问题，其中，"协同作用"扮演着非常重要的角色。"协同作用"描述的是系统内部要素与要素之间或子系统与子系统之间的相互作用、相互影响，从而有机结合起来的现象，这是协同理论里的基本概念。在整合过程中，强调系统内部各个要素之间或者子系统之间的差异与协同，强调这种差异与协同的辩证统一需要取得的整体效应等。自组织理论主要观点如下。

（1）自组织理论中，系统具有非常广泛的普遍性，非生物界可以形成一个系统，生物界也可以自成系统，系统可以是微观的也可以是宏观的，系统涵盖的领域和学科也可以是完全不同的，其中，城市联盟系统、城市群系统也是自组织理论中的系统。

（2）系统内部的各个因素可以自发地建立组织，实现从无序到有序的变化，抑或是通过相互的作用形成新的结构和功能。

（3）协同理论中，自组织是指系统能够通过自身的调整，使其从不平衡状态逐渐恢复到平衡状态的能力。自组织的这种能力蕴含着使系统从无序逐渐过渡到有序的转化机制和驱动力量。

（4）自组织系统存在各种形式，它们的形成都是由于子系统之间的协同运动产生序参量（序参量就是各个子系统对协同运动贡献的总和），通过序参量的作用和支配，自组织系统就形成一定的结构和功能。

（5）自组织系统可以选取不同的序参量并且适当控制序参量的改变。

系统都是由一定数量的子系统构成的，各个子系统相互关联，产生"协同作用"，当"协同作用"取得优势主导地位时，系统内部就自动形成了组织，此时就可以认为系统进入了自组织状态，在宏观方面和整体上形成了一定的结构，实现了相应的功能。本书认为，区域经济联盟系统是一个由一定数量子系统组成的复杂系统，联盟内的各个城市相互协调，相互作用，为这个自组织系统创造了更大的价值。

第二，役使原理（slaving principle）。协同学的役使原理指出，系统在调整演变的过程中，当状态变化逐渐接近临界点时，"快变量"的变化会因为过于迅速以至于其尚未对系统产生影响就消失或变化了，而极少数"慢变量"由于其变化相对缓慢，对系统的影响相对明显，成为支配系统演化的序参量。序参量源于子系统的竞争与协同作用，同时又作用于子系统，子系统服务于序参量，序参量与子系统协同合作、相互作用从而形成有序的宏观结构。这就是协同学的役使原理。

协同学的役使原理认为，序参量可以决定各个子系统的行为。系统的有序结构决定于极少数缓慢变化的"慢变量"，系统中的所有部分都受这些"慢变量"的作用，通过这些"慢变量"描述系统的演化。

5.2.2　区域经济联盟的协同学分析

区域经济联盟系统是一个多维的、复杂的系统，每个子系统及内部的子系统之间大多是简单的线性关系，子系统之间是相互制约、相互影响的非线性关系。同时，区域经济联盟的发展趋势也不是一成不变的，而是存在多种结果。

第一，区域经济联盟系统的序参量：区域经济联盟的价值。役使原理认为，有序结构是由少数几个缓慢变化的"慢变量"所决定的，所有子系统都受这些"慢变量"的支配。通过它们就可以描述系统的演化。区域经济联盟是由两个或者多个区域为了一定目的而进行的一种合作性超边界的组织安排，也可以认为区域经济联盟是区域合作博弈的结果。同时，区域经济联盟都是复杂、多层次的系统，其中区域经济联盟由不同联盟区域子系统构成，并且不同区域内部亦存在多个子系统。因此，区域经济联盟的价值不是一蹴而就，而是需要联盟区域的共同作用才能产生，即"慢变量"或者序参量作用产生。

根据 5.1.1 节可知，区域经济联盟的最核心动力是根本动力，即价值是处于区域经济联盟的核心地位，它决定了整个系统的水平。从这个层面上看，区域经济联盟的价值在区域经济联盟系统中的作用符合协同学的序参量特征，它是区域经济联盟系统的序参量。区域经济联盟是一个复杂的系统，区域经济联盟系统的构成由一定的联盟区域来支持，这些联盟区域系统本身就是一个错综复杂的系统。同样的，区域经济联盟系统的构成由一定的联盟区域子系统来支持，区域经济联盟子系统本身亦是复杂系统，这些复杂系统又以高度复杂的方式联系在一起。区域经济联盟可以看成是一个动力学系统，通过协同学的方法来进行处理，即区域经济联盟通过各个部分的协作，以自组织的方式产生新的属性。把区域经济联盟的各个组成部分看成各个役使分量，则区域经济联盟的价值就是城市联盟系统的序参量。

第二，区域经济联盟系统的控制参量：区域经济联盟的协调力。联盟区域内部是各不相同的主体，它们在文化、产业结构、资源分布等方面都存在差异，因此区域经济联盟内部也必然存在着摩擦。区域经济联盟系统需要克服这些内部摩擦产生的阻力，因为阻力使系统能量不断减弱。阻力的大小与区域之间文化的融合度、产业结构的梯度、资源分布的互补度等有关，方向与区域经济联盟价值发展方向相反。因此，为了区域经济联盟向着正确的方向实现其价值，需要施加一定的控制力，以保证区域经济联盟不因能量的减弱而解体，这个力就是区域经济联盟内部的协调力。建立有效、持续的沟通是加强区域经济联盟稳定性的重要手段。联盟组织各方要加强合作者的多重联系，多做及时的沟通工作，克服各种困难，建立相互信任的关系，保证区域经济联盟组织的健康发展。区域经济联盟的协调力是区域经济联盟的控制参量。

5.2.3 区域经济联盟的自组织运动及演化过程

1. 区域经济联盟系统的受力分析

1）区域经济联盟之间的摩擦力

在 5.2.2 节已经提到，由于联盟区域之间存在文化、产业结构及资源分布等差异，区域经济联盟内部必然存在着矛盾，即摩擦力。而该摩擦力的方向总是与区域经济联盟价值提升的方向相反，阻力的大小与区域之间文化的融合度、产业结构的梯度、资源分布的互补度等有关，与联盟区域系统的价值变化成正

比，方向与区域经济联盟价值发展方向相反，可以表示为

$$f = -\lambda v = -\lambda \frac{\mathrm{d}x}{\mathrm{d}t} \tag{5-1}$$

2）区域经济联盟之间的协调力

除了存在摩擦力外，由利益驱动的区域经济联盟系统为了克服摩擦力，通过区域经济联盟系统的协调，产生协调力，使联盟区域之间文化相互融合、资源合理分布、产业合理聚集，从而为区域经济联盟带来集群效应。因此，区域经济联盟的协调力与区域经济联盟价值提高的方向一致，联盟区域的利益趋同一致性越好，协调力越大。

$$F = ma \tag{5-2}$$

2. 区域经济联盟自组织运动方程

通过自组织状态的维系，区域经济联盟的价值可以作为区域经济联盟系统的序参量，而自组织过程结构的演变是一种内部过程。在区域理性自组织的演变中，区域经济联盟价值得以实现，这些都是由区域间竞争与合作所决定。在一定条件下，区域经济联盟的各子系统通过非线性相互作用将带来相关效应和协同作用，并通过这种作用带来功能完善和结构有序的系统。这种协同运动意味着系统新的有序状态的出现，即系统的自组织现象。

区域经济联盟自组织系统的典型方程可以表示为

$$\frac{\partial v}{\partial t} = (F - f)v - k_1 v^3 + c \tag{5-3}$$

用式（5-3）表示单个区域价值的运动。区域经济联盟系统的状态随着时间的推移而改变，即状态矢量 $v = v(t)$。假定 v 的时间变化由以下几个因素确定。

（1）区域经济联盟系统目前的价值 v。

（2）控制参量 F，区域经济联盟的协调力。

（3）f 是区域经济联盟的摩擦力；$-k_1 v^3$ 是区域经济联盟的价值运动，是非线性的；k_1 是 v^3 的常系数。

根据式（5-3），可得到区域经济联盟系统的势函数方程：

$$E(v) = -\frac{1}{2}(F - f)v^2 + \frac{1}{4}k_1 v^4 \tag{5-4}$$

3. 区域经济联盟系统的动量

区域经济联盟系统中的联盟区域在受到力的作用时产生动量，可得到

$$\sum_i \boldsymbol{F}_i = \frac{\mathrm{d}}{\mathrm{d}t}\sum_i m_i \boldsymbol{v}_i = \sum_i \frac{\mathrm{d}}{\mathrm{d}t}\boldsymbol{p}_i \tag{5-5}$$

式中，$\sum_i F_i$ 是系统所受的所有力的矢量和；$\sum_i \dfrac{\mathrm{d}}{\mathrm{d}t} p_i$ 是系统的总动量。若用 F 和 P 分别表示所有力的矢量和与系统的总动量，则式（5-5）可写为

$$F = \frac{\mathrm{d}P}{\mathrm{d}t} \tag{5-6}$$

把式（5-6）写为微分形式，有

$$F\mathrm{d}t = \mathrm{d}P \tag{5-7}$$

式中，$F\mathrm{d}t$ 是系统所受合力的冲量。它表明系统所受合力的冲量等于系统总动量的增量。

4. 功和能（价值）

随着时间积累，一个系统受到的力将转化为系统动量的变化。同时，该力将随着联盟区域位置变化而变化，力的作用必将引起联盟区域的空间位置发生变化，力的空间积累效应可以表示为力对联盟区域所做的功。力对区域所做的功表现为联盟区域动能发生变化。

1）功

联盟区域在力 F 的作用下，当出现一个无限小的位移 $\mathrm{d}r$ 时，此力对区域经济联盟做的功定义是力在位移方向上的分量与位移大小的乘积。

$$\mathrm{d}A = F_r \,|\,\mathrm{d}r\,| = |F|\,|\mathrm{d}r|\cos\varphi \tag{5-8}$$

式中，F_r 是力 F 沿 $\mathrm{d}r$ 方向，即联盟区域运动轨道切向方向的分量；φ 是 F 与 $\mathrm{d}r$ 之间的夹角。按矢量标积的定义，式（5-8）可写为

$$\mathrm{d}A = F \cdot \mathrm{d}r \tag{5-9}$$

那么，力对区域经济联盟所做的功等于区域经济联盟所受的力和位移的标积。

功是标量。它只有正负，没有方向。当 $0 \leqslant \varphi < \pi/2$ 时，$\mathrm{d}A > 0$，力对区域经济联盟做正功；当 $\varphi = \pi/2$，$\mathrm{d}A = 0$，力对区域经济联盟不做功；当 $\pi/2 < \varphi \leqslant \pi$ 时，$\mathrm{d}A < 0$，力对区域经济联盟做负功。

区域经济联盟从 A 到 B，力 F 对它所做的总功 A_{AB} 是

$$A_{AB} = \int_A^B \mathrm{d}A = \int_A^B F \cdot \mathrm{d}r \tag{5-10}$$

当区域经济联盟同时受到多个力的作用，如 F_1，F_2，$\cdots$，F_N 的作用的路径由 A 运动到 B，合力 F 对区域经济联盟做的功为

$$A_{AB} = \int_A^B \boldsymbol{F} \cdot \mathrm{d}\boldsymbol{r} = \int_A^B (F_1 + F_2 + \cdots + F_N) \cdot \mathrm{d}\boldsymbol{r}$$

$$= \int_A^B F_1 \cdot \mathrm{d}\boldsymbol{r} + \int_A^B F_2 \cdot \mathrm{d}\boldsymbol{r} + \cdots + \int_A^B F_N \cdot \mathrm{d}\boldsymbol{r} \qquad (5\text{-}11)$$

$$= A_{1AB} + A_{2AB} + \cdots + A_{NAB}$$

可得

$$A_{AB} = \int_A^B \boldsymbol{F} \cdot \mathrm{d}\boldsymbol{r} = \int_A^B F_r \mid \mathrm{d}\boldsymbol{r} \mid = m \int_A^B a_t \mid \mathrm{d}\boldsymbol{r} \mid \qquad (5\text{-}12)$$

由于 $a_t = \mathrm{d}v / \mathrm{d}t$，$\mid \mathrm{d}\boldsymbol{r} \mid = v \mathrm{d}t$，所以

$$A_{AB} = m \int_A^B \frac{\mathrm{d}v}{\mathrm{d}t} v \mathrm{d}t = m \int_{v_A}^{v_B} v \mathrm{d}v = \frac{1}{2} m v_B^2 - \frac{1}{2} m v_A^2 \qquad (5\text{-}13)$$

式中，v_A 和 v_B 分别是区域经济联盟经过 A 点和 B 点的时刻速率。式（5-9）说明，力对区域经济联盟做功可以改变区域经济联盟的运动，在数量上和功相应的是 $mv^2/2$ 这个量的改变。这个量是每个时刻区域经济联盟的运动状态（以速率表征）所决定。以 E_k 表示区域经济联盟的动能，就有

$$E_k = \frac{1}{2} m v^2 = \frac{p^2}{2m} \qquad (5\text{-}14)$$

式中，p 是区域经济联盟的动量。这样式（5-13）可写为

$$A_{AB} = E_{kB} - E_{kA} \qquad (5\text{-}15)$$

式（5-15）说明，合力对区域经济联盟所做的功与联盟区域动能的增量相等。

2）联盟区域组成的联盟区域系动能定理

m_1，m_2，$\cdots$，m_n 分别是 n 个联盟区域的经济质量（如区域的 GDP 可以作为区域的经济质量），F_1，F_2，$\cdots$，F_n 是它们受的力。v_{1A}，v_{2A}，$\cdots$，v_{nA}；v_{1B}，v_{2B}，$\cdots$，v_{nB} 分别是它们在起始状态和终了状态的速度。由动能定理可得

对 m_1：
$$\int_A^B \boldsymbol{F}_1 \cdot \mathrm{d}\boldsymbol{r}_1 = \frac{1}{2} m_1 v_{1B}^2 - \frac{1}{2} m_1 v_{1A}^2$$

对 m_2：
$$\int_A^B \boldsymbol{F}_2 \cdot \mathrm{d}\boldsymbol{r}_2 = \frac{1}{2} m_2 v_{2B}^2 - \frac{1}{2} m_2 v_{2A}^2$$

……

对 m_n：
$$\int_A^B \boldsymbol{F}_n \cdot \mathrm{d}\boldsymbol{r}_n = \frac{1}{2} m_n v_{2B}^2 - \frac{1}{2} m_n v_{2A}^2$$

$$\int_A^B \boldsymbol{F}_1 \cdot \mathrm{d}\boldsymbol{r}_1 + \int_A^B \boldsymbol{F}_2 \cdot \mathrm{d}\boldsymbol{r}_2 + \cdots + \int_A^B \boldsymbol{F}_n \cdot \mathrm{d}\boldsymbol{r}_n$$

$$= \frac{1}{2} m_1 v_{1B}^2 + \frac{1}{2} m_2 v_{2B}^2 + \cdots + \frac{1}{2} m_n v_{nB}^2 - \left(\frac{1}{2} m_1 v_{1A}^2 + \frac{1}{2} m_2 v_{2A}^2 + \cdots + \frac{1}{2} m_n v_{nA}^2 \right) \qquad (5\text{-}16)$$

式（5-16）左侧为力对联盟区域所做功之和，用 A 表示，等号右侧是联盟区域系统总动能的增量，可写为 $E_B - E_A$，于是，式（5-16）可表示为

$$A = E_B - E_A \tag{5-17}$$

这就是说，所有外力对联盟区域系做的功和内力对联盟区域系做的功之和等于联盟区域系总动能的增量。

5. 功能原理

根据联盟区域系统的动能定理公式 $A = E_{kB} - E_{kA}$，力中包含区域经济联盟系统协调力和区域经济联盟系统摩擦力，因此力的功可写为协调力的功 $A_{协调}$ 和摩擦力的功 $A_{摩擦}$ 之和。于是有

$$A_{协调} + A_{摩擦} = E_{kB} - E_{kA} \tag{5-18}$$

式（5-18）表明，区域经济联盟系统在运动过程中，它所受协调力的功与内摩擦力的功的总和等于它的区域经济联盟价值的增量。由式（5-18）可以看出，当 $A_{协调} + A_{摩擦} > 0$ 时，$E_B > E_A$，区域经济联盟的价值增加，即终了时刻的区域经济联盟的价值大于起始时刻的区域经济联盟的价值；当 $A_{协调} + A_{摩擦} < 0$ 时，$E_B < E_A$，区域经济联盟的价值减小，即终了时刻的区域经济联盟的价值小于起始时刻的区域经济联盟的价值；当 $A_{协调} + A_{摩擦} = 0$ 时，$E_B = E_A$，区域经济联盟的价值不变，即终了时刻的区域经济联盟的价值等于起始时刻的区域经济联盟价值。

利用协同学的基本原理中的自组织理论模型，本小节分析了区域经济联盟演化的内在机理，得到的主要结论包括如下几点。

（1）区域经济联盟系统为一个复杂适应系统，区域经济联盟的价值是区域经济联盟系统的序参量。

（2）由于在文化、产业结构、资源禀赋等方面的不同，区域经济联盟内部必然会产生摩擦。这种摩擦力的方向总是与区域经济联盟的收益相反，大小受区域之间文化的融合度、产业结构的梯度、资源分布的互补度等因素的影响，与联盟区域系统的价值变化成反比。在摩擦力的作用下，区域经济联盟的价值将逐步减少。

（3）为了克服摩擦力的作用，区域经济联盟系统可以通过协调，使联盟区域之间相互融合、资源合理分布、产业聚集等，从而逐步提升区域经济联盟的价值。协调力是区域经济联盟系统的控制参量，区域经济联盟的协调力与区域经济联盟的价值提高的方向一致，联盟区域的利益趋同一致性越好，协调力越大。当协调力所做的功大于摩擦力所做的功时，区域经济联盟的价值增加；当

协调力所做的功小于摩擦力所做的功时，区域经济联盟的价值减小；当协调力所做的功等于摩擦力所做的功时，区域经济联盟的价值不变。

5.3 本 章 小 结

本章主要针对区域经济联盟的动力进行分析，其基础主要表现在空间上的人流、物流、信息流和技术流的加速流动与高度融合。具体而言，上述动力包括利益驱动力、资本流动、市场壁垒、规模效益、资源配置、深化分工、信息交换、制度建设和技术创新等方面，对我国区域经济合作，尤其是中西部欠发达地区的区域经济联盟的形成，具有理论意义与实践意义。

首先，通过分析区域经济联盟的动力系统，引出区域经济联盟的弓弦箭理论模型，认为根本动力是区域经济联盟形成的核心动力，资本动力、制度动力、结构动力、资源动力作为软动力（即弦），市场动力、产业动力、学习动力、技术动力作为硬实力（即弓），是区域经济联盟的动力系统。那么，由区域经济联盟的弓弦箭模型得出利益趋同性越好，区域经济联盟获得的增值价值越大，区域经济联盟系统将更加稳定。同时，区域经济联盟创造的超额收益将会在联盟区域内进行分配，联盟区域也将获得超过加入联盟前的收益。上述结论能够很大程度上指导我国中西部欠发达地区的区域合作。而在一些不可抗拒因素之下，某些区域也可能获得收益少于本身的收益，其将会选择退出区域经济联盟，这应该是中西部地区建立区域经济联盟需要不断优化的地方。

其次，本章运用振动力学研究区域经济联盟的动力，其认为区域经济联盟的收益大于单个区域发展的收益；当利益趋同程度越一致时，其收益越大。区域经济联盟之间存在摩擦，并且阻尼方向与区域经济联盟的发展方向相反，与区域经济联盟的收益成反比，阻尼系数使区域经济联盟获得的利益减小；当阻尼系数超过一定限度时，区域经济联盟将会解体。

最后，本章运用协同学理论，研究区域经济联盟系统内从无序结构到有序结构转变的机理和规律，具体借助于自组织理论、役使原理等基本理论，较为深入地分析区域经济联盟框架、演变等。本书认为区域经济联盟系统是一个复杂适应系统，区域经济联盟的价值是城市联盟系统的序参量；区域经济联盟的协调力是控制参量；联盟区域之间存在摩擦力，且摩擦力与区域经济联盟的价值上升方向相反，其大小与区域之间文化的融合度、产业结构的梯度、资源分布的互补度等有关，与联盟区域系统的价值变化成正比。在摩擦力的作用下，区域经济联盟的价值将逐步减少；通过区域经济联盟系统的协调，产生协调力，区域经济联盟的协调力与区域经济联盟的价值提升方向一致，联盟区域的利益趋同一致性越好，协调力越大；当协调力所做的功大于摩擦力所做的功时，区域经济联盟的价值增加。同时本书认为，区域经济联盟内区域主体，并不是仅仅简单地由某种外界力量如行政力量等所聚集的。区域经济联盟系统是一个复杂适应系统，由多个子系统组成，通过联盟区域之间的协调，使这个自组织系统创造价值、创造超额利益。这也告诉区域主体，区域经济联盟的形成对其成员主体的经济发展非常重要，却不能因此而急于求成、盲目叠加，各区域行政机构也不能违背经济规律，任意拉拢区域组建区域经济联盟。

6

区域经济联盟组织分析

本章主要论述了区域经济联盟组织的形成与发展、区域经济联盟组织机制的理论分析、区域经济联盟的动因、区域经济联盟的效应与作用四大部分内容，从组织机制的角度对区域经济联盟进行了进一步的分析。区域（主要指城市）竞争力是竞争优势之源，区域的竞争由竞争转化为合作竞争，将会产生新的竞争优势。这时区域竞争力靠行政手段无法提高，靠单一区域无法实现，区域竞争力的提高需要依靠区域之间的联盟。区域经济联盟除区域密切合作外，更强调的是要素资源的整合，资源缺乏的区域通过其高效率的资源利用能力快速获得发展条件，而有资源优势的区域也可以更广范围、更大程度地发挥优势。区域经济联盟的优势在于联盟区域优势互补，利于资源的合理配置，提高区域经济联盟地区的竞争力。

6.1　区域经济联盟组织的发展与内涵

6.1.1　区域经济联盟的产生和发展

从 20 世纪 90 年代起，世界范围内谈判的主题增多，同时议题的范围也在扩大，谈判中的灵活度和效率都有较大程度的降低。由于谈判中因各自利益不妥协的原因，全球范围内的多边谈判陷入困境，被迫停止后的重启也多陷于胶着、停滞的状态。世界各国为了分享经济全球化的收益，逐步开始参与到成员相对较少但开放水平更高的区域经济联盟建设中，掀起了区域经济联盟建立的浪潮。常见的有"竞争性自由化战略"（美国）、"叠加式区域经济一体化战略"（智利）、"扩大腹地战略"（新加坡）、"全方位自由贸易区战略"（墨西哥）、"全球化战略"（日本）等。基于此，对合作伙伴的目标、原则、标准都进行了详细的规定，为本国区域经济联盟的建设迈出了第一步。随着全球化进程的进一步加深，我国也充分地认识到参与其中的必要性与紧迫性，并展开了一系列的行动。

1）起步阶段（1991～2000 年）

在 20 世纪 90 年代以前，我国的区域经济合作没有实质性的进展。直到 1991 年，我国参与区域经济合作的意识才逐渐增强，开始了初步的尝试。我国在 1991 年加入 APEC，标志着我国参与区域经济合作大门的开启。在 1991 年的第 24 届东盟外长会议上，我国与东盟的对话正式开始。中国、俄罗斯、哈萨克斯坦、吉尔吉斯斯坦和塔吉克斯坦 5 国于 1996 年共同创建上海合作组织。1997 年席卷亚洲的金融危机的爆发，直接催生了东亚地区的合作机制，即"10+3"框架（东盟+中日韩）的形成。由上述我国参与其中的区域合作组织可以发现，此阶段我国在区域合作方面的制度性安排欠缺，参加的是较低级形态的区域合作。例如，APEC 仅仅是一个遵循自愿原则的区域性合作论坛，约束性有所欠缺；上海合作组织只是一个尚不具有经济功能的地区性安全组织；"10+3"会议并没有实质进展。在参与程度上虽然有限，但可以肯定的是我国通过这些活动正在逐渐看清经济全球化和区域化的历史潮流，在感知到参与区域经济合作的重要性的同时也积累了一定的相关谈判经验。

2）稳步推进阶段（2000～2007 年）

2000 年，第 4 次中国—东盟领导人会议在新加坡举行，朱镕基总理在会议上首次提出了建立中国—东盟自由贸易区的构想，迈出了我国区域经济联盟第一步。2001 年 5 月 23 日，我国正式加入《亚太贸易协定》。2002 年 11 月 4 日，我国与东盟签署《中国与东盟全面经济合作框架协议》，标志着我国第一个正式缔结并付诸实施的自由贸易区形成。2003 年 6 月 29 日和 10 月 29 日，中国内地与中国香港、澳门特区政府分别签署了《关于建立更紧密经贸关系的安排》，在中国内地，这是首个全面实施的自由贸易协议。

3）战略提升阶段（2007 年至今）

发生于 2007 年 8 月的席卷美国、欧盟、日本等世界主要国家和地区金融市场的"次贷危机"及由此引发的世界经济危机使世界各国的经济发展开始出现停滞甚至衰退，基于此，贸易保护主义开始抬头。2007 年 10 月，在党的十七大报告中胡锦涛总书记明确提出"实施自由贸易区战略，加强双边多边经贸合作"。由此，区域经济合作在我国上升为国家战略，我国开始策划自己的自由贸易区建设。在此方针的指引下，我国自由贸易区所涵盖领域在不断地扩大，版图扩张迅速。2008 年 4 月 7 日，我国和新西兰之间签署的《中华人民共和国政府和新西兰政府自由贸易协定》，标志着我国与发达国家的第一个自由贸易协定达成，其涵盖服务贸易、货物贸易、投资等多个领域。2006 年 9 月，我国和智利之间的自贸区谈判启动，主要指服务贸易，历时 1 年半，经过 6 轮谈判，双方最终于 2008 年 4 月 13 日签署《中智自由贸易协定关于服务贸易的补充协定》，标志着我国与拉丁美洲国家签署的第一个自由贸易区服务贸易协议达成。之后还签订了《中华人民共和国政府和新加坡共和国政府自由贸易协定》《中华人民共和国政府和新加坡共和国政府关于双边劳务合作的谅解备忘录》《中国—巴基斯坦自由贸易协定补充议定书》《中国—巴基斯坦自由贸易区服务贸易协定》《中国—秘鲁自由贸易协定》《中华人民共和国政府和冰岛政府自由贸易协定》，我国的区域经济联盟战略在不断提升。

6.1.2 区域经济联盟的内涵

不管是国内的研究文献还是国外的研究文献，都经常提及"一体化""经济一体化""区域经济联盟"等词，但不同的学者对其都有不同的定义，含义也不尽相同。鉴于这种情况，本节首先从理论上探讨区域经济联盟的相关概念，界定"区域经济联盟"的具体内涵，在此内涵下再讨论我国区域经济联盟发展问题。

所谓"联盟"，包含"整合"和"统一"两层含义，主要运用于经济学领域并代表"经济一体化"。自"联盟"一词被引入经济学范畴以来，国内外学者从不同的角度对"经济联盟"给出不同的定义。荷兰经济学家简·丁伯根（J. Tinbergen）认为："经济联盟就是将有关阻碍经济最有效运行的人为因素加以消除，通过相互协作与统一，创造最适宜的国际经济结构。"美国经济学家詹姆斯·米德（J. Meade）则认为："联盟是达到一种联盟状态的过程……不仅要消除各成员体经济单位之间的歧视，而且要形成和实施协调的共同政策，其范围应足以保证实现主要的经济与福利目标。"赵儒煜等认为："所谓经济联盟，是指各国经济在社会化大生产和国际分工不断向纵深发展的推动下，由经济往来走向经济合作直至经济融合的过程。"在众多解读"经济联盟"的论断中，被经济学界广泛引述并得到公认的是美国经济学家贝拉·巴拉萨（B. Balassa）于1961年提出的，其指出："一方面，两个独立的国民经济之间，如果存在贸易关系就可认为是联盟；另一方面，经济联盟又指各国经济之间的完全联合。"这里，"经济联盟既被定义为一个过程，又被定义为事物的一种状态。作为一个过程，它包含着旨在消除不同国家经济单位之间的歧视；作为事物的一种状态，它表示各国经济之间不存在各种形式的歧视"。

综上所述，区域经济联盟是指以商品贸易实现自由化为起点，逐步向服务贸易自由化、生产要素自由流动及财政、金融、货币政策协调等更高层次发展的动态过程。可以根据参与对象划分为政府间的区域经济联盟、行业间的区域经济联盟、企业间的区域经济联盟等。通过区域经济联盟，给成员间更多的贸易合作机会，为各自经济的进一步发展奠定了坚实的基础，有利于其通过相互间的税收优惠等获得更多的收益。

6.2 区域经济联盟组织机制的理论分析

6.2.1 联盟组织机制的理论分析

1. 博弈论

1）博弈论的简要分析

美国科学家冯·诺伊曼（John von Neumann）和经济学家摩根斯顿（Oskar Morgenstem）合写的《博弈论与经济行为》一书是现代博弈论的开端。1950年纳什均衡概念由美国经济学家和数学家纳什提出，为现代博弈论奠定了基础。在1965年，泽尔腾对纳什均衡进行了改进，增添了动态对策。1967年，豪尔绍尼把不完全信息引入博弈论分析，提出了不完全信息对策和贝叶斯均衡的概念。其后，维克里和莫里斯成功运用博弈论发展了信息经济学。由于纳什、泽尔腾、豪尔绍尼、维克里和莫里斯等人的贡献，他们先后获得了诺贝尔经济学奖，大大推进了博弈论在经济学研究中的运用。

2）博弈论的基本要素

博弈论是对相互依赖、相互影响的决策主体的理性行为及这些决策的均衡结果的讨论。完整描述一个博弈过程需要以下基本要素：局中人、行为、信息、策略集合、支付函数、均衡、结果等。其中，最重要的三个要素分别是局中人、策略集合、支付函数。

（1）局中人。局中人，是指参加博弈的直接当事人，他们是博弈的主体和策略的制定者，在博弈中被设定为"理性的经济人"，即选择行为是以自己效用最大化或受益最大化为准则的决策主体。局中人在现实中可以是个人，也可以是组织。在地方政府间跨区域经济合作中博弈的主体分别是多个地方政府、中央政府及企业。

（2）行为。行为，是指局中人在博弈过程中在自己做选择时所做的某个具体决策。在地方政府间跨区域经济合作中，局中人的博弈行为包括地方政府合作还是不合作的选择、深度合作还是一般合作的选择、合作领域的选择、合作投入的选择等。

（3）信息。信息，是指局中人在博弈中所知道的关于自己及其他局中人的行为、策略集合及支付函数等知识。在地方政府间跨区域经济合作中，这些信息包括地方政府间经济合作的需求信息、中央政府的信息、区域经济特征的信息等。

（4）策略集合。策略集合，是指局中人在博弈过程中的所有可能选择的行为集合。策略集合是局中人在博弈过程中具体选择行为的规则。每个策略集合必须至少有两种不同策略，如果只有一个策略，其行为就是确定的，实质是不参加博弈。地方政府间跨区域经济合作中博弈主体的策略集合可能是支持某项合作或反对某项合作、支持某种合作方式或反对某种合作方式等。并且，地方政府间的策略集合受中央政府策略集合的影响，中央政府制约着地方政府何时、以何种方式、在何种领域进行合作。

（5）支付函数。本书将局中人采取策略后获得的"收益"称为支付，博弈中局中人获得的效用水平或收益称为支付函数，通常用收益的绝对值或相对值表示，是所有局中人策略集合或行为的函数。地方政府间跨区域经济合作中的地方政府的支付函数不仅取决于地方政府的战略选择还取决于其他地方政府及中央政府的战略选择，地方政府在经济合作博弈中所获得收益及可能与期望值一致，也可能不一致。

（6）均衡。均衡是指所有局中人最优策略或行为的组合。区域经济合作中的均衡是各地方政府、中央政府最优策略的组合。

（7）结果。结果是指博弈结束后博弈分析者感兴趣的一组要素的集合，如在各局中人的均衡策略作用下，各局中人最终的行为或效用集合。

3）合作博弈与非合作博弈

对博弈的分类有以下几种。①根据博弈参与人的数量可分为单人博弈、两人博弈和多人博弈；②根据参与人策略的数量可分为有限博弈和无限博弈；③根据支付的情况可分为零和博弈、常和博弈与变和博弈；④根据参与人的行动顺序可分为静态博弈、动态博弈和重复博弈；⑤根据参与人对信息掌握的情况可分为完全信息博弈和不完全信息博弈，以及完美信息动态博弈和不完美信息动态博弈。什么指合作博弈和非合作博弈呢?经济人假设人们以最大化自身利益为根本目的进行决策行为。但事实并非如此，至少在局部问题上存在追求集体利益最大化的情况。通常将追求自身利益最大化称为"个人理性"，追求集体利益最大化称为"集体理性"。以"集体理性"为基础的，允许存在有约束力协议的博弈称作合作博弈，反之称为非合作博弈。

2. 关税同盟理论

关税同盟理论（theory of customs union）作为评价区域经济联盟的一种重要理论，其历史可以追溯至德国经济学家李斯特（List，1928）的保护贸易理论，而加拿大经济学家维纳（Viner，1950）则系统地阐述了静态关税同盟理论，为关税同盟理论进一步的发展奠定了基础。关税同盟对区域内经济的影响大致可以分为两类：动态效应和静态效应。

（1）关税同盟的静态效应。维纳在 1950 年出版的《关税同盟问题》（*The Custom Union Issue*）一书中提出了贸易创造（trade creation）和贸易转移（trade diversion）框架，其中，贸易创造效果来源于区域内自由贸易，而贸易转移效果则来源于对外实行贸易保护。

第一，贸易创造。贸易创造是指在关税同盟区域内实行自由贸易后所引起的国内成本较高的商品生产被结盟成员中成本较低的商品生产所代替，即国内产品成本较高的消费转移到产品成本较低的成员方，从而"创造"新的贸易，并带来结盟成员经济福利的增加。贸易创造主要体现为生产效应和消费效应，关税同盟下，前者表现为一国减少或取消与国外产品同类的国内产品的生产，国内所需产品由主要靠国内生产转为从成员方进口，相较于本国国内生产，这是一种成本的减少，从而使资源利用效率得到提升，此为生产效应（production effects）；后者表现为从成员方进口的低生产成本产品替代了本国原有的高生产成本产品，使本国对该产品的消费需求增加，从而本国消费者剩余增加，此为消费效应（consumption effects）。另外，同盟外国家的高价购买向同盟成员方的低价购买转变也属于贸易创造。

第二，贸易转移。贸易转移是指形成关税同盟的相关国家采取统一的对外贸易壁垒，形成对非同盟成员方的贸易歧视，从而导致产品进口从成本较低的非成员方转向成本较高的成员方，即同盟成员方因同盟关系的建立，使原先与非成员方的贸易转向在成员方之间进行，于是形成了贸易转移，并导致世界福利的减少与损失。从生产角度看，产品进口从成本较低的非成员方转向成本较高的成员方将会增加原来从非成员方进口的商品成本；从消费角度看，从低成本的产品消费转向对高成本的相同产品的消费，则必然导致消费者剩余的减少。贸易转移在一定程度上降低了资源配置效率，并使世界福利趋于减少。

（2）关税同盟的动态效应。综合学者的研究成果，可以发现关税同盟的动态效应主要表现为规模经济效应、竞争效应和投资效应。

第一，规模经济效应。规模经济通常分为内部规模经济和外部规模经济，前者为生产要素的规模经济，指厂商采用一定的生产规模而获得经济上的利益；后者则指关税同盟的区域规模大小。这里主要探讨区域规模经济，巴拉萨对区域规模经济的阐述："假定其他条件不变，则关税同盟越大，其对世界总体潜在利益越大，关税同盟方间市场越大，带给这些国家和世界的利益越大。"关税同盟下的规模经济效应表现为较大的区域规模对应着大量的生产要素，区域经济一体化的不断深化必然会引起资本、劳动力、科学技术、资源等生产要素的集聚与扩散，生产要素重新进行合理地配置，通过扩展新的产业、研发新的技术、开拓新的市场等方式，提高各生产要素之间的可替代性，降低产品的边际成本，从而获得生产规模效益。

第二，竞争效应。关税同盟下，伴随着内部关税的废除，同盟内部实现了贸易自由化及生产要素的自由流动，从而同盟内各成员方企业均面临空前激烈的竞争。统一市场的形成使竞争者的数目明显增加，这无疑加剧了生产的竞争程度。竞争效应下，生产者为了实现提升生产经营效率的目标，只有通过创新来不断提高劳动生产率，促进生产成本的下降，提升其在生产与消费领域中的竞争力。随着劳动生产率的提高和科学技术的发展，人们的收入水平也将得到提高，这又进一步促进市场规模与消费需求的扩大，从而形成"大市场→竞争激化→大规模生产→消费增加"的良性循环。

第三，投资效应。市场的扩大与竞争的加剧不仅会刺激同盟内成员方的投资热情，同时也会吸引同盟外非成员方到同盟内部进行投资，从而关税同盟的投资效应就表现为内部投资效应和外部投资效应。前者表现为面临激烈的竞争，为有效占领广大市场，同盟内企业常通过更新设备、采用新技术、扩大生产规模等方式在原生产领域和原产地增加投资；也有同盟企业通过将生产场所转移至更接近贸易伙伴市场的地区、向新的生产领域投资等方式进行生产，且向新生产领域的投资刺激会大于原生产领域中投资减少的部分。后者主要表现为两个方面：一方面，关税同盟内部生产要素的自由流动使同盟原有的生产能力得到重新配置，从而为外部投资提供了新的经济条件；另一方面，关税同盟对同盟外部的歧视性贸易政策将不可避免地带来贸易转移效应，同盟外非成员方进入同盟市场受到不同程度的阻碍，为有效解决这一问题，多数同盟外国家会选择对同盟方进行直接投资。

6.2.2 组织机制的内涵

1. 区域经济的内涵分析

区域经济是既定经济区域内在一定的结构、比例下相互联系的经济活动。它是国民经济系统的组成部分，又是一个具有相对独立性的有机整体。区域经济，又称中观经济，是国民经济大系统中的一个子系统，是指在社会劳动地域分工的基础上，随着经济发展而逐步形成的各具特色和以密切的经济联系为特征的地域生产综合体。与国民经济大系统相比较而言，作为一定地域空间范围内的具体运行的区域经济具有多重特征。

2. 区域经济的比较优势

区域经济间在土地、气候等各种自然条件方面的差异及由此形成的不同的资源禀赋在很大程度上影响着劳动的地域分工。正因为资源的稀缺性及其自然条件和地域的垄断性，从而形成了区域比较优势。

3. 区域经济的相对独立性与互动性

区域经济系统虽是整个国民经济系统的子系统，但它又是一个相对独立的生产力系统，在经济活动的条件、方式、水平、发展阶段等各个方面具有其自身运动的特殊规律。这种独立性不仅体现在区域之间的联系上，而且还体现在各个区域经济系统的内部系统中。各个区域正是依靠其自主性，发挥自身优势，在市场中展开竞争，使本区域的经济发展目标、增长速度、产业结构和经济效益有别于其他区域。但这种独立性不是"独立王国"。基于区域比较优势，各个不同的区域间势力形成互通有无、互惠互利、相互联系、相互影响与相互依存的关系，即形成区域发展中的互动关系，这种互动实质上是各区域之间经济上的"协调共生"和"对立共生"关系。

4. 地方政府间跨区域经济合作的定义

1）区域经济联盟的内涵分析

区域经济联盟是以法人和自然人为主要行为主体的合作。一般来说，区域经济联盟的行为主体是指直接参与组织或从事生产要素区域移动的个人、企业、组织或机构。生产要素区域移动的行为主体可以分为四个层次：第一层次是区域的个人，即自然人；第二层次是区域的企业或公司，即法人；第三层次是地方政府机构；第四层次是区域的经济组织和经济协会。个人或自然人既可以是生产要素的提供者，也可以是生产要素的需求者，而个人本身的区域间移动有时又表现为劳动力要素的区域移动。区域企业或公司是生产要素区域移动的主要行为主体，是区域经济联盟的基础，绝大部分微观区域经济联盟活动都是由企业或公司完成的，并且宏观区域经济联盟的落脚点也往往是企业或公司。

2）地方政府间跨区域经济联盟的内涵分析

在计划经济体制下，我国区域经济联盟主要由地方政府推动、运作，企业处于被动执行的地位，早期的东西部省份的"对口支援"就是如此。随着我国市场经济体制框架基本形成并不断完善，区域经济联盟的主角将会是法人和自然人，而不再主要由政府直接操作，地区性经济组织和行业协会也会在其中起到相当重要的作用。但目前，我国市场经济体制还不够成熟，地方政府仍然是区域经济联盟的主体和主要推动者。地方政府间跨区域经济联盟，就是指地方政府间为促进生产要素及资源、产业、人口、信息等的自由流动和效益提高，而开展的打破行政区域界限的行动框架和制度安排。

6.2.3 合作性组织机制

区域经济联盟有多种组织形式，联盟内各经济体之间对贸易壁垒的取消程度有高有低，商品和服务的自由化程度也不尽相同，在产业、金融、政治等方面或多或少也有千丝万缕的联系，按照组织形式由低级到高级可以将区域经济联盟分为下面几种形式。

第一，优惠贸易安排（preferential trade arrangements）。优惠贸易安排主要针对的是关税优惠，联盟内各成员方对部分商品乃至全部商品，通过协定或其他形式按照相关规定对这些商品实行关税优惠，这种组织形式是区域经济联盟中最低级、最松散的。

第二，自由贸易区（free trade area）。由两个或多个国家或地区通过签订自由贸易协定的方式组成一个自由贸易区。在自由贸易区内，为了实现商品的完全自由流动，联盟内各成员方可以采取措施逐渐减免或是废除关税与进口数量限制，同时为了避免其他非成员方借由成员方内贸易壁垒较低的国家或地区进入自由贸易区，避开贸易壁垒较高的国家或地区，自由贸易区仍然保留了成员方各自独立的对区外经济体的关税结构和其他贸易保护措施。

第三，关税同盟（customs union）。关税同盟指由两个或两个以上国家通过签订协定的形式取消区域内关税或其他贸易壁垒，并对非成员实行统一的关税税率而缔结的贸易同盟。相关国家结盟的目的在于使成员方的商品在统一关税及其他贸易壁垒保护下的市场上处于有利的竞争地位，排除非同盟方商品的竞争。相较于自由贸易区，关税同盟将经济一体化的程度又向前推进了一步，它不仅消除了区域内部的贸易壁垒，而且每个成员方都需要调整各自的关税和配额制度，建立起统一的对外贸易壁垒。

第四，共同市场（common market）。共同市场指成员方之间不仅完全废除关税与进口数量限制，还建立起对非成员方的统一关税，以及允许劳动力、资本等生产要素在成员间自由流动。与关税同盟相比，共同市场又将经济一体化向前推进了一步。

第五，经济同盟（economic union）。经济同盟是一种较高层次的区域经济联盟组织形式，成员间在实行关税、贸易和市场一体化的基础上，还要进一步协调彼此间的经济政策和社会政策，使经济一体化程度从商品交换扩展到生产、分配乃至整个国民经济，并拥有一个制定和执行上述政策的超国家的共同机构。

第六，完全经济一体化（complete economic integration）。完全经济一体化指成员方在经济、金融、财政等政策上完全统一，各成员方完全取消在商品、资金、劳动力流动及服务贸易等方面的各种障碍，并进而在政治、经济上结成更紧密的联盟，建立起统一的对外政治、外交和防务政策及经济政策，设立统一的金融管理与调节机构发行统一的货币。

另外，根据经济联盟空间范围的不同，可以把经济联盟划分为地区性经济联盟、洲域内经济联盟和洲际经济联盟；根据经济联盟形成的动力机制，可以把经济联盟划分为市场导向联盟和制度导向联盟等。

6.2.4 区域经济合作组织形式

区域经济合作的形式众多，各有各的优势，在此重点论述行业合作、市场合作、政策合作三大方面。

1）行业合作

行政区域之间的几个经济部门或同一经济部门的有关联的企业按照一定的方式与组织原则进行结合，取长补短，强强联合被称为行业合作。主要有商业合作、金融合作、生产合作、综合的行业合作、物资合作等。其中，行政区域性生产合作是指分别处于不同行政区域的生产性企业根据彼此间原料、设备、资金、技术等的联系而组合在一起，进行合作。分为相关生产部门或行业的企业进行的合作和相同的生产部门或行业的企业进行的合作两种情况。行政区域性金融合作即行政区域间各金融机构为提高资金使用效率、加快资金周转、满足行政区域经济发展对资金的需求而开展的合作。金融合作能够充分利用各行政区域在资金使用方面的时间差或空间差，通过各金融企业之间的相互合作、沟通信息、融通资金发展区域金融市场，满足区域经济发展对资金的需求。行政区域性商业合作主要指分属不同行政区域的企业间相互联系，以便于彼此间充分地了解市场信息，同时扩大进货渠道。在此基础上进行分购联销、联购分销等，有益于企业自身的发展，也有利于区际的商品流通。行政区域性运输合作指属于不同行政区域的各种运输企业间开展的联合运输或综合运输等，其目的是经各种运输企业间的密切配合和合理分工，以此减少中转环节，实现商品高效、准时、安全的运输，规避不合理的竞争等。为了不同行政区域的物资企业可以互通有无，建立高效的物资市场，因此进行了行政区域性物资合作。

2）市场合作

市场合作主要是指通过市场间的联合，依靠区域的人才和资金，在充分挖掘和发挥市场潜力的前提下，经区域的管理经验学习和技术嫁接，实现共同开发、共同发展，从而达到整个区域经济协调发展的目的。市场合作主要有资源置换、相互间的产品推介及企业间自行达成的各种合作。市场合作的主要特点是其依据市场的需求，不同的企业间根据自己的优势和劣势，寻找合作伙伴，达到扬长避短的效果。常见的资源置换是根据比较优势理论发展而来的。现实中常常出现企业自己拥有的资源并非企业所急需的资源或者通过交换能够降低其成本的情况，这也就产生了资源置换的需求。通过资源置换，双方都得益，有利于企业利润的扩大和自身的进一步发展。产品推介则主要是指分处于不同市场的企业，相互间进行对方产品营销等，以达到共同拓展销售渠道、共赢的目的。

3）政策合作

政策合作主要是指不同区域间政府层面的合作，通过政策引导企业的生产经营活动，通常能产出良好的经济效益。例如，共同的区域发展规划、跨区合作发展战略、公共政策等，可使生产要素更进一步地合理流动，最终达到共赢的局面，如中欧产品生态设计政策合作项目等。政策合作的优点在于对相关区域的发展能够起到一定的导向作用，而政府也可通过自身的智囊团制定出切实可行的合作政策，为企业的发展指明了方向，同时有利于地方经济乃至国家经济、全球经济的发展。例如，《中华人民共和国政府和新加坡共和国政府自由贸易协定》《中华人民共和国政府和新加坡共和国政府关于双边劳务合作的谅解备忘录》《中国—巴基斯坦自由贸易协定补充议定书》《中国—巴基斯坦自由贸易区服务贸易协定》《中国—秘鲁自由贸易协定》《中华人民共和国政府和冰岛政府自由贸易协定》等都属于这一范畴。

6.3 区域经济联盟的动因

6.3.1 外部驱动因素

区域经济联盟的外部驱动因素来源于经济全球化趋势、知识经济的兴起、市场的不确定性、交易的频繁性和较高的交易成本，以及消费者需求的变化。

1）经济全球化趋势

经济全球化，有学者认为是由特·莱维于 1985 年提出的，直到今日仍没有公认的定义。生产力是变化和发展的，从这个角度出发，可以说经济全球化是历史进程的一部分。一方面，在全球范围内，各国、各地区间的经济相互作用、相互影响、逐渐融合统一为一个整体——全球统一市场；另一方面，在此基础之上建立了全球化的经济运行机制。在此过程当中，生产要素自由流动和优化配置的范围扩张到全球。因此，经济全球化是指生产要素跨越国家和地区，在全球范围内自由流动，将国家和地区融合为一个整体的过程。从生产关系的角度出发，经济全球化即以美国为代表的西方发达国家及一些跨国公司利用科技进步，借自由化之名，行控制世界经济之实，达到"富者越富、穷者越穷"的历史过程。

经济全球化主要体现在生产国际化、贸易自由化、金融全球化与科技全球化。①生产国际化。随着互联网的进一步发展，各国之间的距离在时间和空间上都有所缩短，促进了生产要素的跨国流动，世界的贸易结构也发生巨大的变化，是推动经济全球化的根基。②贸易自由化。各国间的贸易不再有非常明显的显性壁垒。③金融全球化。外资银行在我国的入驻就是最好的例证。④科技全球化。世界范围内的科技资源跨国际流动，主要表现在技术、研发能力的跨国转移，获取大量的超额利润。以上四大体现都与跨国公司密切相关。

其意义主要体现在：①有助于对各国生产要素的优化配置、合理利用。②有利于国际分工的进一步发展和国际竞争力的提高。③经济结构的合理优化。④为世界经济的多极化发展打下基础。⑤有利于创新的传播、国际利益的融合。⑥有助于安全内涵的扩展、国家主权的转移。⑦有利于国际体系的进一步转型、推进人类的文明进步。

但对每个国家来说，经济全球化都是一柄双刃剑，既是机遇，也是挑战。特别是对经济实力薄弱和科学技术比较落后的发展中国家，面对全球性的激烈竞争，所遇到的风险、挑战将更加严峻。对发展中国家来说，经济全球化带来的利益被某些保护方式大大抑制了，跨国公司的直接投资很少进入最贫困的国家。

2）知识经济的兴起

知识经济（the knowledge economy）通俗地说就是"以知识为基础的经济"（the knowledge-based economy）。这里所说的以知识为基础，是相对于传统的以物质为基础而言的。传统的工业经济和农业经济，其经济增长主要是受到能源、原材料和劳动力等要素的影响，对知识的依赖程度较小，因此是以物质为基础的经济。与传统工业经济和农业经济相对应的，则是以知识为基础的知识经济。与传统经济不同，知识经济更有生命力，是一种新型的经济形态；人类社会的现代化发展先后经历了工业化、信息化、知识化三个阶段；创新是发展的动力，文化、教育、研发是知识经济的先导性产业，其中教育和研发是最主要的发展方向，高素质的人才和他们所具备的知识体系是最关键的资源。人类的知识在发展中不断积累，当这些知识，特别是科学技术方面的知识，累积到一定程度时，知识会对社会经济发展发挥非常明显的作用，知识经济则是知识增加到一定阶段的历史产物。知识经济是经济发展的一个重要标志，它不单是一个新兴的产业。同时知识经济也不是凭空出现的，它是工业经济不断发展，在高度发达时代的产物。知识经济的提出，其实是更加重视人的智能。相应的，人的智能想要更有效地生产出新的知识，就需要有更加透明的信息共享。因此，作为信息革命的产物，数字化、网络化、信息化可以更好地实现信息共享，为更有效率地生产新的知识扎牢坚实的技术基础。可以这样说，信息革命与知识经济相辅相成，密不可分。时至今日，在国际上，知识经济、信息经济、智能经济，通常是无法分离的概念。

作为真正经济形态意义上的知识经济概念，由我国著名学者陈世清先生在其所著的《经济领域的哥白尼革命》和《对称经济学丛书》中第一次提出并加以系统的阐述。他在文中运用了对称的、五度空间的、复杂系统论方法，建立了对称经济学的相关理论，通过这一理论，可以进一步揭示知识经济的本质、结构、意义和功能，从而全面科学地建立比较完善的知识经济学，如此一来，知识经济才能成为严格意义上的经济学概念。现有的知识经济学研究主要是知识产业学，是以联合国对知识经济的相关概念描述为基础，将知识作为生产、流通、分配、消费的对象，比较系统地阐述了知识的生产流通过程，只是将知识经济学作为传统经济学框架的一部分，将知识作为传统经济学中生产要素的一种，抑或是更加强调知识这一生产要素在生产过程中的地位和作用，并没有超出传统经济学在观点和方法上的陈旧格式。知识经济并不是只将知识变成产业，也并不只是知识具有非常重要的生产地位，而是应该认识到知识在生产中的主导地位，知识产业应该是龙头产业。因此，从本质上来说，知识经济学在此之前并没有形成一门新的学科。

五度空间观是知识经济的理论基础，对称经济学是知识经济学。五度空间理论的主要观点是知识可以转变为生产力。如果爱因斯坦的相对论根据质能转换方程关系制造原子弹，那么五度空间理论会导致知识和信息的能量与质量的转变，将裂变生产力。用五度空间的方法来定位理论对经济客体的规范作用，实践指导和科学规律；五度空间理论对哲学和自然科学及其他具体科学实现了统一。因此，哲学成为一门精确的科学，可以被量化，可以像其他具体科学那样实现其功能和意义，从而实现真正的哲学革命。五度空间观是知识管理的理论基础，对称经济学是知识运营学。知识管理在内容、结构、观点和方法方面取得了突破和创新。知识运营学，是知识经济及其相关学说从上到下，由浅到深，从横向到纵向和人类经济增长方式与自底向上的理论发展，从初级到高级，从垂直到水平切换，集成和升华。知识运营学是人类科学范式的转换，这将导致人类实践方式的转变。在知识运营学系统中，所有的旧名词，如"制度创新""管理创新""技术创新""资本运作""产品经营"等，都被赋予了新的内涵和新的定位，成为新的概念。

3）市场的不确定性

今天的市场是商品经济运行的载体或现实表现。商品经济越发达，市场的范围和容量越大。市场是商品交换顺利进行的条件，是商品流通领域内所有商品交换活动的总和。市场体系由各种专业市场组成，如商品服务市场、金融市场、劳动力市场、技术市场、信息市场、房地产市场、文化市场、旅游市场等。同时，在市场体系中，专业市场具有其特殊的功能，它们相互依赖、相互制约、共同作用于社会经济。

回顾 2002 年以来的全球市场表现，我们可以发现，世界经济呈现出良好的低通货膨胀和高经济增长的局面。美国互联网股票泡沫破灭和"9·11"恐怖袭击带来的负面影响已经得到缓解，主要经济体继续采取宽松的货币政策和我国加入世界贸易组织等因素，使世界提高了资源配置效率，发达国家的资本成本下降了，充分利用劳动力资源是新兴国家全球化进程取得的显著效果。无论是发达国家、金砖四国还是其他新兴国家都在全球经济增长的过程中获得利益。

这一轮的全球经济增长，促进了就业，提高了居民购买力，并推动了房地产市场、股票市场、原材料市场价格的上涨。经济的发展最终会导致更高的通货膨胀，作为一种重要的工业原料，原油价格开始飞涨，从不足 40 美元/桶的低价格开始，在突破 41 美元/桶的历史高价后，走出了一轮让我们想象的大涨行情，历史高价格飙升 3 倍，达到高达 147 美元/桶。价格的波动性也带来了对市场认识的巨大变化，这是索罗斯反身性理论的表现，包括各类金融机构和原油下游企业开始意识到原油价格暴涨所带来的持续影响。一方面，金融机构的原油价格继续调整升高，另一方面，下游企业购买石油、囤油，利用衍生品来锁定石油价格已成为市场的主流。然而，市场一反公众的预期，转向了极端的市场，原油价格短时间内从每桶 147 美元下跌至 35 美元以下，金融市场的不确定性已经充分体现。总之，我们面临着市场不确定性加强的问题。

4）交易的频繁性和较高的交易成本

交易是买方和卖方之间的一个单一的交易或业务信息。交易是以货币作为媒介的价值交换，不包括物物交换。交易成本（transaction costs）又称交易费用，由诺贝尔经济学奖得主科斯（Coase，1937）所提出，交易成本理论的基本观点是解释企业的本质。市场失灵的现象导致交易的困难，是由人为因素与交易环境因素相互作用造成的（Williamson，1975）。威廉姆森指出了 7 项交易成本的来源。①有限理性（bounded rationality）：指参加交易的人由于精神和身体、智力、情感等限制，限制了追求利润最大化。②投机主义（opportunism）：指当事人在交易中所涉及的各方，为了追求自身利益而采取的欺诈行为，同时增加相互的不信任与猜疑，从而导致交易过程中的交易成本上升，降低经济效益。③资产专用性（asset specificity）：在不牺牲生产价值的情况下，资产可以用于不同的目的和达到不同的用户使用程度，这与沉没成本的概念有关。④不确定性与复杂性（uncertainty and complexity）：环境因素存在不可预期和各种各样的变化，交易双方将不确定性和复杂性纳入交易合同，使交易过程增加了合同规定数量的议价成本，并使交易难度上升。⑤少数交易（small numbers）：一些交易过程中过多的专属性（proprietary），或异质性（idiosyncratic）的信息和资源，使交易对象减少，并导致市场被少数人控制，使市场失灵。⑥信息不对称（information asymmetric）：由于环境的不确定性和自利行为的机会主义，交易双方往往持有不同程度的信息，进而使市场的先占者（first mover）有更多有用的信息而受益，并形成了少数交易。⑦气氛（atmosphere）：指的是双方之间的交易，如果他们不信任对方，而又处在相反的立场，不能创造一个令人满意的交易关系，将使交易过程过于强调形式，只增加不必要的交易困难和成本。

交易成本动因可以从交易本身的三个特征上进一步得到发现。这三个特点构成了影响交易成本的三个方面（Williamson，1985）。交易商品或资产的专属性（asset specificity）——交易所投资资产本身不具有市场流动性，投资资产的成本是很难回收或转换使用的，这就是资产的专属性。交易不确定性（uncertainty）是指在交易过程中各种风险的发生概率。由于人的有限理性，人们不能充分预测未来的形势。在交易过程中，卖方和买方通常信息不对称。所以，双方通过合同来保护自己的利益。因此，交易不确定性的增加，伴随着监督成本和议价成本的增加，进而使交易成本增加。交易频率（frequency of transaction）较高，相对管理成本和议价成本也有所增加。交易频率的增加使企业将交易作为企业内部的经济活动，以节省企业的交易成本。

随着经济社会发展和市场分工的进一步深化，交易产品越来越丰富，服务更加完善和细致化，交易活动日益频繁。频繁交易的程度越高，交易量也就越大，导致交易成本上升。必须寻求一种有效的组织形式，以消除较高的交易频率带来的负面影响，区域经济联盟被视为可以考虑的制度安排，因为区域经济联盟，作为一个长期的合同安排，此时每单位所承担的交易成本会逐渐降低。

5）消费者需求的变化

消费者的需求是为满足人们的物质和文化生活需要的物质产品与服务的具有货币支付能力的欲望和支付能力的总和。消费需求理论是西方经济学理论的重要组成部分。需求意味着消费者有货币支付能力的实际需要。具体包括两方面的内容：一是消费者的实际需求；二是消费者愿意支付的，并有能力支付的金额。前者取决于消费品价格和替代商品的价格 P。后者取决于消费者的实际收入水平 I 和消费者的支付心理 E。于是，消费者需求可以用函数模型表示为 $Q=f$（P、P、I、E）。根据函数模型，可以得出以下结论：①消费者的需求是由消费者的实际需求决定的。②消费者的需求总是受到消费者收入水平的限制。作为一个理性的消费者，总是希望用更少的钱来获得尽可能多的满足。因此，商品的价格和需求成反比。③增加消费收入，有利于增加消费支出。但理性的消费者永远不想用更多的钱来购买和过去同质的商品。因此，只有提高商品档次，才能满足收入增加后的消费者的实际需求。④只要有商品的替代品，相互替代的价格取决于商品的差异。

随着国民经济的快速发展和时代的进步，城市和农村的消费水平也在不断上升，但与此同时，城乡居民对产品或服务的要求也越来越高，产品种类、质量、功能、风格和服务的期望值也越来越高。对产品的生产和服务质量提出了更高的要求。为了吸引和留住消费者，生产者必须调整产品结构，加大科技投入，提高服务质量。区域经济联盟有利于产品和服务适应消费需求的变化。

6.3.2　内部驱动力

1. 城市观念变化

在中华人民共和国成立初期的计划经济体制中，效率从未被放置在城市发展理念中的重要位置，城市资源的配置经常出现不合理性。随着我国加入 WTO 和市场经济的进一步发展，当前的城市经济竞争优势格局正在发生着重大的变化，城市若想保持竞争优势，必须适应需求、以需求为导向，充分利用科技创新，持续调整产品结构和产业结构。从而实现城市间的优势互补，提高各自的竞争力，实现快速发展。

2. 城市竞争力提高的需要

城市竞争力的提高并非易事，这是一项庞大的系统工程，决非效仿别的城市就可以实现，这也是近年来在国外兴起城市管理新课题的原因之一。只重视短期行为、眼前利益、跟风开发，只能是落后、简单、原始的管理。城市竞争力的管理，是现代化的城市管理，是城市管理的高级阶段，对城市管理者在知识、能力、眼光、水平等方面都提出了更高要求，主要有系统性、动态性、相对性、开放性和差异性五大方面。系统性是指各个因素构成了城市竞争力这一有机整体，其强弱由各个因素的综合作用结果决定。这也就决定了我们需要从全局出发、全面考虑，掌握系统功能和整体特性，达到从整体提高竞争力的目的。动态性是指城市竞争力是一个开放的、动态的平衡系统。就相对性而言，主要指其为与其他城市横向比较的结果。开放性即城市竞争力测度指标在不同阶段的作用因素是不同的。差异性主要体现在表现的方式多种多样，如更优秀的人才聚集、更强的引资能力、更好的人居环境等。

3. 规模经济

规模经济主要是指因为生产专业化水平的不断提高等原因，企业产品的单位成本下降，从而随着企业产量的增加其平均成本递减。通常又被称为"规模利益"，即随着生产能力的扩大，长期平均成本具有下降趋势。规模经济主要指两种情况：①在生产设备条件不变（生产能力不变）的前提下，生产批量的改变；②生产设备改变（生产能力变化）下，生产批量的变化。这里主要指后者，即随着生产能力的扩大而出现生产批量扩大。规模经济中的经济主要是效益、好处、节省的意思。产生规模经济主要有五大原因，一是专业化；二是学习效应；三是运输、订购原料等的经济性；四是可以有效地承担研发费用等；五是价格谈判的强势地位。

4. 构建学习型城市

学习型社会（learning society）即以学习者为中心，以终身教育体系、学习型组织和终身学习为基础，保障、实现社会成员的各种学习需求，促进人的全面发展及社会自身可持续发展的社会。

建设学习型城市的重要基础是学习型组织，即团体及其成员，在共同的目标下进行学习、提高素质、形成氛围、并不断创新、转化与持续发展的组织。同时学习型组织是规范、重塑学习环境与文化的组织。组织中的学习是包含沟通、合作、人际互动、相互影响的过程，是一种对个人、组织、社会都具有影响的组织。个人层面，有利于个人终身学习习惯的形成；组织层面，将工作与学习整合，个人和组织整合，实现组织目标，形成成员、组织同步发展。同时也是学习型城市中的一个组成部分。

在新知识经济时代，知识在社会经济发展中起着举足轻重的作用。城市的发展离不开知识的掌握和应用。区域经济联盟有利于信息的流动，促进学习型区域经济联盟的建立，促进区域自身的持续、协调发展。

5. 资源互补、共享、配置

资源利用的优势互补是推动区域经济联盟的根本动力之一。世界经济发展不平衡，造成资源分布差异，但城市发展也可能出现同样的模式。例如，我国的资源型城市如攀枝花的钢铁城市、大同市的煤炭城市、大庆市的石油城市等，虽然都是一个资源型城市，但它的资源结构通常是比较单一的，可以资源互补。

6. 产业结构调整及产业聚集

产业结构即各产业的构成、各产业之间联系及比例关系。各产业部门相互之间的联系及构成、比例关系各异，对经济增长的贡献大小也有差别。因此，产业结构被概括为包含各产业间相互关系、产业构成在内的结构特征。产业结构也称为国民经济部门结构，主要受到资源供给结构、需求结构、科学技术因素、国际经济关系的影响。合理性和高级化是产业结构调整的两个方面。合理性主要表现为资源的合理利用、产业部门协调、能提供充分就业的机会、先进技术的推广应用等。高级化遵循由低级到高级演进的产业结构演变规律。合理的产业结构有助于解决市场垄断、不公平竞争等问题，对各种类型的企业协调发展发挥重要作用。

产业集聚即同一产业在某个特定的地理区域内高度集中，在空间范围内产业资本要素不断汇聚的过程。产业集聚可以带来集聚效益，通常指外部规模经济、创新效益、竞争效益等。

区域经济联盟的建立，有利于城市产业结构调整、改善产业结构单一的缺陷，也可以避免重复建设问题，使产业不断向优势城市聚集。

6.4 区域经济联盟的效应与作用

6.4.1 区域经济联盟的效应分析

1）区域经济联盟打破行政区域划分的限制

行政区域的划分目前主要基于地域划分，基本没有考虑到资源配置的合理性。区域体制不仅没有实现区域经济的协调发展，还将城市区划及管理进行了分割。区域经济联盟打破现行的区划体制，可以充分发挥核心城市的带动作用。可以实现城市资源配置的互补作用，实现科技创新的互补作用，促进市场一体化，解决产品的销售不畅、技术创新薄弱、投入严重不足等问题，使经济快速发展。

2）区域经济联盟使市场空间扩大

过去城市间的无序竞争，导致各个城市市场变得相对孤立，相互间的市场壁垒高筑，造成信息不对称，单个市场存在巨大缺陷。产品生产和销售脱离消费者，也导致局部市场短缺，而另一个市场又出现过剩，造成产品的大量积压。同时，由于市场分工不断的细化，某个城市也仅能在一个或几个方面具有优势，通过区域经济联盟可以拓展优势。

3）区域经济联盟有利于各盟员间的分工和专业化运作

区域经济联盟有利于城市功能的重新定位，因此有助于产品制造成本的降低和劳动生产力的提高。同时，各个城市都依次制定其发展规划，使城市分工进一步细化，推动各个城市按照专业化方向发展。

4）区域经济联盟可以增加城市经济的有效投入

城市经营的核心是不断改善投资环境，吸引内外资金。实现经济的可持续发展，需要依靠社会化大生产的循环，而社会化大生产的循环又必须有不断的新资金进入。仅仅依靠国家的资金明显不够，同时城市发展的不平衡，导致一些城市的资金匮乏，而另一些城市的资金富余。因此通过在区域经济联盟内部有效地增加经济投入，可实现资本的合理配置。

5）区域经济联盟有助于城际人才的合理流动

人口与就业问题，特别是剩余劳动力的安置问题，都是我国城市社会经济发展在相当长的一段时间里需要解决的两大核心问题。计划经济的实施，导致我国的产业结构和资本结构布局的非市场化，存在很大的不合理性，如在我国西南、东北等老工业基地，资本结构和产业结构布局不合理，造成后来技术工人大量下岗，但同时广东、江苏、浙江的新兴城市技术工人严重缺乏，区域经济联盟的建立有利于城市间人才的合理流动，繁荣城市经济。

6）区域经济联盟可以加速城市一体化的进程

城市一体化主要包含三大方面：一是经济一体化，通常指城市经济的发展应遵循客观经济规律的内在要求，在此基础上合理布局、统筹规划，实现其协调的发展。二是市场一体化，即让城市市场紧密相连，消除城市市场分割局面，保证各种服务、资源、商品可以在城市之间顺畅流动，满足各区域生产和生活的需要。三是人文一体化。人口、经济、社会是不可分割的一个有机整体，因此城市一体化需包括城市社会一体化，要求城市社会事业的协调发展，从而确保城市居民在就业、居住、医疗、文化卫生和教育等方面享有平等权，最大限度地减少所建城市差别。区域经济联盟可以加速城市一体化的进程。

7）区域经济联盟有利于合理配置资源

区域经济联盟除城市密切合作外，更强调的是要素资源的整合，资源缺乏的城市通过其高效率的资源利用能力快速获得发展条件，而有资源优势的城市也可以在更广范围、更大程度地发挥优势。区域经济联盟的优势在于优势互补，利于资源的合理配置，提高区域经济联盟的地区竞争力。

6.4.2 区域经济联盟是提高区域竞争力的有效途径

1. 城市竞争力的特征

城市竞争力并非以单体或某个片面等表现形式出现。城市竞争力通常表现出共赢性、系统性、动态性、稳定性、相对性、综合性六大特征。

1）共赢性

一个城市竞争力的上升并非必须以另一城市的成本作为代价。竞争并不是零和游戏；但是一个城市运转效率和经济实力的提高，可以同时给别的城市的发展、区域整合起到推动作用，即城市竞争力具有共赢的特性。

2）系统性

城市竞争力是由各种因素构成的有机统一整体，其大小由各个要素综合作用的结果表示，若只强调其中某一个或几个因素都会陷入盲目性和片面性。所以必须全面考量，以整体为立足点，始终把握住系统的整体特性、功能，达到在整体上增强城市竞争力的目的。

3）动态性

城市竞争力是一个动态开放系统，不同的发展阶段城市竞争力的内涵也不相同。因此，随着市场的发展和科技的进步，原有的城市竞争力可能会变为一般能力，竞争优势逐渐丧失。

4）稳定性

培育城市竞争力是一个长期过程。一方面，城市竞争力一旦形成，就具有相对稳定性，产生内部路径依赖，不会很快发生变化；另一方面，每个城市各有其相对优势的产业。同时，城市竞争力是逐步建立、积累的，并非一两届领导班子能够速成，具有历史积淀的特性。尤其是城市的形象、城市的品牌、城市的学习能力、人文精神等方面。

5）相对性

城市竞争力是横向比较的结果，随着作用因素的不断改变，城市在不同阶段的竞争力也各有差异。

6）综合性

综合性是一个城市综合能力的有机合成，体现了城市的整体竞争力。其中，经济实力是城市综合竞争力的基本要素，政治权力是城市综合竞争力的结构要素，而文化力则是城市综合竞争力的核心要素。

2. 建立区域经济联盟有利于提高城市竞争力

城市竞争力是竞争优势之源。城市的竞争由竞争阶段转化为合作竞争阶段，将会产生新的竞争优势。这时城市竞争力的提高靠行政手段无法提高，靠单一城市无法实现，城市竞争力的提高需要依靠区域之间的联盟。主要是依靠区域经济联盟打破行政区域划分的限制，扩大市场空间；获取互补资源，合理配置资源；实现城市重新定位，优化产业结构；利于各盟员之间的分工和专业化；提高经济产出；有利于人才的合理流动等方面。

6.5 本 章 小 结

本章首先分析了区域经济联盟组织的形成与发展，从发展的三个阶段展开了论述并阐明了其内涵；从理论角度分析了区域经济联盟的可行性和必要性；之后从外部动因和内部动因两方面对区域经济联盟的动因进行了分析，研究了其产生的必然趋势。最后研究了区域经济联盟的效用，认为其在各个方面都有巨大推动作用。

7

区域经济联盟的博弈分析

区域经济联盟是两个或者多个地区（国家）经济、文化及制度等相互联系的载体，不仅包含联盟区域之间的相互合作，而且包括区域之间共同利益之上的合作博弈。基于上述事实，本书运用静态博弈理论和进化博弈理论分别研究了非合作竞争下城市间的博弈和合作竞争下城市联盟的进化过程。

联盟成员之间进行真诚的合作，同时，区域经济联盟亦是联盟区域之间某些共同利益的合作博弈过程。联盟参与区域为获取超额利益才结成区域经济联盟。在区域经济联盟中，每个区域都应该保持独特的比较优势和各自独立性，否则在区域经济联盟中将处于劣势。这些分析和结论对区域发展战略的发展和区域经济联盟的调整具有一定的指导意义。

7.1 区域经济联盟的静态博弈分析

7.1.1 区域经济联盟的利益分配

区域经济联盟是基于某些共同利益的合作博弈的一个过程。为了获得更多的发展机会或利益，一些地区形成了区域联盟，并且基于区域经济联盟进行博弈。当这些地区获得利益时，区域经济联盟内的成员将按照一定的原则，再分配这些利益。只要联盟能带来更多的利益，联盟就会存在。一个稳定的地区联盟将使各方寻求一种大致公平的回报。

实质上，区域经济联盟是具有创造价值的功能，即区域经济联盟大于联盟各区域的效用总和。假设区域经济联盟的效用是 v，第 i 个区域经济联盟前的效用是 v_i 则有

$$v > v_1 + v_2 + \cdots + v_i + \cdots + v_n (i = 1, 2, \cdots, n) \tag{7-1}$$

那么，区域经济联盟要保持一个稳定的运行机制，必须解决 n 个联盟区域之间的价值分配问题。否则，区域经济联盟将会由于利益分配不合理而解体。简单介绍几种分配方式。

第一，基于 Nash 均衡理论的区域经济联盟利益分配。Nash 理论对联盟分配建立了公理体系，得到联盟成员之间的分配 [式（7-2）]。基于 Nash 理论的区域经济联盟利益分配，实际上是一个联盟成员内部的平均分配，如果在联盟的各个区域的效用被假定为 0，则式（7-2）简化成为式（7-3）。

$$x_i = \frac{1}{n}\left[\bar{v} + (n-1)v_i - \sum_{j=i} v_j \right], \qquad i = 1, 2, 3, \cdots, n \tag{7-2}$$

$$x_i = \frac{1}{n}\bar{v}, \qquad i = 1, 2, 3, \cdots, n \tag{7-3}$$

第二，夏普利值法（Shaple 法）区域经济联盟利益分配。这种方法就是将合作对策 (n, v) 的 Shapely 值作为每个成员的分配额 [式（7-4）]。

$$x_i = \sum \frac{(|s|-1)!(n-|s|)!}{n!}[v(s) - v(s-i)] \tag{7-4}$$

式中，$|s|$ 是内部联盟成员的个数；v 是定义在 n 的所有子集上的一切收益函数；n 是所有局中人构成的集合；x_i 是局中人 i 在合作对策 (n, v) 中应得到的期望收益。

第三，基于公共产品供给的区域经济联盟利益分配。基于公共产品供给的区域经济联盟的利益分配是根据区域提供的公共物品的数量确定每个城市的效用，假设第 i 个区域的公共产品的供应量是 p_i，分配到的利益是 v_i，则有

$$\frac{v}{p} = \frac{v_1}{p_1} = \frac{v_2}{p_2} = \cdots = \frac{v_n}{p_n} = \lambda \tag{7-5}$$

第四，不平等报酬率的区域经济联盟利益分配。式（7-5）中表示的联盟各个区域的报酬率都是一样的 λ，而在实际分配中由于联盟区域在联盟中的作用和地位不相同，因此在分配的时候报酬率也不相同，即

$$\frac{v_1}{p_1} = \lambda_1 > \frac{v_2}{p_2} = \lambda_2 \cdots > \frac{v_n}{p_n} = \lambda_n \qquad (7\text{-}6)$$

第五，带有位势优势掠夺下的区域经济联盟利益分配。在区域经济联盟中，由于联盟区域的经济位势不同，区域经济位势大的区域能从联盟中获得更大的利益。区域之间的相关性越强，区域甲的位势高，从联盟中获得的利益越多，区域乙的位势低，从联盟中获得的利益越少，假设区域甲与区域乙的相关系数是 α（$0 \leqslant \alpha \leqslant 1$），区域甲与区域乙的分配率分别为 γ_1, γ_2 且 $\gamma_1 > \gamma_2, \gamma_1 + \gamma_2 = 1$，区域甲由于其位势优势在分配中从区域乙中拿到 $\alpha\gamma_2$ 的利益。如果区域甲能够完全替代区域乙，则区域乙从联盟中得到的利益几乎为 0。则此时区域甲和区域乙的利益分配为

$$y_1 = v\gamma_1 + v\alpha\gamma_2 - p\gamma_1 \qquad (7\text{-}7)$$
$$y_2 = v\gamma_2 - v\alpha\gamma_2 - p\gamma_2 \qquad (7\text{-}8)$$

7.1.2 区域经济联盟的合作动力机制模型研究

基于 7.1.1 节中五种利益分配方式，可以看出第四组和第五组建的联盟是极不稳定的，因此将对这两种区域经济联盟的博弈模型进行分析。另外，假设区域甲和区域乙合作建立区域经济联盟。

1. 不平等报酬率分配下的区域经济联盟

假设区域甲与区域乙的报酬率分别为 κ_1, κ_2，且 $\kappa_1 > \kappa_2$，则 2 个区域合作静态博弈模型的收益矩阵见表 7-1。

表 7-1　不平等报酬率分配下区域经济联盟主体之间静态博弈模型的收益矩阵

		区域乙	
	状态	不联盟	联盟
区域甲	不联盟	0, 0	0, $-p_2$
	联盟	$-p_1$, 0	$(v-p)\kappa_1, (v-p)\kappa_2$

其中，v 是区域经济联盟的总收益，$p = p_1 + p_2 > 0$ 是区域经济联盟的公共产品的总供给，且 $p_1 > 0$，$p_2 > 0$，显然 $v > p$。在这场博弈中，存在两个纯策略的 Nash 均衡。由于是静态博弈，合作会带来积极的总收益。因此，在静态博弈中，战略联盟是一个确定性的解决方案。也就是说，在两个区域报酬率不相等的情况下，也

可以建立区域经济联盟。

2. 带有位势优势掠夺下的区域经济联盟

下面研究在 5.5 所述的带有位势优势掠夺利益分配下的区域经济联盟。假设区域甲与区域乙的相关系数是 α（$0 \leqslant \alpha \leqslant 1$）。区域甲与区域乙的报酬率分别是 γ_1, γ_2 且 $\gamma_1 > \gamma_2, \gamma_1 + \gamma_2 = 1$，由于区域甲具有位势优势，在分配中从区域乙中拿到 $\alpha\gamma_2$ 的利益。则此时区域甲和区域乙的收益矩阵见表 7-2。

表 7-2 带有位势优势掠夺下区域经济联盟主体之间博弈的收益矩阵

		区域乙	
	状态	不联盟	联盟
区域甲	不联盟	0, 0	0, $-p_2$
	联盟	$-p_1$, 0	y_1, y_2

其中，y_1, y_2 分别为区域甲和区域乙在联盟中的纯收益：

$$y_1 = v\gamma_1 + v\alpha\gamma_2 - p\gamma_1$$
$$y_2 = v\gamma_2 - v\alpha\gamma_2 - p\gamma_2$$

在这个博弈模型中，有两个纯策略的 Nash 均衡，但只要联盟会带来积极的总收益，那么，博弈双方就能通过联盟战略的解决方案获得确定性解。博弈双方 Nash 均衡的确定性条件为

$$y_1 \geqslant 0, y_2 \geqslant 0$$

即

$$y_1 = v\gamma_1 + v\alpha\gamma_2 - p\gamma_1 \geqslant 0$$
$$y_2 = v\gamma_2 - v\alpha\gamma_2 - p\gamma_2 \geqslant 0$$

因此，可以解出相关系数 α 不影响合作的条件：

$$\alpha < \frac{v - p}{v} \tag{7-9}$$

若假设区域经济联盟总报酬率为 κ，此时 $v=(1+\kappa)p$，代入式（7-9）得

$$\alpha < \frac{\kappa}{1 + \kappa} \tag{7-10}$$

因此，可以得出以下结论。

（1）当区域经济联盟整体收益率一定时，相关系数 α 越小，对联盟系统稳定性的影响越小，即博弈的正和性质越显著，联盟越稳定。

（2）区域经济联盟整体收益率越高，越容易建立区域经济联盟，建立的区域经济联盟也越稳定。

综上所述，区域经济联盟作为区域经济发展的高级阶段，对推动区域经济的发展具有积极作用，在区域经济联盟中，各地区都在追求利益最大化，可以通过合理的分配达到 Nash 均衡。在区域经济联盟中，各个区域应该保持其相对优势和独立性，否则在区域经济联盟中将处于劣势。区域经济联盟成员的相对优势消失，它与其他区域的相关系数 α 越大，即越可能被其他区域替代时，区域经济联盟稳定性将变差，该区域也将因丧失优势而退出区域经济联盟。同时，区域经济联盟的整体回报率越高，其越稳定。

7.2　区域经济联盟合作的进化博弈分析

通过对区域间的非合作竞争进行分析，本书发现区域经济联盟确实存在一些弊端和合作的必要性，但是也在一定范围内证明了区域经济联盟的必然性。不过，在现实条件下区域向联盟模式转变过程中，无论各个博弈方的理性程度如何，它们必须面对一个进化的过程。因此，本书将运用进化博弈理论研究区域经济联盟的进化的演变过程，在 7.1.2 节模型基础之上，建立区域经济联盟的进化博弈模型。

7.2.1　基于报酬率分配下的区域经济联盟进化博弈模型

（1）对称情况下，具有平等报酬率分配下的区域经济联盟进化博弈模型。根据对称性，两个区域的静态博弈模型收益矩阵见表 7-3。

表 7-3　平等报酬率分配下区域经济联盟主体之间静态博弈模型的收益矩阵

		区域乙	
	状态	联盟	不联盟
区域甲	联盟	$\dfrac{v}{2}-p,\dfrac{v}{2}-p$	$-p,0$
	不联盟	$0,-p$	$0,0$

其中，v 是区域经济联盟的总收益，p 是区域甲（乙）对区域经济联盟公共产品的供给。

根据对称性，区域甲和区域乙处于同一群体，设群体中选择联盟的区域所

占比例是 x（$0 \leqslant x \leqslant 1$），则对群体中任一区域，其选择联盟的期望收益 u_y 为

$$u_y = x \times \left(\frac{v}{2} - p \right) + (1-x) \times (-p) = \frac{vx}{2} - p \qquad (7\text{-}11)$$

选择不联盟的期望收益 u_n 为

$$u_n = 0$$

则群体中所有区域的平均收益 $\bar{u}$ 为

$$\bar{u} = x \times \left(\frac{vx}{2} - p \right) + (1-x) \times 0 = vx^2 / 2 - px \qquad (7\text{-}12)$$

则区域的复制动态方程为

$$F(x) = \frac{\mathrm{d}x}{\mathrm{d}t} = x \times (u_y - \bar{u}) = -\frac{vx}{2} \left(x - \frac{2p}{v} \right)(x-1) \qquad (7\text{-}13)$$

两个区域对公共产品的总供给是 $2p$，总收益是 v，故在一般情况下 $2p/v<1$。令 $F(x)=0$，得 $x=0$，$x=2p/v$，$x=1$ 皆为稳定状态，根据进化稳定策略（evolutionarily stable strategy，ESS）的抗扰动性，$F'(x)$ 必须小于 0，对 $F(x)$ 求导，有

$$F'(x) = \frac{3vx^2}{2} + vx + 2px - p \qquad (7\text{-}14)$$

将 $x=0$，$x=2p/v$，$x=1$ 分别带入上式，有 $F'(0)<0$，$F'(1)<0$，$F'(2p/v)>0$，故 $x=0$，$x=1$ 为 ESS。动态方程相位图为如图 7-1 所示。

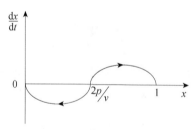

图 7-1 动态方程相位图

在这个对称的复制动态演化博弈中，当初始状态在上方时，即在博弈的开始，如果该群体有多于 $2p/v$ 区域选择联盟，博弈将在进化稳定策略 $x=1$ 上收敛，联盟将成为各区域的必然选择；而当初始状态在下方时，即在博弈的开始，如果选择联盟的区域比例小于 $2p/v$，则博弈将在进化稳定策略 $x=0$ 上收敛，不联盟将成为各区域的必然选择。

根据以上的结论，在复制动态进化博弈中，初始选择联盟的区域数目将直接影响到 Nash 均衡状态下的选择联盟的区域数目。$2p/v$ 越小，即区域经济联盟

总回报率大于总投资，博弈将更容易向稳定的策略 $x=1$ 演进，这表明，区域经济联盟的回报越大，该地区将越倾向于选择联盟。此外，政府还应在适当的时候对区域经济联盟进行规范和控制，从而使复制动态进化博弈收敛到稳定状态 $x=1$，从而促进区域经济联盟。

（2）非对称条件下，具有不平等报酬率分配下的区域经济联盟进化博弈模型。此时两个区域的静态博弈模型收益矩阵见表7-4。

表 7-4　不平等报酬率分配下区域经济联盟主体之间静态博弈模型的收益矩阵

博弈方 1		博弈方 2	
		区域乙	
		联盟	不联盟
区域甲	联盟	$(v-p_1-p_2)\lambda_1,(v-p_1-p_2)\lambda_2$	$-p_1,0$
	不联盟	$0,-p_2$	$0,0$

其中，v 是区域经济联盟的总收益，p_1，p_2 分别是区域甲和区域乙对区域经济联盟公共产品的供给，λ_1，λ_2 分别为区域甲与区域乙的报酬率，设 $p_1>p_2$，$\lambda_1>\lambda_2$，即博弈方 1 中的所有区域（如区域甲）在联盟中处于主导地位，而博弈方 2 中的所有区域（如区域乙）在区域经济联盟中处于从属地位。

本书将该模型用非对称复制动态进化博弈求解，首先设博弈方 1 中选择联盟的区域的比例为 x，则选择不联盟的比例为 $1-x$；博弈方 2 中选择联盟的比例为 y，选择不联盟的比例为 $1-y$。那么区域 1 选择联盟的期望收益 u_{1y}，不联盟的期望收益 u_{1n} 及博弈方 1 群体的平均收益 $\bar{u}_1$ 分别为

$$u_{1y} = y\times(v-p_1-p_2)\lambda_1+(1-y)\times(-p_1)$$

$$u_{1n} = 0$$

$$\bar{u}_1 = x\times u_{1y}+(1-x)u_{1n} = xy\times(v-p_1-p_2)\lambda_1+x(1-y)\times(-p_1)$$

构造博弈方 1 的复制动态方程为

$$F(x) = x(1-x)[(v-p_1-p_2)\lambda_1 y-p_1+p_1 y]$$

令 $F(x)=0$，得当 $y\neq\dfrac{p_1}{(v-p_1-p_2)\lambda_1+p_1}$ 时，$x=0$，$x=1$ 为两个稳定状态，当 $y=\dfrac{p_1}{(v-p_1-p_2)\lambda_1+p_1}$ 时无意义。

但是这两个稳定状态不一定都是进化稳定策略，进化稳定策略要求一个稳定状态必须具有抗扰动的功能，在数学上需满足 $F(x)<0$，对 $F(x)$ 求导，有

$$F'(x) = (1-2x)[(v-p_1-p_2)\lambda_1 y - p_1 + p_1 y]$$

根据上式有，当 $y > \dfrac{p_1}{(v-p_1-p_2)\lambda_1+p_1}$ 时，$x=1$ 为 ESS；当

$y < \dfrac{p_1}{(v-p_1-p_2)\lambda_1+p_1}$ 时，$x=0$ 为 ESS。

同理，计算博弈方 2 的三种期望收益，并构成复制动态方程，求解可得，

当 $x > \dfrac{p_2}{(v-p_1-p_2)\lambda_2+p_2}$ 时，$y=1$ 为 ESS；当 $x < \dfrac{p_2}{(v-p_1-p_2)\lambda_2+p_2}$ 时，$y=0$ 为

ESS。

将以上结论用相位图表示，如图 7-2 所示，x 为博弈方 1 中选择联盟的区域比例；y 为博弈方 2 中选择联盟的区域比例；A、B、C、D 为博弈的不同初始状态；箭头为博弈的收敛方向；虚线为分区线。

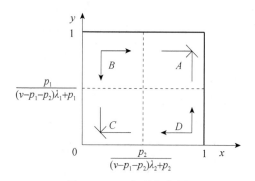

图 7-2　$F'(x)$ 解的相位图

在这种非对称复制动态进化博弈中，当初始状态在 A 区域时，即博弈的开始，如果博弈方 1 中有多于 $\dfrac{p_2}{(v-p_1-p_2)\lambda_2+p_2}$ 比例选择联盟且博弈方 2 中超过

$\dfrac{p_1}{(v-p_1-p_2)\lambda_1+p_1}$ 比例选择联盟，博弈将收敛到 $x=1$，$y=1$，即两个群体中的区域都选择联盟；当初始状态在 C 区域，即博弈的开始，博弈方 1 中选择联盟比例小于 $\dfrac{p_2}{(v-p_1-p_2)\lambda_2+p_2}$ 且博弈方 2 选择联盟比例小于 $\dfrac{p_1}{(v-p_1-p_2)\lambda_1+p_1}$，博弈将收敛到 $x=0$，$y=0$，即两个群体中的区域都不会选择联盟；当初始状态在 B、D 区域，最终的平衡将取决于博弈双方的学习速度，如果在 B 区域，博弈方 1 收敛于 $x=1$ 的速度比博弈方 2 收敛于 $y=0$ 的速度更快，那么博弈更容易到 A 区域，最后稳定的状态为 $x=1$，$y=1$。

由上面结论可以看到，在这个非对称复制动态进化博弈中，初始状态对最终的均衡状态十分重要，在 λ_1、λ_2 给定的情况下，$(v-p_1-p_2)$ 越大，$\dfrac{p_1}{(v-p_1-p_2)\lambda_1+p_1}$ 和 $\dfrac{p_2}{(v-p_1-p_2)\lambda_2+p_2}$ 都越小，该博弈就更易收敛于稳定状态 $x=1$，$y=1$。这一点说明在不对称的情况下，区域经济联盟的回报越大，区域就越趋向于选择联盟。

由以上的分析可知，如果当初始状态为 A 区域，那么在一般情况下，博弈向稳定状态 $x=1$，$y=1$ 收敛，在这种情况下，政府监管相对较少；当初始状态为 B、D 区域，双方的学习速度更容易影响最终的均衡状态，所以在这种情况下，政府应该尽可能多地控制，从而使其收敛于 $x=1$，$y=1$；当初始状态为 C 区域，政府监管比前面两者更困难，如何控制需要进一步研究。

7.2.2 带有位势优势掠夺下的区域经济联盟进化博弈分析

两个区域的静态博弈模型收益矩阵见表 7-5。

表 7-5 带有位势优势掠夺下下区域经济联盟主体之间静态博弈模型的收益矩阵

		区域乙	
	状态	联盟	不联盟
区域甲	联盟	x_1,x_2	$-p_1,0$
	不联盟	$0,-p_2$	$0,0$

其中，p_1、p_2 分别是区域甲和区域乙对区域经济联盟公共产品的供给；x_1、x_2 分别是区域 1 和区域 2 在联盟中的纯收益。设 $x_1 > x_2$ 即博弈方 1（如区域 1）具有掠夺优势，博弈方 2（如区域 2）处于被掠夺的地位。

与 7.2.1 节类似，本书仍将该模型用非对称复制动态进化博弈求解，首先设博弈方 1 中选择联盟的区域的比例为 x，则选择不联盟的比例为 $1-x$；博弈方 2 中选择联盟的比例为 y，选择不联盟的比例为 $1-y$。那么区域甲选择联盟的期望收益 u_{1y}，不联盟的期望收益 u_{1n} 及博弈方 1 群体的平均收益 $\bar{u}_1$ 分别为

$$u_{1y} = y \times x_1 + (1-y) \times (-p_1)$$
$$u_{1n} = 0$$
$$\bar{u}_1 = x \times u_{1y} + (1-x)u_{1n} = xy \times x_1 + x(1-y) \times (-p_1)$$

构造博弈方 1 的复制动态方程为

$$F(x) = x(1-x)[x_1 y - p_1 + p_1 y]$$

令 $F(x)=0$ ，则当 $y \neq \dfrac{p_1}{x_1 + p_1}$ 时， $x=0$ ， $x=1$ 为两个稳定状态；当

$y = \dfrac{p_1}{(v - p_1 - p_2)\lambda_1 + p_1}$ 时无意义。

对 $F(x)$ 求导，有

$$F'(x) = (1 - 2x)[x_1 y - p_1 + p_1 y]$$

根据上式有，当 $y > \dfrac{p_1}{x_1 + p_1}$ 时， $x=1$ 为 ESS；当 $y < \dfrac{p_1}{x_1 + p_1}$ 时， $x=0$ 为 ESS。

同理，计算博弈方 2 的三种期望收益，并构成复制动态方程，求解可得，当 $x > \dfrac{p_2}{x_2 + p_2}$ 时， $y=1$ 为 ESS；当 $x < \dfrac{p_2}{x_2 + p_2}$ 时， $y=0$ 为 ESS。

将以上结论用相位图表示，如图 7-3 所示，图例详解同图 7-2。

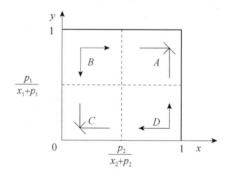

图 7-3 $F'(x)$ 解的相位图

与 7.2.1 节非对称复制动态进化博弈模型类似，当初始状态在 A 区域时，即博弈的开始，如果博弈方 1 中有多于 $\dfrac{p_2}{x_2 + p_2}$ 比例选择联盟且博弈方 2 中超过 $\dfrac{p_1}{x_1 + p_1}$ 比例选择联盟，博弈将收敛到 $x=1$ ， $y=1$ ，即两个群体中的区域都选择联盟；当初始状态在 C 区域，即博弈的开始，博弈方 1 选择联盟比例小于 $\dfrac{p_2}{x_2 + p_2}$ 且博弈方 2 选择联盟比例小于 $\dfrac{p_1}{x_1 + p_1}$ ，博弈将收敛到 $x=0$ ， $y=0$ ，即两个群体中的区域都不会选择联盟；当初始状态在 B、D 区域，最终的平衡将取决于博弈双方的学习速度，如果在 B 区域，博弈方 1 收敛于 $x=1$ 的速度比博弈方 2 收敛

于 $y=0$ 的速度更快，那么博弈更容易到 A 区域，最后稳定的状态为 $x=1$，$y=1$。

可以发现以上结论与非对称情况下不平等回报率下的区域经济联盟进化博弈模型是相似的，其中 x_1 和 x_2 分别与 $(v-p_1-p_2)\lambda_1$ 和 $(v-p_1-p_2)\lambda_2$ 对应，虽然两个博弈模型博弈本身的出发点不同，但其复制动态演化博弈模型的演化过程是一致的。

7.3 区域经济联盟的平衡与稳定条件

7.2 节建立区域经济联盟的进化博弈模型，研究了区域经济联盟的进化与演变过程，并且我们发现区域经济联盟将会按照既定契约、协定等规则分配收益，再次证明了区域经济联盟形成的必然性。当区域经济联盟处于进化状态时，除非外部冲击强大，否则区域经济联盟将处于进化稳定状态，即其将"锁定"该状态。显然，进化稳定状态是一种静态形式，但是它却能够分析区域经济联盟的局部动态性。因此，本节运用基于雅可比矩阵的局部稳定分析方法，对区域经济联盟的平衡与稳定性进行分析。

7.3.1 基于报酬率分配下的区域经济联盟进化博弈模型的稳定分析

（1）在对称情况下，在平等报酬率分配下的区域经济联盟进化博弈模型，其收益矩阵见表 7-6。

表 7-6 平等报酬率分配下区域经济联盟主体之间进化博弈模型的收益矩阵

		区域乙	
	状态	联盟	不联盟
区域甲	联盟	$\dfrac{v}{2}-p,\dfrac{v}{2}-p$	$-p,0$
	不联盟	$0,-p$	$0,0$

其中，v 是城市联盟的总收益，p 是区域甲（乙）对区域经济联盟公共产品的供给，且 $v>0$，$p>0$，$v>2p$。

同时，假设博弈方区域甲中选择联盟的概率是 x，则选择不联盟的概率是 $1-x$；博弈方区域乙中选择联盟的概率是 y，选择不联盟的概率是 $1-y$。

该模型博弈方区域甲的复制动态方程为

$$F(x) = (x-1)\left[y\left(\frac{v}{2}-p\right)-p(1-y)\right]$$

由此,可以获得区域经济联盟博弈方的复制动态方程组:

$$\begin{cases} F(x) = x(1-x)\left[y\left(\frac{v}{2}-p\right)-p(1-y)\right] \\ F(y) = y(1-y)\left[x\left(\frac{v}{2}-p\right)-p(1-x)\right] \end{cases}$$

由上式可得雅可比矩阵 J:

$$\begin{vmatrix} (1-2x)\left[y\left(\frac{v}{2}-p\right)-p(1-y)\right] & \frac{v}{2}(1-x)x \\ \frac{v}{2}(1-y)y & (1-2y)\left[x\left(\frac{v}{2}-p\right)-p(1-x)\right] \end{vmatrix}$$

可得矩阵 J 的行列式:

$$\det J = (1-2x)\left[y\left(\frac{v}{2}-p\right)-p(1-y)\right] \times (1-2y)\left[x\left(\frac{v}{2}-p\right)-p(1-x)\right]$$

$$-\frac{v}{2}(1-x)x \times \frac{v}{2}(1-y)y$$

可得矩阵 J 的迹:

$$\mathrm{tr}J = (1-2x)\left[y\left(\frac{v}{2}-p\right)-p(1-y)\right] + (1-2y)\left[x\left(\frac{v}{2}-p\right)-p(1-x)\right]$$

由复制动态方程可知,其有 4 个均衡点:(0,0),(0,1),(1,0),(1,1)。

由表 7-7 可知,在平等报酬率分配下的区域经济联盟进化博弈模型中,其稳定点为(0,0),(1,1),即区域之间都选择联盟或者都不选择联盟。

表 7-7 基于平等报酬率分配下区域经济联盟进化博弈模型的稳定性分析

平衡点		表达式	符号	局部稳定性
(0,0)	det J	p^2	>0	ESS
	tr J	$-2p$	<0	
(0,1)	det J	$p\left(\frac{v}{2}-p\right)$	>0	不稳定点
	tr J	$\frac{v}{2}$	>0	

续表

平衡点		表达式	符号	局部稳定性
(1,0)	det $\boldsymbol{J}$	$p\left(\dfrac{v}{2}-p\right)$	>0	不稳定点
	tr $\boldsymbol{J}$	$\dfrac{v}{2}$	>0	
(1,1)	det $\boldsymbol{J}$	$\left(\dfrac{v}{2}-p\right)^2$	>0	ESS
	tr $\boldsymbol{J}$	$-2\left(\dfrac{v}{2}-p\right)$	<0	

上述情况可能出现风俗文化、资源禀赋等相似度较高的区域。在平等报酬率分配情况下，并且区域经济联盟各方公共产品的供给量相同，那么区域经济联盟能够获得产生超额收益，区域之间将选择联盟，其局部稳定点为(1,1)。但是，这种联盟不是绝对的，一旦区域经济联盟之间的人流、物流、信息流等的转移带来成本，超过了区域经济联盟所带来的收益，那么区域经济联盟的进化稳定策略为不联盟，其局部稳定点为(0,0)。

（2）非对称条件下，具有不平等报酬率分配的区域经济联盟进化博弈模型，其收益矩阵见表7-8。

表 7-8　不平等报酬率分配区域经济联盟主体之间进化博弈模型的收益矩阵

区域甲	状态	区域乙	
		联盟	不联盟
	联盟	$(v-p_1-p_2)\lambda_1,(v-p_1-p_2)\lambda_2$	$-p_1,0$
	不联盟	$0,-p_2$	$0,0$

其中，v 是区域经济联盟的总收益，$p_1(p_2)$是区域甲（乙）对区域经济联盟公共产品的供给，$\lambda_1(\lambda_2)$是区域甲（乙）的报酬率，且$v>0$，$p_1>p_2>0$，$v>p_1+p_2$，$\lambda_1>\lambda_2>0$。

同时，假设博弈方区域甲选择联盟的概率是x，则选择不联盟的概率是$1-x$；博弈方区域乙选择联盟的概率是y，选择不联盟的概率是$1-y$。

由表7-8可知，博弈双方的复制动态方程组为

$$\begin{cases} \varPhi_1 = x(1-x)\left[(v-p_1-p_2)\lambda_1 y - p_1 + p_1 y\right] \\ \varPhi_2 = y(1-y)\left[(v-p_1-p_2)\lambda_2 x - p_2 + p_2 x\right] \end{cases}$$

式中，Φ_1 是区域甲，Φ_2 是区域乙。

由上式可得雅可比矩阵 J：

$$\begin{vmatrix} (1-2x)\left[(v-p_1-p_2)\lambda_1 y - p_1 + p_1 y\right] & x(1-x)\left[(v-p_1-p_2)\lambda_1 + p_1\right] \\ y(1-y)\left[(v-p_1-p_2)\lambda_2 + p_2\right] & (1-2y)\left[(v-p_1-p_2)\lambda_2 x - p_2 + p_2 x\right] \end{vmatrix}$$

可得矩阵 J 的行列式：

$$\det J = (1-2x)\left[(v-p_1-p_2)\lambda_1 y - p_1 + p_1 y\right] \times (1-2y)\left[(v-p_1-p_2)\lambda_2 x - p_2 + p_2 x\right]$$
$$-y(1-y)\left[(v-p_1-p_2)\lambda_2 + p_2\right] \times x(1-x)\left[(v-p_1-p_2)\lambda_1 + p_1\right]$$

可得矩阵 J 的迹：

$$\operatorname{tr} J = (1-2x)\left[(v-p_1-p_2)\lambda_1 y - p_1 + p_1 y\right] + (1-2y)\left[(v-p_1-p_2)\lambda_2 x - p_1 + p_1 x\right]$$

由复制动态方程可知，其有 4 个平衡点：(0,0)，(0,1)，(1,0)，(1,1)。

由表 7-9 可知，在不平等报酬率分配下的区域经济联盟进化博弈模型中，其稳定点有(0,0)，(1,1)，即区域之间都选择联盟或者都不选择联盟。

表 7-9　基于不平等报酬率分配下区域经济联盟进化博弈模型的稳定性分析

平衡点		表达式	符号	局部稳定性
(0,0)	$\det J$	$p_1 p_2$	>0	ESS
	$\operatorname{tr} J$	$-(p_1 + p_2)$	<0	
(0,1)	$\det J$	$(v-p_1-p_2)\lambda_1 p_2$	>0	不稳定点
	$\operatorname{tr} J$	$(v-p_1-p_2)\lambda_1 + p_2$	>0	
(1,0)	$\det J$	$(v-p_1-p_2)\lambda_2 p_1$	>0	不稳定点
	$\operatorname{tr} J$	$(v-p_1-p_2)\lambda_2 + p_1$	>0	
(1,1)	$\det J$	$(v-p_1-p_2)\lambda_1(v-p_1-p_2)\lambda_2$	>0	ESS
	$\operatorname{tr} J$	$-(v-p_1-p_2)\lambda_1 - (v-p_1-p_2)\lambda_2$	<0	

在不平等回报率分配条件之下，其隐含着区域经济联盟各方之间存在生产效率的差异。即使区域经济联盟之间的生产要素具有较高相似度，区域之间也存在合作的基础，即区域经济联盟的生产边界大于联盟前区域的生产边界之和。在这种情况下，在区域经济联盟的进化稳定策略为不联盟，其局部稳定点为(1,1)。但是，这种局部稳定不具有绝对性，其主要受到以下因素影响：第一，区域经济联盟产生的超额总收益未能覆盖联盟的总成本；第二，区域经济联盟未建立良性的、平等的分配制度，使区域经济联盟各方的回报率未能覆盖自身成本。假设出现这两种情况，区域经济联盟将最终选择不联盟，其局部稳定点为(0,0)。

7.3.2 带有位势优势掠夺下的区域经济联盟进化博弈分析

在带有位势优势掠夺下的区域经济联盟进化博弈模型中，区域之间存在不对等关系，其收益矩阵见表 7-10。

表 7-10 带有位势优势掠夺下区域经济联盟主体之间进化博弈模型的收益矩阵

		区域乙	
	状态	联盟	不联盟
区域甲	联盟	x_1, x_2	$-p_1, 0$
	不联盟	$0, -p_2$	$0, 0$

其中，p_1 和 p_2 分别是区域甲和区域乙对区域经济联盟公共产品的供给；x_1 和 x_2 分别是区域甲和区域乙在联盟中的纯收益。设 $x_1 > x_2$，即博弈方 1（如区域甲）具有掠夺优势，博弈方 2（如区域乙）处于被掠夺的地位。

同时，博弈方区域甲选择联盟的概率是 x，则选择不联盟的概率是 $1-x$；博弈方区域乙选择联盟的概率是 y，选择不联盟的概率是 $1-y$。

由表 7-10 可知，博弈双方的复制动态方程组为

$$\begin{cases} \varPhi_1 = x(1-x)\big[(x_1 y - p_1 + p_1 y\big] \\ \varPhi_2 = y(1-y)\big[x_2 x - p_2 + p_2 x\big] \end{cases}$$

其中，$\varPhi_1$ 是区域甲，$\varPhi_2$ 是区域乙。

由上式可得雅可比矩阵 J：

$$\begin{vmatrix} (1-2x)(x_1 y - p_1 + p_1 y) & x(1-x)x_1 \\ y(1-y)x_2 & (1-2y)(x_2 x - p_2 + p_2 x) \end{vmatrix}$$

可得矩阵 J 的行列式：

$$\det J = (1-2x)(x_1 y - p_1 + p_1 y) \times (1-2y)(x_2 x - p_2 + p_2 x) - x(1-x)x_1 \times y(1-y)x_2$$

可得矩阵 J 的迹：

$$\mathrm{tr} J = (1-2x)(x_1 y - p_1 + p_1 y) + (1-2y)(x_2 x - p_2 + p_2 x)$$

由复制动态方程可知，其有 4 个平衡点：$(0,0)$，$(0,1)$，$(1,0)$，$(1,1)$。

带有位势优势报酬率下进化博弈模型的稳定性分析见表 7-11。

表 7-11　基于带有位势优势报酬率下进化博弈模型的稳定性分析

平衡点		表达式	符号	局部稳定性
(0,0)	det J	$p_1 p_2$	>0	ESS
	tr$J$	$-(p_1 + p_2)$	<0	
(0,1)	det J	$x_1 p_2$	>0	不稳定点
	tr$J$	$x_1 + p_2$	>0	
(1,0)	det J	$p_1 x_2$	>0	不稳定点
	tr$J$	$p_1 + x_2$	>0	
(1,1)	det J	$x_1 x_2$	>0	ESS
	tr$J$	$-(x_1 + x_2)$	<0	

　　在带有位势优势掠夺下的区域经济联盟进化博弈模型中，其稳定点为(0,0)，(1,1)，即区域之间都选择联盟或者都不选择联盟。在该模型中，与不平等报酬率分配下的区域经济联盟相似，其局部稳定性建立于超额收益。同时，为了保证区域经济联盟处于合作状态，该区域经济联盟必须建立良性的、合理的分配制度，否则，区域经济联盟将会解体。

7.4　本 章 小 结

　　本章认为联盟成员之间进行真诚的合作，同时，区域经济联盟亦是联盟区域之间某些共同利益的合作博弈过程。联盟参与区域为获取超额利益，才结成区域经济联盟。具体而言，本章应用静态博弈和进化博弈分别研究了非合作竞争下城市间的博弈和合作竞争下城市联盟的进化过程。从区域经济联盟的利益分配出发，利用静态博弈模型研究了区域经济联盟的合作动力机制。给出区域间多维博弈的一般形式，建立区域之间在两类相关产业中的竞争模型，给出 Nash 均衡，并对不同的参数条件下区域之间的博弈关系进行了讨论，同时也发现了非合作竞争对区域发展的一些弊端，从而验证了合作对区域发展的必要性。通过进化博弈理论研究了区域经济联盟的进化动因和过程，证明区域经济联盟发展的必然性。同时得出当这些区域得到利益时，区域经济联盟内的局中人也将按某种既定契约、协定等重新分配这些利益。对区域经济联盟进化博弈模型进行局部稳定性分析，认为超额收益、合理分配制度等是形成局部稳定的重要条件。

这些结论对现实中建立区域经济联盟具有很多的启示：在区域经济联盟中，每个区域都应该保持独特的比较优势和各自独立性，否则在区域经济联盟中将处于劣势。这些分析和结论对区域战略的发展和区域经济联盟的调整具有一定的指导意义。

8

城市联盟的经验实证

城市联盟是指两个或两个以上城市为了一定的目的和愿景，建立在专业化分工基础上的一种合作性超边界组织系统。城市联盟通过打破行政区域划分的限制来有效配置资源，实现优势互补，并取得推动城市发展的协同效应。然而，目前关于城市联盟的动力机制、联盟合作结构及其联盟效应等的研究分散于相关的城市合作研究中，也局限于理论上的探索，其深层次的经济学含义尚需要进一步去阐释。本章的主要目的是对城市联盟的动力、城市联盟的结构和城市联盟稳定发展的影响因素等进行实证分析，并校验相关的理论。

本书课题组在总结关于企业战略联盟的相关理论研究和战略联盟实践的基础上，根据城市联盟与一般企业战略联盟的相似和差别之处，形成了开放式问卷，采用小规模深度访谈进行数据采集。

调查中共发放问卷 1000 份，回收问卷 791 份，回收率为 79.1%。经过问卷整理，有 15 份问卷存在数据缺失、填写人员不符合要求等情况，最终确定的有效问卷为 776 份。

8.1 实证研究设计

8.1.1 调查量表的形成

城市联盟超越了友好城市、姐妹城市等城市间互通有无的经济贸易关系，是建立在专业化分工基础上的、跨越城市边界进行资源整合和配置所形成的城市间合作关系系统。然而，截至目前，对城市联盟尚没有形成统一的认知。同时，对城市联盟的动力机制也没有形成完备的系统动力学理论基础，尽管可以从 Smith（1776）的专业化分工理论，以及 Yang 和 Na（1993）开创的新兴古典经济学视角进行解析，也可以从 Coase（1946）开创经由 Williamson（1985）等发展起来的交易费用经济学，Preffer 和 Salancik（1978）、Grant（1991）与 Barney（1991）的资源基础理论，以及 Hamel、Doz 和 Praharad（1989）等发展的组织学习理论等视角进行分析。但是对城市联盟的合作结构及其治理，以及城市联盟的合作效应等，目前的研究尚没有深入的见解，特别是缺乏实证研究的支持。

　　为探索和验证本书的理论研究，本书首先在总结关于企业战略联盟的相关理论研究和战略联盟实践的基础上，根据城市联盟与一般企业战略联盟的相似和差别之处，形成了开放式问卷，旨在对城市战略联盟、城市联盟的动力、城市联盟的结构、城市联盟的效应等所涉及的相关概念和变量进行探索。对开放式问卷，本书采用小规模深度访谈进行数据采集，访谈对象包括相关研究领域中的专家、教授 10 名，以及成渝地区负责城市合作和招商引资的公务员 10 名。通过深度访谈向被访人员提出相关开放性问题并分析其答案，本书研究开发出了调查问卷的初始量表，并针对成渝地区熟悉城市合作的专家、学者和政府公务员进行了小规模前测。成渝经济区是 2011 年经国家批准建设的经济开发区域，它位于长江上游，地处四川盆地，北接陕甘，南连云贵，西通青藏，东邻湘鄂，是中国重要的人口、城镇、产业集聚区，是引领西部地区加快发展、提升内陆开放水平、增强国家综合实力的重要支撑，在中国经济社会发展中具有重要的战略地位。成渝经济区不仅涉及成都和重庆两个特大型城市之间的合作，更涵盖了该区域中各级城市之间的合作关系。按照《成渝经济区区域规划》，该经济区域将依托中心城市和长江黄金水道、主要陆路交通干线，形成以重庆、成都为核心，沿江、沿线为发展带的"双核五带"空间格局①。选择成渝地区城市之间的联盟进行小规模前测，采用收集到的数据进行信度和效度分析及探索因子分析，修正问题项，然后在此基础上进行大样本调查并再次辅助信度和效度分析，可以确保问卷内容的有效性，并力求使问卷的问题及答案简明、中性且不会造成歧义。经过小规模前测后形成的最终问卷共涉及 4 个分量表的 113 个题项，其中城市联盟的认知有 29 个题项，城市联盟的动因有 47 个题项，城市联

①　详见 2011 年 5 月 5 日国务院正式批复的《成渝经济区区域规划》。

盟的组织形式有 7 个题项，城市联盟稳定发展的影响因素有 30 个题项。以上题项均采用 5 点李克特量表形式，5 分代表"非常赞同"或"完全符合"，1 分代表"非常不赞同"或"完全不符合"。

由于截至目前学界尚未对城市联盟形成统一的认知，没有成熟的量表可以借鉴，因而本书根据区域经济合作理论、战略联盟理论、产业组织理论等相关理论研究，并经过小规模前测形成了 29 个题项的量表（表 8-1）。本书研究试图通过因子分析，并结合对城市联盟的形式和城市联盟所涉及的合作领域的认知，以便确定出城市联盟的比较清晰的概念。

表 8-1 城市联盟认知量表

编号	题项	认同程度				
		非常不赞同（完全不符合）	不赞同	一般	赞同	非常赞同（完全符合）
		1	2	3	4	5
1	城市联盟不是简单的友好城市	□	□	□	□	□
2	城市联盟是城市之间的深度合作关系	□	□	□	□	□
3	城市联盟是城市之间在社会经济文化等某一方面建立的深度合作关系	□	□	□	□	□
4	城市联盟是城市之间在社会经济文化等方面的全面合作关系	□	□	□	□	□
5	城市联盟的本质是城市之间的社会经济组织模式	□	□	□	□	□
6	城市联盟是城市之间全方位的专业化分工协作关系	□	□	□	□	□
7	城市联盟是城市之间建立在资源互补基础上的合作关系	□	□	□	□	□
8	城市联盟是打破行政区划的合作方式	□	□	□	□	□
9	城市联盟突出了社会经济文化的协同发展	□	□	□	□	□
10	城市联盟是实现跨区域配置资源的有效方式	□	□	□	□	□
11	城市联盟是实现跨区域产业组织的方式	□	□	□	□	□
12	城市联盟是跨区域建立产业区或经济带的实现方式	□	□	□	□	□
13	城市联盟是提高城市所在区域社会经济发展水平的有效方式	□	□	□	□	□
14	联盟中的城市其规模大小相近	□	□	□	□	□
15	城市联盟是大城市主导下的城市之间的合作关系	□	□	□	□	□

续表

编号	题项	认同程度				
		非常不赞同（完全不符合）	不赞同	一般	赞同	非常赞同（完全符合）
		1	2	3	4	5
16	城市联盟中的各个城市的社会经济发展水平相近	☐	☐	☐	☐	☐
17	城市联盟中的各个城市的民俗文化相近	☐	☐	☐	☐	☐
18	城市联盟中的各个城市的地理位置相近	☐	☐	☐	☐	☐
19	城市联盟中的各个城市处于同一自然或生态环境区域	☐	☐	☐	☐	☐
20	城市联盟中的各个城市都有自己的优势主导产业	☐	☐	☐	☐	☐
21	城市联盟中的各个城市其主导产业一致或相似	☐	☐	☐	☐	☐
22	城市联盟中各个城市之间的资源是互补的	☐	☐	☐	☐	☐
23	城市联盟中各个城市之间的经济是互补的	☐	☐	☐	☐	☐
24	城市联盟中各个城市实行统一的经济政策	☐	☐	☐	☐	☐
25	城市联盟中各个城市建立了彼此开放的大市场	☐	☐	☐	☐	☐
26	城市联盟中各个城市之间不存在政策壁垒	☐	☐	☐	☐	☐
27	城市联盟中的城市之间建立了技术共享机制	☐	☐	☐	☐	☐
28	城市联盟中的城市之间建立了信息共享平台	☐	☐	☐	☐	☐
29	城市联盟中的城市之间建立了开放的金融服务市场	☐	☐	☐	☐	☐

对城市联盟的动因，本书在总结区域经济合作理论、战略联盟理论、产业组织理论等相关理论研究的基础上，并经过小规模前测后形成了 47 个题项的量表（表 8-2）。

表 8-2　城市联盟动因量表

编号	题项	认同程度评价				
		非常不赞同（完全不符合）	不赞同	一般	赞同	非常赞同（完全符合）
		1	2	3	4	5
1	通过城市联盟可以提高单个城市的竞争力	☐	☐	☐	☐	☐
2	通过城市联盟可以实现政策的协同	☐	☐	☐	☐	☐

续表

编号	题项	认同程度评价				
		非常不赞同（完全不符合）	不赞同	一般	赞同	非常赞同（完全符合）
		1	2	3	4	5
3	城市联盟的产生源自生产要素的互补	□	□	□	□	□
4	通过城市联盟可以实现产业互动链接	□	□	□	□	□
5	通过城市联盟可以实现优势互补	□	□	□	□	□
6	通过城市联盟可以实现互通有无	□	□	□	□	□
7	通过城市联盟可以实现基础设施的共享，减少其投资成本	□	□	□	□	□
8	通过城市联盟可以实现生态环境的共同治理	□	□	□	□	□
9	城市联盟是自然、社会、经济差异下城市之间专业化分工协作的必然结果	□	□	□	□	□
10	城市联盟是解决城市之间经济和技术水平不平衡的手段	□	□	□	□	□
11	城市联盟是实现技术创新和技术扩散要求的方式	□	□	□	□	□
12	城市联盟是提高单个城市技术水平的重要方式	□	□	□	□	□
13	航空和港口、交通走廊的建设促进了城市联盟的形成	□	□	□	□	□
14	能源和信息网络的建设促进了城市联盟的形成	□	□	□	□	□
15	城市之间的生产要素差异推动了城市联盟的发展	□	□	□	□	□
16	城市之间的产业链接推动了城市联盟的形成	□	□	□	□	□
17	城市联盟下的共同市场建设有利于扩大市场容量，实现规模经济	□	□	□	□	□
18	城市联盟下的共同市场建设有利于缓解市场波动和降低风险	□	□	□	□	□
19	城市联盟下的共同市场有利于节约市场交易成本	□	□	□	□	□
20	城市联盟有利于跨区域的经济开发和资源配置	□	□	□	□	□
21	城市联盟有利于建设跨区域的产业园区	□	□	□	□	□
22	城市联盟有利于特色产业的跨区域布局	□	□	□	□	□
23	城市联盟有利于规划建设统一的产业经济带	□	□	□	□	□

续表

编号	题项	认同程度评价				
		非常不赞同（完全不符合）	不赞同	一般	赞同	非常赞同（完全符合）
		1	2	3	4	5
24	城市联盟有利于提高整体的竞争能力	□	□	□	□	□
25	城市联盟有利于社会经济资源的整合	□	□	□	□	□
26	城市联盟有利于实施跨区域的投资项目	□	□	□	□	□
27	城市联盟有利于推进城市之间的自由贸易	□	□	□	□	□
28	自由贸易区建设推动了城市联盟的发展	□	□	□	□	□
29	跨城市区域的企业集团推动了城市联盟的发展	□	□	□	□	□
30	城市联盟的建设能够促进城市之间的相互学习	□	□	□	□	□
31	城市联盟有利于实现社会、经济、文化资源的共享	□	□	□	□	□
32	城市联盟的建设可以提高资源的配置效率	□	□	□	□	□
33	城市联盟有利于实现产业结构的整体优化	□	□	□	□	□
34	城市联盟有利于解决单个城市产业单一带来的社会经济问题	□	□	□	□	□
35	城市联盟有利于产业集群的形成	□	□	□	□	□
36	城市联盟有利于人才的流动和利用	□	□	□	□	□
37	城市联盟推动了经济一体化发展	□	□	□	□	□
38	城市联盟有利于城乡统筹发展	□	□	□	□	□
39	城市联盟有利于实现环境治理	□	□	□	□	□
40	城市联盟有利于实现水源地的保护	□	□	□	□	□
41	城市联盟有利于自然保护区的建设	□	□	□	□	□
42	城市联盟有利于江河流域治理	□	□	□	□	□
43	城市联盟有利于促进生产要素的流动	□	□	□	□	□
44	城市联盟有利于应急事件的协同处理	□	□	□	□	□
45	城市联盟有利于实现信息的共享	□	□	□	□	□
46	城市联盟有利于商业设施和商贸服务体系建设	□	□	□	□	□
47	城市联盟有利于提高城市的对外开放程度	□	□	□	□	□

对城市联盟的组织模式，本书基于相关研究提出了 7 种类型的组织模式，并试图通过实证研究来测量人们对各种类型组织模式的认同程度，具体的量表见表 8-3。

表 8-3　城市联盟组织模式量表

城市联盟组织模式	非常赞同(完全符合)	赞同	一般	不赞同	非常不赞同(完全不符合)
1. 产业间自主互动,政府间通过定期会晤机制来协商解决相关事宜	5	4	3	2	1
2. 各城市建立专门的联络部门(或小组),通过联络部门(或小组)之间的协商来处理各项合作适宜	5	4	3	2	1
3. 共同组建专门的管理机构,对等分享管理权限,由此管理机构负责处理各项合作事宜	5	4	3	2	1
4. 共同组建专门的管理机构,各城市根据经济实力差别分配决策权限并委任相应的管理人员,由此管理机构负责处理各项合作事宜	5	4	3	2	1
5. 共同组建专门的管理机构,各城市轮值主持工作,各项合作事宜由此管理机构来决策	5	4	3	2	1
6. 共同组建专门的管理机构,各城市轮值主持工作,重大决策由政府间协商解决	5	4	3	2	1
7. 共同组建专门的管理机构,各城市轮值主持工作,重大决策由双方事前协商确定的专门委员会投票决定	5	4	3	2	1

　　对城市联盟稳定发展的影响因素,本书基于理论分析和初试分析所建立的量表见表 8-4。

表 8-4　城市联盟稳定发展影响因素量表

编号	题项	认同程度评价				
		非常不赞同(完全不符合)	不赞同	一般	赞同	非常赞同(完全符合)
		1	2	3	4	5
1	合作双方的合作动机和目标是兼容的	□	□	□	□	□
2	合作双方在资源和技术等方面各有优势	□	□	□	□	□
3	合作双方的社会经济实力相差不大	□	□	□	□	□
4	合作双方的资源(或优势)具有互补性	□	□	□	□	□
5	合作双方之前就有长期友好合作的经历	□	□	□	□	□
6	合作双方的民俗文化是兼容的	□	□	□	□	□
7	合作双方都全部兑现了所承诺要投入的资源	□	□	□	□	□
8	合作双方都进行了专门的固定资产或资源投资	□	□	□	□	□
9	合作双方愿意为城市联盟建设和发展而调整或增加专门的投入	□	□	□	□	□

续表

编号	题项	认同程度评价				
		非常不赞同（完全不符合）	不赞同	一般	赞同	非常赞同（完全符合）
		1	2	3	4	5
10	合作伙伴投入城市联盟的技术是决定其市场竞争力的核心技术	☐	☐	☐	☐	☐
11	合作伙伴投入城市联盟的是目前市场上最新的技术	☐	☐	☐	☐	☐
12	合作伙伴以其主导产业进行城市联盟合作	☐	☐	☐	☐	☐
13	合作双方进行城市联盟合作的范围比较广，合作内容较多	☐	☐	☐	☐	☐
14	合作双方按照各自的优势进行了专业化分工	☐	☐	☐	☐	☐
15	合作双方对等地分配了相关合作项目的控制权和管理决策权	☐	☐	☐	☐	☐
16	合作双方对合作项目的管理权和决策权的分配是按照投资比例确定的	☐	☐	☐	☐	☐
17	合作双方对一切问题的解决都依赖于法律和合作协议	☐	☐	☐	☐	☐
18	合作双方依据对合作项目的贡献来分享收益	☐	☐	☐	☐	☐
19	合作双方建立了定期和不定期的协商和交流的制度	☐	☐	☐	☐	☐
20	合作双方协商解决遇到的问题	☐	☐	☐	☐	☐
21	在城市联盟中建立了信息和技术交流的共享平台	☐	☐	☐	☐	☐
22	城市联盟中建立了冲突的解决机制	☐	☐	☐	☐	☐
23	合作双方形成了紧密的经济利益关系，相互间的依赖性很强	☐	☐	☐	☐	☐
24	合作双方彼此信赖	☐	☐	☐	☐	☐
25	合作双方对于相关信息和技术倾囊相授	☐	☐	☐	☐	☐
26	合作双方愿意为实现目标而协同努力	☐	☐	☐	☐	☐
27	合作双方的管理部门建立了深厚的个人友谊	☐	☐	☐	☐	☐
28	合作双方从城市联盟中获得的回报是平等的	☐	☐	☐	☐	☐
29	合作中实现了社会经济的双赢	☐	☐	☐	☐	☐
30	合作双方的决策权平等，不存在一方主导另一方的情况	☐	☐	☐	☐	☐

8.1.2 实证研究数据采集

本实证研究主要采取问卷调查方式进行，调查范围涉及全国，其中成渝地区的调查样本占到 46%左右。调查任务主要由来自全国各地的在重庆就读的经济管理类本科生和硕士研究生承担。受访对象由行政管理部门、高等院校、科研单位、企业和个体等部门的熟悉区域经济、战略管理、产业组织和行政管理领域的专家学者、公务员、企业主管等人员，以及从城市联盟中获益的个体对象构成，以确保对城市联盟认知的广泛性。调查中共发放问卷 1000 份，回收问卷 791 份，回收率为 79.1%。经过问卷整理，有 15 份问卷存在数据缺失、填写人员不符合要求等情况，最终确定的有效问卷为 776 份，样本数量较大，可以满足实证分析的需要。

从采集到的数据来看，本书研究的调研对象中有 11.17%的来自行政部门，28.58%的来自高校和科研单位，27.40%的来自企业，24.68%的来自个体调查对象，8.18%的属于其他调查对象。从调查对象的职业来看（图 8-1），其中 9.86%的是公务员，17.12%的是科研人员和高校教师，12.84%的属于企业主管，而个体工商户占到 17.51%，其他属于一般个体。这些受访对象在调查中按照对区域经济合作是否熟知和了解，以及是否有意向对城市联盟进行深入了解进行甄别，因而保证了调查样本的广泛性和代表性。

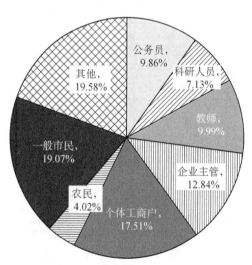

图 8-1　实证研究调查对象职业构成

1. 城市联盟认知量表的建构效度

对城市联盟认知量表进行因子分析，可以进行观测变量的效度检验，检验结果通过 SPSS19.0 基于主成分法萃取和最大方差法旋转产生，其中的 KMO（Kaiser-Meyer-Olkin）和 Bartlett 球形度检验结果见表 8-5。

表 8-5　城市联盟认知量表的 KMO 和 Bartlett 球形度检验结果

取样适当性量数 KMO 度量		0.928
Bartlett 球形度检验	χ^2 值	7105.412
	自由度	406
	Sig.	0.000

KMO 是 Kaiser-Meyer-Olkin 取样适当性量数，一般来讲，当 KMO 值越接近于 1，表示变量间的共同因素越多，变量间的净相关系数越低，越适合进行因子分析。城市联盟认知量表的 KMO 值为 0.928，表示指标统计量甚佳，量表中的变量适宜进行因子分析。同时，Bartlett 的球形度检验的 χ^2 值为 7105.412，自由度为 406，达到 0.05 的显著水平，表示总体的相关矩阵间有共同因素存在，适合进行因子分析。

2. 城市联盟认知量表的因子结构和信度检验

借助 SPSS19.0 基于主成分法萃取和最大方差法旋转进行因子分析，提取的因子有 5 个（表 8-6），根据各个因子所包含的观测变量的内涵和定义，可以将此 5 个变量分别命名为合作条件、共享平台、合作方式、合作领域和专业化分工。分析结果表明，相关观测变量的共同性均大于 0.2，其一致性 Cronbach's Alpha 系数分别为 0.812、0.776、0.789、0.528 和 0.697，按照一般规则，当内部一致性低于 0.5 时，表明一致性较差（吴明隆，2010），因此，本书中城市联盟认知各个因子的内部一致性较佳，各个因子的方差解释度见表 8-6。

表 8-6　城市联盟认知量表的因子结构及信度检验

观测变量	成分					共同性	Cronbach's Alpha
	合作条件	共享平台	合作方式	合作领域	专业化分工		
B15. 城市联盟中的城市其规模大小相近	0.767					0.677	0.812
B17. 城市联盟中的各个城市的社会经济发展水平相近	0.740					0.582	

续表

观测变量	成分					共同性	Cronbach's Alpha
	合作条件	共享平台	合作方式	合作领域	专业化分工		
B16. 城市联盟是大城市主导下的城市之间的合作关系	0.720					0.611	0.812
B20. 城市联盟中的各个城市处于同一自然或生态环境区域	0.700					0.589	
B19. 城市联盟中的各个城市的地理位置相近	0.680					0.563	
B22. 城市联盟中的各个城市其主导产业一致或相似	0.600					0.459	
B25. 城市联盟中各个城市实行统一的经济政策	0.490					0.471	
B18. 城市联盟中的各个城市的民俗文化相近	0.423					0.326	
B29. 城市联盟中的城市之间建立了信息共享平台		0.678				0.586	0.776
B28. 城市联盟中的城市之间建立了技术共享机制		0.643				0.534	
B30. 城市联盟中的城市之间建立了开放的金融服务市场		0.623				0.507	
B21. 城市联盟中的各个城市都有自己的优势主导产业		0.491				0.422	
B27. 城市联盟中各个城市之间不存在政策壁垒		0.487				0.372	
B12. 城市联盟是实现跨区域产业组织的方式		0.464				0.485	
B13. 城市联盟是跨区域建立产业区或经济带的实现方式		0.347				0.312	
B2. 城市联盟不是简单的友好城市			0.697			0.564	0.789
B14. 城市联盟是提高城市所在区域社会经济发展水平的有效方式			0.651			0.527	
B3. 城市联盟是城市之间的深度合作关系			0.645			0.519	
B10. 城市联盟突出了社会经济文化的协同发展			0.571			0.418	
B4. 城市联盟是城市之间在社会经济文化等某一方面建立的深度合作关系			0.429			0.397	

续表

观测变量	成分					共同性	Cronbach's Alpha
	合作条件	共享平台	合作方式	合作领域	专业化分工		
B11. 城市联盟是实现跨区域配置资源的有效方式			0.418			0.439	0.789
B9. 城市联盟是打破行政区划分的合作方式			0.383			0.414	
B6. 城市联盟的本质是城市之间的社会经济组织模式				0.665		0.529	0.528
B5. 城市联盟是城市之间在社会经济文化等方面的全面合作关系				0.524		0.444	
B26. 城市联盟中各个城市建立了彼此开放的大市场				0.452		0.397	
B24. 城市联盟中各个城市之间的经济是互补的					0.677	0.573	0.697
B23. 城市联盟中各个城市之间的资源是互补的					0.644	0.560	
B8. 城市联盟是城市之间建立在资源互补基础上的合作关系					0.504	0.417	
B7. 城市联盟是城市之间全方位的专业化分工协作关系					0.463	0.508	
方差解释率/%	13.574	10.235	10.229	7.610	7.329		
总方差解释率/%	48.977						

3. 城市联盟认知分析结论

通过对城市联盟认知实证数据的因子分析，可以看出，城市联盟是建立在均势和专业化分工基础上的城市之间的全方位合作关系，是基于城市之间互补性资源优势的跨区域资源配置和社会经济活动组织模式，它要求建立联盟关系的城市之间在规模大小和社会经济发展水平方面相近，并且在自然或生态环境区域、地理位置，以及经济政策和民俗文化等方面相近或相似，并且在合作中需要建立统一的信息共享平台、技术共享机制、开放的金融服务市场和彼此开放的大市场，消除政策壁垒。

然而，由于行政区划等制度层面因素的影响，城市联盟的发展尚处于发展阶段，尽管友好城市、姐妹城市等城市之间的交流合作在实践中有所发展，但是城市联盟的实践并不多见，人们对城市联盟也缺乏统一的认知。调查显示

（图 8-2），目前人们对城市之间的合作关系主要局限在共享某类资源或信息技术交流和建立统一的大市场方面，其比例分别占到 29.23% 和 21.96%，也有人开始从城市间的产业链接及统一规划布局和社会经济等全方位协作组织来认识城市联盟，这些比例分别为 17.86% 和 16.14%，而将城市间合作关系认知为友好城市协议的占到 13.89%。由此可见，对城市之间开展基于资源优势和专业化分工的社会经济组织的城市联盟尚需要在理论方面进行发展，并逐步提高实践中城市联盟的重视程度。

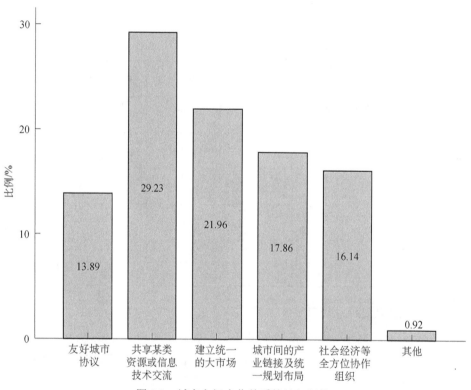

图 8-2　城市之间合作关系的认知现状

8.2　城市联盟发展的动因

动因分析旨在揭示城市联盟的动力机制，即城市联盟的形成原因。关于城市联盟的认知分析已经显示出，城市联盟是城市之间旨在实现资源共享和跨区域配置的专业化分工合作关系，表明资源共享和发挥专业化合作经济性是城市联盟形成的动力。为较为全面地揭示城市联盟的动力，以下对其进行实证数据分析。

1. 城市联盟动力量表的建构效度和信度检验

对城市联盟动力量表进行因子分析，以观测变量的效度检验，检验结果同样通过 SPSS19.0 基于主成分法萃取和最大方差法旋转产生，其中的 KMO 和 Bartlett 球形度检验结果见表 8-7。

表 8-7 城市联盟动力量表的 KMO 和 Bartlett 球形度检验

取样适当性量数的 KMO 度量		0.953
Bartlett 球形度检验	χ^2 值	11 011.541
	自由度	780
	Sig.	0.000

表 8-7 显示，城市联盟动力量表的 KMO 值为 0.953，表示指标统计量甚佳，量表中的变量适宜进行因子分析。同时，Bartlett 的球形度检验的 χ^2 值为 11 011.541，自由度为 780，达到 0.05 的显著水平，表示总体的相关矩阵间有共同因素存在，适合进行因子分析。

同时，通过对其提取因子的一致性检验（表 8-8），各个因子的 Cronbach' Alpha 系数分别为 0.808、0.833、0.778、0.764、0.680、0.740 和 0.713，表明一致性较佳。并且，各个因子的总体方差解释率为 50.167%，意味着提取的因子能较好地反映城市联盟动因。

2. 城市联盟动力的实证解释

城市联盟的动力因子较为复杂，通过因子分析可以看出（表 8-8），这些因素可以划分为社会经济问题解决的需要、资源共享和整合的需要、产业结构调整和优化的需要、市场建设和技术合作的需要、提高现有资源配置效率的需要、节约投资成本和交易费用的需要，以及获得专业化分工经济性的需要几个方面。

实证研究表明，提高城市联盟不仅可以解决经济发展问题，也可以解决城乡统筹、环境治理等可持续发展问题。其中，社会经济问题的解决主要体现在产业结构单一问题的解决、生产要素的流动，特别是社会经济可持续发展中的环境整治、生态保护、应急事件处理等方面的解决；资源共享和整合主要体现在城市之间的信息共享、技术交流和学习、市场体系建设、城乡统筹、开放性经济系统建设等方面；产业结构调整和优化体现在跨区域的经济开发和资源配置、建设跨区域的产业园区建设、特色产业的跨区域布局、建设统一的产业经济带等方面，意味着跨行政区域的产业布局优化推动了城市联盟的发展；市场建设和技术合作是城市联盟发展的主要动力之一，通过一体化市场与技术合作的建立，可以推动城市竞争力的提升；提高现有资源配置效率是推动城市联盟发展的另一个动力，通过城市联盟可以提高资源的跨区域配置效率，推动产业布局优化和跨区域投资项目的建设。同时，解决重复投资、交易成本等问题，以及对专业化合作、互通有无、发挥资源优势等的需要推动了城市联盟的发展。

表 8-8　城市联盟动力的因子结构及其信度检验

观测变量	成分							共同性	Cronbach's Alpha
	社会经济问题解决	资源共享和整合	产业结构调整和优化	市场建设和技术合作	提高现有资源的配置效率	节约投资成本和交易费用	专业化分工经济性		
C45. 城市联盟有利于自然保护区的建设	0.718							0.668	
C44. 城市联盟有利于实现水源地的保护	0.673							0.569	
C46. 城市联盟有利于江河流域治理	0.656							0.566	
C37. 城市联盟有利于实现产业结构的整体优化	0.474							0.442	0.808
C38. 城市联盟有利于解决单个城市产业单一带来的社会经济问题	0.450							0.424	
C48. 城市联盟有利于应急事件的协同处理	0.440							0.423	
C47. 城市联盟有利于促进生产要素的流动	0.431							0.418	
C35. 城市联盟有利于实现社会、经济、文化资源的共享		0.626						0.523	
C41. 城市联盟有利于城乡统筹发展		0.610						0.600	0.833
C34. 城市联盟的建设能够促进城市之间的相互学习		0.583						0.504	

续表

观测变量	成分							共同性	Cronbach's Alpha
	社会经济问题解决	资源共享和整合	产业结构调整和优化	市场建设和技术合作	提高现有资源的配置效率	节约投资成本和交易费用	专业化分工经济性		
C36. 城市联盟的建设可以提高资源的配置效率		0.451						0.451	
C29. 城市联盟有利于社会经济资源的整合		0.450						0.503	
C50. 城市联盟有利于商业设施和商贸服务体系建设		0.447						0.519	0.833
C51. 城市联盟有利于提高城市的对外开放程度		0.433						0.451	
C28. 城市联盟有利于提高整体的竞争能力		0.424						0.444	
C49. 城市联盟有利于实现信息的共享		0.367						0.418	
C23. 城市联盟有利于跨区域的经济开发和资源配置			0.757					0.665	
C24. 城市联盟有利于建设跨区域的产业园区			0.710					0.655	0.778
C25. 城市联盟有利于特色产业的跨区域布局			0.630					0.593	
C26. 城市联盟有利于规划建设统一的产业经济带			0.431					0.409	
C14. 城市联盟是实现技术创新和技术扩散要求的方式				0.591				0.494	
C32. 自由贸易区建设推动了城市联盟的发展				0.556				0.510	
C13. 城市联盟是解决城市之间经济和技术水平不平衡的方法				0.540				0.423	0.764
C40. 城市联盟有利于产业集群的形成				0.424				0.516	
C31. 城市联盟有利于推进城市之间的自由贸易				0.408				0.485	

续表

观测变量	成分							共同性	Cronbach's Alpha
	社会经济问题解决	资源共享和整合	产业结构调整和优化	市场建设和技术合作	提高现有资源的配置效率	节约投资成本和交易费用	专业化分工经济性		
C15. 城市联盟是提高单个城市技术水平的重要方式				0.386				0.437	0.764
C21. 城市联盟下的共同市场建设有利于缓解市场波动和降低风险				0.363				0.417	
C18. 城市之间的生产要素差异推动了城市联盟的发展					0.616			0.529	0.680
C19. 城市之间的产业链接推动了城市联盟的形成					0.547			0.527	
C17. 能源和信息网络的建设促进了城市联盟的形成					0.433			0.457	
C30. 城市联盟有利于实施跨区域的投资项目					0.381			0.436	
C9. 通过城市联盟可以实现互通有无						0.672		0.590	0.740
C8. 通过城市联盟可以实现优势互补						0.666		0.577	
C16. 航空和港口、交通走廊的建设促进了城市联盟的形成						0.469		0.437	
C10. 通过城市联盟可以实现基础设施的共享,减少其投资成本						0.453		0.451	
C22. 城市联盟下的共同市场有利于节约市场交易成本						0.380		0.440	
C5. 通过城市联盟可以实现政策的协同							0.646	0.577	0.713
C6. 城市联盟的产生源自生产要素的互补							0.643	0.555	
C12. 城市联盟是自然、社会、经济差异下城市之间专业化分工协作的必然结果							0.456	0.510	

续表

| 观测变量 | 成分 | | | | | | | 共同性 | Cronbach's Alpha |
	社会经济问题解决	资源共享和整合	产业结构调整和优化	市场建设和技术合作	提高现有资源的配置效率	节约投资成本和交易费用	专业化分工经济性		
C7. 通过城市联盟可以实现产业互动链接							0.437	0.455	0.713
方差解释率/%	8.903	8.521	6.953	6.741	6.508	6.450	6.092		
总体方差解释率/%	50.168								

8.3　城市联盟的组织管理形式

城市联盟是不同城市之间的合作组织，其中涉及复杂的社会经济活动组织，协同不同城市的决策行为使彼此的行为选择一致和同步，是城市联盟稳定发展的关键。由于不同城市之间处于平等地位，而非行政隶属关系，社会经济活动的组织就不能够依赖于政府权威协调来进行，因此建立科学合理的城市联盟组织形式就非常关键。

根据区域合作、战略联盟等相关理论，本书提出了 7 种形式的城市联盟组织管理形式，包括：①产业间自主互动，政府间通过定期会晤机制来协商解决相关事宜；②各个城市建立专门的联络部门（或小组），通过联络部门（或小组）之间的协商来处理各项合作事宜；③共同组建专门的管理机构，对等分享管理权限，由此管理机构负责处理各项合作事宜；④共同组建专门的管理机构，各城市根据经济实力差别分配决策权限并委任相应的管理人员，由此管理机构负责处理各项合作事宜；⑤共同组建专门的管理机构，各城市轮值主持工作，各项合作事宜由此管理机构来决策；⑥共同组建专门的管理机构，各城市轮值主持工作，重大决策由政府间协商解决；⑦共同组建专门的管理机构，各城市轮值主持工作，重大决策由双方事前协商确定的专门委员会投票决定。这些不同形式的城市联盟组织形式建立在平等、协商的基础之上，反映了城市之间社会经济活动协同的基本要求。

通过对不同的城市联盟组织管理形式评价和认同程度的调查，本书的实证研究得到了受访对象对不同组织管理形式的认可程度（图 8-3）。其结果显示，对城市联盟来讲，较为理想的组织管理形式是共同组建专门的管理机构，各城市轮值主持工作，重大决策由双方事前协商确定的专门委员会投票决定。这种组织管理形式类似于欧盟的组织管理。

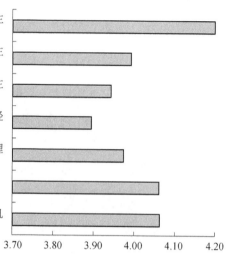

图 8-3　城市联盟组织管理形式评价与选择

欧盟其实是一个集政治实体和经济实体于一身，在世界上具有巨大影响力的区域一体化组织，其宗旨是"通过建立无内部边界的空间，加强经济、社会的协调发展和建立最终实行统一货币的经济货币联盟，促进成员国经济和社会的均衡发展"，"通过实行共同外交和安全政策，在国际舞台上弘扬联盟的个性"。欧盟委员会是欧盟的常设执行机构，也是欧盟唯一有权起草法令的机构。它是整个欧洲共同体行政体系的发动机，具有主动权，可以制订法律文件，并为欧洲议会和欧盟理事会准备这些法律文件；在法律提案还没有获得决议的情况下，欧盟委员会可以随时撤回其法律提案；作为欧盟执行机构，其负责欧盟各项法律文件（指令、条例、决定）的具体贯彻执行，以及预算和项目的执行；欧盟委员会和欧洲法院一起保障共同体法律切实被遵守；作为欧洲共同体在国际舞台的代表，特别是进行商贸和合作方面的国际条约的谈判。欧盟委员会设有 27个委员，其中，一名担任欧盟委员会主席领导整个欧盟委员会，非主席的委员也根据其职责领域被称为欧盟某事务专员。欧盟委员会每 5 年在欧洲议会选举结束的 6 个月内换届，欧盟委员会主席由欧盟理事会和成员国政府首脑一起决定，并需要得到欧洲议会的赞成。主席被任命后需要和各成员国政府商榷，确定委员会的成员，欧盟每个各成员国都选派一名委员。欧盟委员会的成员之间互相平等，共同制定政策。欧盟委员会和欧洲议会一样，每届任期5年。欧盟委员会的每个成员都拥有一个由6～9名政治官员组成的工作团队[①]。

　　本书研究认为由各个合作城市之间共同组建专门的管理机构，各城市轮值主持工作，重大决策由双方事前协商确定的专门委员会投票决定，这种组织管理形式是较为理想的城市联盟组织管理形式。实证调查也表明，对较为初级或发展早期的城市联盟，也可以采用产业间自主互动、政府间通过定期会晤机制来协商解决相关事宜，以及各个城市建立专门的联络部门（或小组），通过联络部门（或小组）之间的协商来处理各项合作事宜等组织管理形式。随着市场的开放、经济技术交流的加深，特别是随着城市之间专业化分工合作和资源整合配置程度的提高，城市联盟组织管理形式应该向成立专门的管理机构、各城市轮值主持的组织管理形式过渡。

8.4　影响城市联盟稳定发展的因素

　　城市联盟稳定发展建立在平等协商的基础之上，由于不存在统一的行政权威的协调，其稳定发展受到诸多因素的影响，这些因素按照城市联盟的发展和运营的过程可以归结为联盟城市之间是否相互依赖、各个联盟成员是否愿意投入资源、联盟后是否建立了良好的协商机制、是否健全了对联盟体的管控机制，以及是否获得预期的联盟收益等方面。本书按照所建立的量表对城市联盟稳定发展的影响因素进行实证分析，其数据分析结果如下。

1. 城市联盟稳定发展影响因素量表的建构效度和信度检验

　　对城市联盟稳定发展影响因素量表进行因子分析，以观测变量的效度检验，检验结果同样通过SPSS19.0基于主成分法萃取和最大方差法旋转产生，其中的KMO和Bartlett球形度检验结果见表8-9。

表8-9　城市联盟稳定发展影响因素量表的KMO和Bartlett球形度检验

取样适当性量数的KMO度量		0.946
Bartlett球形度检验	χ^2值	7536.916
	自由度	435
	Sig.	0.000

---

① 关于欧盟的组织管理形式介绍来源于百度百科。

表 8-9 显示，城市联盟稳定性影响因素量表的 KMO 值为 0.946，表示指标统计量甚佳，量表中的变量适宜进行因子分析。量表的 Bartlett 球形度检验的 χ^2 值为 7356.916，自由度为 435，达到 0.050 的显著水平，表示总体的相关矩阵间有共同因素存在，适合进行因子分析。

同时，通过对其提取因子的一致性检验（表 8-10），各个因子的 Cronbach's Alpha 系数分别为 0.766、0.744、0.761、0.758、0.751，表明一致性较佳。并且，各个因子的总体方差解释率为 48.748%，意味着提取的因子能较好地反映城市联盟稳定发展的影响因素。

表 8-10　城市联盟稳定性影响因素因子结构及其信度检验

观测变量	成分					共同性	Cronbach's Alpha
	协商交流机制	联盟合作的前提	相互信赖性	优势互补性	管控权结构		
F29. 合作中实现了社会经济的双赢	0.647					0.539	
F21. 在城市联盟中建立了信息和技术交流的共享平台	0.638					0.501	
F20. 合作双方协商解决遇到的问题	0.638					0.576	
F30. 合作双方的决策权平等。不存在一方主导另一方的情况	0.524					0.455	0.766
F26. 合作双方愿意为实现目标而协同努力	0.464					0.395	
F22. 城市联盟中建立了冲突的解决机制	0.433					0.442	
F28. 合作双方从城市联盟中获得的回报是平等		0.638				0.529	
F27. 合作双方的管理部门建立了深厚的个人友谊		0.597				0.488	
F6. 合作双方的民俗文化是兼容的		0.522				0.511	0.744
F5. 合作双方之前就有长期友好合作的经历		0.507				0.526	
F7. 合作双方都全部兑现了所承诺要投入的资源		0.462				0.420	
F9. 合作双方愿意为城市联盟建设和发展而调整或增加专门的投入			0.686			0.566	0.761

续表

观测变量	成分					共同性	Cronbach's Alpha
	协商交流机制	联盟合作的前提	相互信赖性	优势互补性	管控权结构		
F23. 合作双方形成了紧密的经济利益关系，相互间的依赖性很强			0.552			0.447	
F24. 合作双方彼此信赖			0.489			0.456	
F10. 合作伙伴投入城市联盟的技术是决定其市场竞争力的核心技术			0.477			0.440	0.761
F8. 合作双方都进行了专门的固定资产或资源投资			0.470			0.450	
F25. 合作双方对于相关信息和技术倾囊相授			0.428			0.421	
F3. 合作双方的社会经济实力相差不大				0.626		0.516	
F4. 合作双方的资源（或优势）具有互补性				0.580		0.478	
F2. 合作双方在资源和技术等方面各有优势				0.555		0.586	
F12. 合作伙伴以其主导产业进行城市联盟合作				0.507		0.468	0.758
F11. 合作伙伴投入城市联盟的是目前市场上最新的技术				0.500		0.499	
F1. 合作双方的合作动机和目标是兼容的				0.469		0.558	
F18. 合作双方依据对合作项目的贡献来分享收益					0.658	0.568	
F17. 合作双方对一切问题的解决都依赖于法律和合作协议					0.584	0.516	
F19. 合作双方建立了定期和不定期的协商和交流的制度					0.501	0.468	
F16. 合作双方对合作项目的管理权和决策权的分配是按照投资比例确定的					0.495	0.460	0.751
F15. 合作双方对等地分配了相关合作项目的控制权和管理决策权					0.476	0.430	
F14. 合作双方按照各自的优势进行了专业化分工					0.438	0.428	
方差解释率/%	11.342	9.708	9.498	9.386	8.814		
总体方差解释率/%	48.748						

2. 城市联盟稳定发展影响因素分析

城市联盟稳定发展是一系列复杂因素综合作用的结果，从城市联盟构建、发展和演化的动态过程来考察，影响其稳定发展的因素主要包括联盟合作的前提条件、相互信赖性、优势互补性、协商交流机制、管控权结构等方面，并且，实证研究显示，城市联盟中协商交流机制是极其重要的。

（1）合作的前提条件，其反映了城市联盟的预期和合作意向，以及一些有助于城市联盟建立的便利条件，主要包括预期收益、资源投入意向，以及之前的合作经历、文化兼容和相关行政管理部门之间的个人关系。

（2）优势互补性，其反映出了城市联盟的经济活动组织属性，它要求建立联盟的各个城市之间在资源和技术等方面各有优势，并且实力相当，而且这些优势资源和条件必须具有互补性，并且各个联盟成员必须以其主导产业和市场上最新的技术进行城市联盟合作，只有这样才能实现合作动机和目标的兼容。

（3）相互依赖性，相互依赖取决于互补性的资源条件，但更重要的是城市之间所形成的紧密的经济利益，以及为此而专门投入的固定资产或资源、为相互合作而调整或增加的专门投入、相互之间的核心技术和信息交流。由于专用性资产的投入会产生"套牢问题"（Williamson，1985），核心技术交流和分享会产生技术"溢出效应"（Inkpen and Beamish，1997；Prahalad and Hamel，1990），因此这些资产或技术资源的投入会形成或增强联盟成员之间的相互依赖性，并因此而反映出各个联盟成员的投资信心，从而有助于城市联盟的稳定发展。

（4）协商交流机制，联盟合作中的协商交流是极其重要的，由于不同主体之间的合作会产生行为协同的问题和合作利益的冲突，因此必须建立起信息和技术交流的共享平台、协商解决问题的机制和冲突解决的机制，从而在平等合作的基础上实现社会经济利益的双赢。

（5）管控权和利益结构，城市联盟以获得利益的双赢为动力，这要求联盟各方成员必须按照投资比例来确定合作项目的管理权和决策权，以形成对等的管控权力结构，并通过专业化分工结构来实现联盟合作的预期目标，以及分享合作中的收益。对等的管控结构和公平的利益分享有利于规避合作冲突和关系性风险，从而推动城市联盟稳定发展。

8.5　本　章　小　结

　　城市联盟是指两个或两个以上城市因为一定的目的和愿景，建立在专业化分工基础上的一种合作性超边界组织系统。城市联盟通过打破行政区域划分的限制来有效配置资源，实现优势互补，并取得推动城市发展的协同效应。城市联盟的动力来自于社会经济问题解决、资源共享和整合、产业结构调整和优化、市场建设和技术合作、提高现有资源的配置效率、节约投资成本和交易费用，以及获得专业化分工经济性等几个方面。这些动力不仅反映了推动城市经济发展的要求，也反映了实现城乡统筹、环境治理等可持续发展问题解决的要求。

　　城市联盟是不同城市之间的合作关系，其中涉及复杂的社会经济活动组织，如何协调不同城市的决策行为使彼此的行为选择一致和同步，是城市联盟稳定发展的关键。由于不存在统一的行政权威协调，城市联盟就需要建立起适宜的组织管理形式以确保各个联盟成员之间行为选择的一致性和同步性。实证研究表明，较为理想的城市联盟组织管理形式应该由各个合作城市之间共同组建专门的管理机构，各城市轮值主持工作，重大决策由双方事前协商确定的专门委员会投票决定，这种组织管理形式类似于欧盟的组织管理形式。

　　影响城市联盟稳定发展的因素是极其复杂的，这些因素可以归结为城市联盟的合作意愿、城市之间的相互依赖性、资源互补性，以及城市联盟运行中的协商交流机制和联盟管控权结构与利益分享结构，这些复杂因素相互作用，共同推进城市联盟的稳定发展。

9

成渝经济区区域经济联盟的
实证分析

本书课题组走访研究区域经济联盟的部分专家学者、成渝经济区政府相关部门领导，了解成渝经济区区域资源与产业状况，本章对此进行了全面的概述，并对成渝产业联盟的相关性进行了实证分析。运用产业关联分析的方法，通过重庆市、四川省及川渝之间的投入产出表计算重庆市内、四川省内及川渝之间的产业影响力系数和感应度系数，然后进行产业关联分析得出产业间的关联程度，这不仅为成渝经济区区域经济联盟做出了实证分析，也为成渝经济区未来的区域经济联盟发展方向提供了参考。

9.1　成渝经济区概况

成渝经济区地处四川盆地，东邻湘鄂，西通青藏，南连云贵，北接陕甘，位于长江上游，是中国重要的人口、城镇、产业聚集区，对引领西部地区快速发展、提升内陆开放水平、增强国家综合实力具有重要作用，在中国经济社会发展中具有重要的战略地位。成渝经济区的地理范围包括重庆市的渝中、大渡口、江北、沙坪坝、九龙坡、南岸、北碚、渝北、巴南、万州、涪陵、长寿、江津、合川、永川、南川、綦江（与万盛合并）、潼南、铜梁、大足（与双桥合并）、荣昌、璧山、梁平、丰都、垫江、忠县、开县、云阳、石柱 29 个区县，四川省的成都、德阳、绵阳、眉山、资阳、遂宁、乐山、雅安、自贡、泸州、内江、南充、宜宾、达州、广安 15 个市，区域面积约为 20.6 万千米^2。成渝经济区地域辽阔、资源丰富、人口众多、城镇密集、产业体系完备，经过多年的建设，特别是国家实施西部大开发战略以来，其经济建设成就突出，社会事业发展全面，各个方面都发生着深刻的变化。

9.1.1 成渝经济区资源概况

川渝两地地理区域广博，拥有丰富的生物资源、水资源、矿产资源等，其中许多资源不仅储备量巨大而且分布相对集中，具有重大开发价值。

（1）土地资源。川渝地区古称"巴蜀"，有"天府之国"的美称，是我国历史最悠久的地区之一，所以川渝两地的土地资源开发程度较高。重庆市辖区面积为 8.24 万千米^2，其中，耕地面积为 2.3 万千米^2，建设用地面积为 0.6 万千米^2，森林面积为 2.5 万千米^2，森林覆盖率约为 30%，未利用地面积为 0.7 万千米^2。2015 年，四川省辖区面积为 48.6 万千米^2，其中山地占全省面积的 77.1%、丘陵占全省面积的 12.9%、平原占全省面积的 5.3%、高原占全省面积的 4.7%，全省耕地面积为 6.74 万千米^2。2016 年森林覆盖率约为 36.88%。

（2）水资源。重庆市境内江河密布，水网纵横，水能巨大，颇具开发潜力。在 600 余千米长江干流沿线，汇集嘉陵江、涪江、乌江、渠江、大宁河五大支流及百余条小河流。2000 年，重庆市平均每年水资源总量在 5000 亿米^3 左右，水能资源理论蕴藏量为 1438.28 万千瓦，可开发量为 750 万千瓦，每平方千米水面积跃居全国第一，全市每平方千米拥有可开发水电总装机容量是全国平均数的 3 倍，水能资源开发量在全国所有城市中居于前列。并且，还拥有丰沛的饮用矿泉水和充足的地下热能，极具开发潜力。四川省素有"千河之省"的称号，水资源全省总量为 3489.7 亿米^3，水资源在全国城市名列前茅，其中最为丰富的是川河径流，总量约为 3000 亿米^3，人均水量 3122 米^3。四川省除阿坝县、若尔盖县、红原县等境内的黑河、白河属黄河水系注入黄河，其余均属长江水系。长江是流经四川省内的最大河流，其上游称为金沙江。四川省境内主要支流包括雅砻江、岷江（包括大渡河、青衣江）、沱江、嘉陵江（包括涪江、渠江）、赤水河等，河道落差大，水能资源十分丰富。全省水能理论蕴藏量为 14 268.85 万千瓦，约占全国的 21.2%；经济可开发量为 7611.20 万千瓦，约占全国的 31.9%；技术可开发量为 10 345.96 万千瓦，约占全国的 27.3%。

（3）矿产资源。2000 年，在全国大中城市中，重庆市是矿产资源最丰富的

地区之一，已发现矿产达 75 种，初步探明的矿产有 40 多种，矿藏产地已探明
353 处，储量矿产的潜在价值达 3882 亿元。优势矿产有汞、铝、锶、煤、锰、
天然气等。西南铝业（集团）有限公司在我国南方成为重要的煤炭生产基地，
其中，已探明煤储量为 33 亿吨。垫江卧龙河气田开采量居全国第一，已探明天
然气储量有 3200 亿米 ^{3}。锶矿是重庆最具特色的优势矿种，质量和储量高均居
全国之首。探明锰矿的储量为 3700 万吨，名列全国第二。钼、钒、钡储量位列
全国第三。分布在酉阳、秀山的汞矿是全国罕见的特大型矿床，已探明的储量
为 1.9 万吨。此外，还有萤石、石灰石、硅、重晶石、岩盐等非金属矿产。四川
省境内已探明储量的矿种多达 94 种，占全国已探明储量矿种总数的 60%，其中
钒、天然气、玻璃砂岩、钛等 38 种矿产的保有量位于全国前五。在对社会经济
发展有重大影响的 40 种矿产中，有 20 多种矿产的储量居全国前 5 位。大宗矿
产在四川省境内分布相对集中，极有利于规模开发。攀枝花的铁矿石储备量达
50 多亿吨，是我国第二大铁矿基地。天然气主要集中在四川省东北地区，全省
天然气远景资源量为 5.18 万亿米 ^{3}，累积探明储量为 4000 多亿米 ^{3}，开发出气
田 79 个，含气构造 53 个。成都眉山地区的芒硝矿共有大型矿床 16 处，中型矿
床 11 处，是我国除青海盐湖以外芒硝资源最集中的地区。煤炭资源主要分布在
川南的宜宾、泸州，在国内占有一定地位，保有储量占全国的 1.5%。全省矿
产资源开发初具规模，已形成包括有色金属、化工、能源、黑色冶金、建材非
金属矿产开发和加工的完整生产体系，在我国中西部地区，已成为重要的原料
基地。

（4）生物资源。重庆市是我国自然资源最丰富的地区之一。不仅植物资源
丰富，而且是全国重要的中药材产地之一，主要有天麻、厚朴、黄柏、杜仲、
黄连、白术、金银花、元胡、当归、党参、贝母等。农作物主要是玉米、小麦、
水稻、红薯，水稻居于首位。除农作物外，还有茶叶、蚕桑、黄红麻、烤烟、
油菜、花生、油桐、乌桕等名优经济作物，尚有"柑橘之乡""油桐之乡""乌
桕之乡""烤烟之乡""榨菜之乡"的称号。果树作物主要有甜橙、柚、柑橘、
桃、李等，其中，柑橘最具盛名。畜禽类中以有"华夏国宝"之称的荣昌猪为
全国三大猪种之首，石柱土家族自治县是全国最大的长毛兔生产基地。四川省
生物资源也极为丰富，许多珍稀的动植物种类保存下来，成为我国一座极具研
究价值的基因库。四川省境内有脊椎动物 1238 种，占全国脊椎动物种数的 40%
以上，居全国第二位。生长植物万余种，约占全国总数的三分之一。素有"天
府之国"之称的四川省沃野千里，农业资源富足，是我国重要的粮食主产区，

水稻、油菜、生猪产量全国第一，是全国五大牧区之一，其中甘孜藏族自治州、阿坝藏族羌族自治州、凉山彝族自治州三州是南方最大的牧区，仅甘孜藏族自治州的牦牛存栏量就与整个西藏相当，四川还是我国三大蚕丝基地之一。

9.1.2　成渝经济区产业基础

四川省和重庆市是我国西部地区和长江上游地区最重要的经济区，拥有悠久的历史背景和丰富的资源条件从而形成了现在的产业体系。

（1）机械制造业。四川省和重庆市机械制造业的主要产品包括重大装备、工程机械、仪器仪表、飞机部件、输变电设备、汽车、摩托车、机车车辆等产品，无论从现有基础还是未来市场前景分析，都将具有巨大的发展空间，能够带动上下游产业。

（2）重大技术装备制造业。经过"一五"时期和"二五"时期的建设，在"三五"建设时期大批装备制造企业迁入四川省，奠定了现在川渝两地重大技术装备制造业在全国的重要地位。四川省作为我国主要的重大技术装备生产研发基地之一，为国家经济建设和军队现代化建设提供了一大批重大技术装备和先进设备。

（3）工程机械。四川省具有大型工程机械的研发、设计和制造能力。目前已经为国家重点工程等项目提供了轮式装载机、液压挖掘机、汽车起重机、压路机、平地机、多功能道路材料摊铺机和全断面掘进机等多种工程机械，其生产能力位居全国前茅。四川省在全断面掘进机、大型液压挖掘机方面；在集装箱正面吊运机及叉车、系列汽车起重机、大吨位轮式装载机及静液压式中小吨位、多功能装载机，大容量柴油驱动和电驱动液压挖掘机方面等产品的研发与制造方面也具有一定优势。

（4）汽车、摩托车及机车车辆制造业。目前，重庆市已经是继北京市、吉林省、上海市之后的中国第四大汽车生产基地，是我国最大的摩托车生产和出口基地，并且重庆市还具有良好的汽车零部件产业基础。四川省汽车制造业经过30多年的发展，已经初步形成客车、载货汽车、改装车、生产体系及汽车零配件配套体系。在整车方面，轻型客车、载货汽车、改装车、专用车在国内有一定优势。在零部件方面，微型车后桥、中冷器、汽油机、中型客车前后桥、中型柴油机、汽车电机、汽车传感器、汽车减震器、发动机电喷装置和汽车模具，已在国内处于领先水平，四川省还具有较强的干线机车车辆的制造能力。

随着川渝两省市产业结构升级、国内消费需求改变，两地的汽车、摩托车及机车车辆制造业发展迅猛，在全国具有重要的地位。

（5）能源产业。川渝两省市的能源产业将集中发展水电、火电、天然气，迅速扩大规模并形成互补功能，建设能够支撑"川电外送"的电力供应及保障体系，成为中国最大的能源基地。围绕把四川省建成"西电东送"基地的发展目标，四川省将极大地推进水电流域梯级综合协调开发，统筹、全面开发雅砻江、大渡河、金沙江等"三江"水电基地。截至 2017 年，已开工建设了岷江紫坪铺、大渡河瀑布沟、雅砻江锦屏一级、金沙江溪洛渡等大型水电站和一批中小型水电站，水电装机容量已经达到 1499 万千瓦。

（6）天然气。截至 2005 年，四川省天然气每年产量为 171.1 亿米^3，占全国天然气总产量的 24.7%，是我国天然气管网最发达的地区，已经形成以南、北输气干线为主体，各气源开发区为依托，环形输送管网及低压配送、高压输送完备的管网体系。同时四川省也是全国天然气使用最多的省份，其中，城市燃气占总使用量的 40.8%，天然气化工用气占总使用量的 39.1%，工业燃料用气占总使用量的 18.3%，天然气发电用气占总使用量的 1.8%。

（7）煤炭。截至 2005 年，四川省已探明煤炭资源量为 135.3 亿吨，保有煤炭资源量为 120.8 亿吨，在国内列居第 13 位，占我国煤炭总储量的 1%。现在全省拥有各类煤矿共 2206 处，年生产总能力为 9693 万吨。煤炭加工与综合利用、煤矿安全生产、矿区生态环境治理取得显著成绩。全省现有洗煤厂 123 座，年入洗能力为 2210 万吨。焦化厂共 11 座，年平均生产能力为 254.5 万吨。全省煤炭企业拥有水泥厂、矸砖厂、发电厂等 126 座。煤炭行业多元化发展较好。

（8）电子信息产业。国家在"一五"期间就开始对川渝两地的电子信息产业进行规划布局，历经"三线"建设和改革开放而发展壮大。四川省把电子信息化产业列为"一号工程"，确定了建设国家级六大基地、重点发展五大类电子信息产业、最大的电子信息产品交易和信息服务市场、西部最大的网络交接、信息交换服务中心的目标。重庆市也把电子信息产业作为重点发展的产业之一。

（9）数字视听产品制造业。四川省著名企业四川长虹电器股份有限公司已经具有巨大的生产制造能力及较低的制造成本，主要产品的应用技术研发已经处于国内领先水平，销售网络健全完善，具有较强融资能力，在这些优势条件下需要实施产业和技术创新，进一步扩大背投电视、液晶电视、等离子体电视、数字化高清晰度 CRT 电视等整机产品的生产规模，并且围绕重点数字视听整机产品，大力推进薄膜晶体管液晶显示器件（liquid crystal display，LCD）、等离子显示板（plasma display panel，PDP）等平面显示器件的发展，积极扩大液晶显示器、背投管及背投管玻壳、磁性元器件、数字高频头、大功率发射管及天线等主要部件的生产规模。

（10）电子元器件及基础材料制造业。四川省的磁性材料品种全、档次高，光缆和光纤产销规模位居全国前茅，大功率陶瓷发射管、高密度和通信用连接器、陶瓷材料、钨丝、钼丝、浆料、片式阻容元件、热敏电阻、接插件、金属膜电阻等都具有强大的基础和潜力，激光器组件、波分复用器、光连接器等一批光电器件已经开始进入发展期。重庆市电子信息产业正在实施"1162 工程"：五年新增投资 1000 亿元，重点发展通信产品、软件与信息服务、信息家电、数字化仪器仪表（含数字医疗）、新型元器件（含汽车电子）、集成电路六大领域，已建设北部新区西永、高新区西区两个微电子工业园基地，还将扶植一大批研发电子信息制造企业。

（11）光电产品制造业。光通信及网络产品是四川省的优势产品，大唐电信科技股份有限公司、成都中康光缆有限公司、四川汇源光通信股份有限公司等企业的光缆和成都中住光纤有限公司的光纤，其产销规模均进入全国前列，光缆总规模位居全国第三位，光纤位居全国第四位。大唐电信科技股份有限公司光通信分公司作为四川光通信设备的主要生产企业，已经成为国内少数几家具备同步数字体系（synchronous digital hierarchy，SDH）、密集型光波复用（dense wavelength division multiplexing，DWDM）、光分插复用器（optical add-drop-multiplexer，OADM）设备研发生产能力的企业之一，其生产规模位居全国第五位。光电子器件方面，四川省也开始发展光接收机、光连接器、光放大机、波分复用器等。

（12）钢铁工业。成渝经济区已经形成了集矿山采选、钢铁冶炼、压力加工、耐火材料、碳素制品、冶金机械和铁合金为一体，科技开发、设计、勘探、施工、检验测试相配套的完善的钢铁工业体系。在大型高炉冶炼钒钛磁铁矿、钒钛资源综合利用等工艺技术方面，已经达到国际领先高度。汽车大梁板、石油套管、合金钢棒材、重轨、大型型钢、汽轮机叶片用钢、优质建筑钢材和钒钛制品等产品在国内外市场上均具有较大的竞争力。四川省的钢铁工业主要集中在攀枝花和成都两个地区，位于攀枝花的攀钢集团是主营黑色金属采、选、冶炼及压延加工的特大型钢铁联合企业，2004 年，其具有年产钒钛磁铁矿达 1200

万吨、铁达400万吨、钢达350万吨、热轧板卷达150万吨、冷轧板卷达70万吨、大型材达110万吨、五氧化二钒达3000吨、太白粉达1万吨等钢铁、钒钛产品的综合生产能力。而在成都地区，攀钢集团通过兼并联合原成都无缝钢管厂和原成都钢铁厂建立了攀钢集团成都钢铁有限责任公司，其目前是国内无缝钢管和建筑钢材重要生产基地。位于绵阳市的攀钢集团四川长城特殊钢有限责任公司是全国重要的特殊钢和高温合金生产基地，主要生产优质碳素钢、弹簧钢、不锈钢、合金结构钢、轴承钢、高合工模具钢及高温合金、工业纯铁等优质钢材。此外，川东、川南、川西分别建成了四川省达州钢铁集团有限责任公司、川威集团威钢公司、德钢实业集团有限公司等几个地方骨干钢铁企业，可以有效满足区域市场的需要。

（13）化工产业。川渝两地地处长江上游资源丰富，是中国西部极具化工发展潜力的地区。四川省化学工业主要分布在川南地区的自贡、宜宾和泸州及川西地区的成都和德阳等城市。自贡是我国著名的"盐都"，盐卤、天然气、煤炭等资源丰富。自贡每年原盐产量为120万吨，占全省原盐产量的56%；烧碱产量为13万吨，占全省烧碱产量的37%；纯碱产量为34万吨，占全省纯碱产量的65.6%。宜宾市也已经形成以发展氯碱等化工原料为核心的产业链。德阳是我国西部化工基础原料制造业最集中的地区之一，也是我国五大磷矿生产基地之一，在精细化工、基础化工、磷化工、氯碱化工等方面具有比较优势。泸州天然气、煤、硫等矿产资源丰富，组合配套好，发展天然气化工具有得天独厚的资源条件。正在建设的四川80万吨乙烯项目弥补了整个西南地区石油化工的空白，同时促进了川渝和整个西南地区化工产业结构的调整，并进一步带动轻工、纺织、电子、汽车、建筑等下游产业发展。四川80万吨乙烯项目投产后，除了可以向我国西南各省（自治区、直辖市）提供急需的聚乙烯和聚丙烯，还可以提供乙烯、丙烯、丁烯-1、苯、二甲苯、丁二烯、MTBE（methyl tert-butyl ether，甲基叔丁基醚）、碳九馏分等重要的化工基础原料，为西南地区现有化工企业转换传统的原料路线，开发高新产品和实现产业结构升级创造了有利条件。

（14）医药工业。四川省和重庆市的医药工业主要集中在中成药、原料药和合成药三个优势方面，在国内占有重要地位。仅四川省的中药材资源就达4500多种，约占全国中药材资源种数的75%；拥有药材基地县20多个，四川省以生产抗生素为主，有西部地区规模最大的抗生素制造企业。而重庆以生产合成药为主，在化学制药、生物制药方面具有明显优势，拥有一批大型制药企业。在医药的科研方面，拥有包括成都中医药大学、华西医科大学及国家、省级医药的科研机构。

（15）农产品加工业。川渝两省市农业产品加工业的市场份额占全国 5% 以上，其中主营业务收入超过 10 亿元的优势产品有 16 个，特别是白酒、缫丝、畜禽屠宰、丝制品、中药饮片 5 个优势产品具有巨大的发展潜力。在规模上，四川省的饮料制造业在全国具有领先的优势，并且近年来随着啤酒、果蔬饮料、茶叶的快速发展，也进一步巩固了四川省在整个饮料制造业的龙头地位。重庆市农业产业化经营也取得了卓越成果。伴随产业化基地规模不断壮大，全市建立百万工程优质商品生产基地达 1080 万亩，已开始形成以江津—奉节段为重点的长江优质柑橘产业带；以涪陵、丰都、万州为重点的榨菜产业带；以武陵山区、大巴山区为重点的高质量中药材、草食牲畜产业带。重庆市的江津花椒、涪陵榨菜、奉节脐橙、秀山金银花、石柱黄连等产品在国内非常畅销且具有强大的竞争力。

9.2　成渝经济区区域产业关联度分析

根据产业关联度分析法，通过编制投入产出表，从部门间的直接联系推算出完整的联系，即经过直接的消耗系数推算出可以反映完全消耗（包括了部门间的直接消耗和全部的间接消耗）的 Leontief 逆矩阵，从而计算产业感应度系数和产业影响力系数，然后做出产业关联分析。

（1）重庆市 42 个部门产业影响力系数和产业感应度系数的计算。由于产业影响力系数是列向量系数，因此，计算重庆市内部某个部门的产业影响力系数要使用重庆市投入产出模型的 Leontief 逆矩阵 **A** 中列向量元素。根据产业影响

$$
\text{力系数 } u_j = \frac{\sum_{i=1}^{n} a_{ij}}{\frac{1}{n}\sum_{j=1}^{n}\sum_{i=1}^{n} a_{ij}}, \text{ 重庆市 } j \text{ 部门的影响力系数 } u_j^{渝} = \frac{\sum_{i=1}^{42} a_{ij}^{渝}}{\frac{1}{42}\sum_{j=1}^{42}\sum_{i=1}^{42} a_{ij}^{渝}}, \text{ 反映出}
$$

重庆市的 j 部门单位最终产品的生产对全市国民经济各部门的影响度。

产业感应度系数是行向量系数，因此，重庆市内部某个部门的感应度系数在计算时要使用重庆市投入产出模型的 Leontief 逆矩阵 **A** 中行向量元素。根据产

业感应度系数 $w_i = \dfrac{\sum\limits_{j=1}^{n} a_{ij}}{\dfrac{1}{n}\sum\limits_{j=1}^{n}\sum\limits_{i=1}^{n} a_{ij}}$ ，重庆市 i 部门的影响力系数 $w_i^{渝} = \dfrac{\sum\limits_{j=1}^{42} a_{ij}^{渝}}{\dfrac{1}{42}\sum\limits_{i=1}^{42}\sum\limits_{j=1}^{42} a_{ij}^{渝}}$ ，

反映了重庆市 i 部门与重庆市国民经济各部门生产单位最终产品的产业感应程
度。重庆市内部产业影响力系数和产业感应度系数及排序见表 9-1。

表 9-1　重庆市内部产业部门影响力系数和产业感应度系数及排序

产业部门	代码	产业影响力系数	排序	产业感应度系数	排序
农林牧渔业	01	1.4538	7	1.9846	6
煤炭开采和洗选业	02	0.5362	17	1.4370	10
石油和天然气开采业	03	0.0135	42	0.3139	24
金属矿采选业	04	0.0510	39	0.7370	17
非金属矿采选业	05	0.0712	35	0.5494	20
食品制造及烟草加工业	06	1.7577	5	1.1274	12
纺织业	07	0.5991	15	0.3831	22
纺织服装鞋帽皮革羽绒及其制品业	08	0.3156	26	0.3069	25
木材加工及家具制造业	09	0.1792	29	0.2323	29
造纸印刷及文教用品制造业	10	0.4742	18	0.7468	16
石油加工、炼焦及核燃料加工业	11	0.1223	33	0.8265	15
化学工业	12	2.3324	4	3.2313	3
非金属矿物制品业	13	1.2545	11	2.3322	4
金属冶炼及压延加工业	14	3.5108	3	6.2558	2
金属制品业	15	0.4277	22	0.6036	19
通用、专用设备制造业	16	1.6212	6	1.7586	7
交通运输设备制造业	17	9.7738	1	6.6802	1
电气机械及器材制造业	18	1.3762	9	1.1228	13
通信设备、计算机及其他电子设备制造业	19	0.3783	24	0.6490	18
仪器仪表及文化、办公用机械制造业	20	0.3465	25	0.3506	23
工艺品及其他制造业	21	0.0407	41	0.0245	42
废品废料业	22	0.0659	37	0.1218	35
电力、热力的生产和供应业	23	1.3224	10	2.0265	5
燃气生产和供应业	24	0.2000	28	0.1980	30

续表

产业部门	代码	产业影响力系数	排序	产业感应度系数	排序
水的生产和供应业	25	0.0532	38	0.0420	40
建筑业	26	6.0979	2	0.1122	36
交通运输、仓储业	27	1.3967	8	1.7383	8
邮政业	28	0.0445	40	0.0451	39
信息传输、计算机服务和软件业	29	0.4611	19	0.2814	28
批发和零售业	30	1.0332	13	1.5875	9
住宿和餐饮业	31	1.0862	12	0.8578	14
金融业	32	0.4240	23	1.3580	11
房地产业	33	0.1546	32	0.1835	32
租赁与商务服务业	34	0.5420	16	0.4813	21
研究与试验发展业	35	0.0712	36	0.1881	31
综合技术服务业	36	0.1786	30	0.3020	27
水利、环境和公共设施管理业	37	0.1142	34	0.1486	34
其他服务业	38	0.2305	27	0.3006	26
教育事业	39	0.4333	21	0.1117	37
卫生、社会保障和社会福利业	40	0.4341	20	0.1679	33
文化、体育和娱乐业	41	0.1698	31	0.0692	38
公共管理和社会组织业	42	0.8510	14	0.0254	41

综上所述，当重庆市的某个产业增加单位最终需求时，通过直接和间接关联对全市内部各个产业产出的影响，为重庆市产业影响力系数。将重庆市某个产业作为下游产业，将其对市内上游产业的带动作用设为"上关联"，则当产业影响力系数越大，该产业与市内其他产业的"上关联"越紧密；当重庆的某个产业增加单位最终需求时，通过直接和间接关联对全市内部各个产业产出的影响，得出重庆市产业感应度系数。将重庆市某个产业作为上游产业，将其对市内下游产业的推动作用设为"下关联"，则当重庆市某个产业感应度系数越大，该产业与市内其他产业的"下关联"越紧密。因而，综合评价重庆市各个产业的"上关联"和"下关联"程度，便可判断出某个产业在重庆市内部的关联情况。

（2）四川省 42 个部门产业影响力系数和产业感应度系数的计算。因为产业影响力系数是列向量系数，所以计算四川省内部某个部门的产业影响力系数，要使用四川省投入产出模型的 Leontief 逆矩阵 **A** 中列向量元素。根据影响力系

数 $u_j = \dfrac{\sum_{i=1}^{n} a_{ij}}{\dfrac{1}{n}\sum_{j=1}^{n}\sum_{i=1}^{n} a_{ij}}$ ，四川省 j 部门的产业影响力系数 $u_j^{川} = \dfrac{\sum_{i=1}^{42} a_{ij}^{川}}{\dfrac{1}{42}\sum_{j=1}^{42}\sum_{i=1}^{42} a_{ij}^{川}}$ ，反映了四

川省的 j 部门生产单位最终产品对全省国民经济各部门的影响程度。因为产业感应度系数是行向量系数，所以计算四川省内部某个部门的产业感应度系数要使用四川省投入产出模型的 Leontief 逆矩阵 A 中行向量元素。根据产业感应度系

数 $w_i = \dfrac{\sum_{j=1}^{n} a_{ij}}{\dfrac{1}{n}\sum_{i=1}^{n}\sum_{j=1}^{n} a_{ij}}$ ，四川省 i 部门的产业影响力系数 $w_i^{川} = \dfrac{\sum_{j=1}^{42} a_{ij}^{川}}{\dfrac{1}{42}\sum_{i=1}^{42}\sum_{j=1}^{42} a_{ij}^{川}}$ ，反映了

四川省国民经济各部门生产单位最终产品对四川省 i 部门的产业感应程度。四川省内部产业影响力系数和产业感应度系数及排序见表 9-2。

表 9-2 四川省内部产业部门影响力系数和感应度系数及排序

产业部门	代码	产业影响力	排序	产业感应度	排序
农林牧渔业	01	3.4681	3	4.5372	1
煤炭开采和洗选业	02	0.5806	17	1.2148	11
石油和天然气开采业	03	0.4509	23	0.5464	24
金属矿采选业	04	0.2018	35	0.6287	22
非金属矿采选业	05	0.1254	37	0.8209	18
食品制造及烟草加工业	06	4.0146	2	2.1091	6
纺织业	07	0.6951	16	0.5438	26
纺织服装鞋帽皮革羽绒及其制品业	08	0.4335	24	0.3072	27
木材加工及家具制造业	09	0.3712	28	0.6054	23
造纸印刷及文教用品制造业	10	0.5553	19	0.9411	16
石油加工、炼焦及核燃料加工业	11	0.3702	27	1.2052	12
化学工业	12	2.9624	5	3.5927	3
非金属矿物制品业	13	1.1027	12	1.5705	8
金属冶炼及压延加工业	14	3.3521	4	4.3352	2
金属制品业	15	0.4192	25	0.9870	15
通用、专用设备制造业	16	2.1016	6	1.2964	10
交通运输设备制造业	17	1.4393	9	0.8182	19
电气机械及器材制造业	18	0.9330	15	1.1717	13

续表

产业部门	代码	产业影响力	排序	产业感应度	排序
通信设备、计算机及其他电子设备制造业	19	1.0601	13	0.9385	17
仪器仪表及文化、办公用机械制造业	20	0.2257	33	0.2960	28
工艺品及其他制造业	21	0.0818	39	0.0943	37
废品废料业	22	0.0201	42	0.1027	36
电力、热力的生产和供应业	23	1.2997	10	1.9106	7
燃气生产和供应业	24	0.2194	34	0.2145	29
水的生产和供应业	25	0.0713	40	0.0563	40
建筑业	26	5.7371	1	0.1575	33
交通运输、仓储业	27	1.5990	8	2.5776	5
邮政业	28	0.0348	41	0.0545	41
信息传输、计算机服务和软件业	29	0.5385	20	0.6735	20
批发和零售业	30	1.9349	7	2.9864	4
住宿和餐饮业	31	1.2110	11	1.1273	14
金融业	32	0.5579	18	1.4825	9
房地产业	33	0.2913	30	0.1150	35
租赁与商务服务业	34	0.4858	22	0.5448	25
研究与试验发展业	35	0.1611	36	0.1928	30
综合技术服务业	36	0.2653	32	0.1755	32
水利、环境和公共设施管理业	37	0.0878	38	0.0623	39
其他服务业	38	0.5190	21	0.6291	21
教育事业	39	0.3600	29	0.1236	34
卫生、社会保障和社会福利业	40	0.4069	26	0.0719	38
文化、体育和娱乐业	41	0.2815	31	0.1814	31
公共管理和社会组织业	42	0.9729	14	0.0000	42

综上所述，当四川省的某个产业增加单位最终需求时，通过直接和间接关联对全省内部各个产业产出的影响，为四川省产业影响力系数。将四川省某个产业作为下游产业，将其对省内其上游产业的带动作用设为"上关联"，则当产业影响力系数越大，该产业与省内其他产业的"上关联"越紧密。当四川省的某个产业增加单位最终需求时，通过直接和间接关联对全省内部各个产业产出的影响，为四川省产业感应度系数。将四川省某个产业作为上游产业，将其对

省内下游产业的推动作用设为"下关联",则当四川省某个产业感应度系数越大,该产业与省内其他产业的"下关联"越紧密。因而,综合评价四川省各个产业的"上关联"和"下关联"程度,便可判断出某个产业在四川省内部的关联情况。

（3）川渝之间 38 个部门产业影响力和产业感应度系数的计算。由于产业影响力系数是列向量系数,因此,计算重庆市的某个部门对四川省的产业影响力系数要使用川渝间投入产出模型的 Leontief 逆矩阵 A 中部分的列向量元素;计算四川省的某个部门对重庆市的产业影响力系数要使用川渝间投入产出模型的 Leontief 逆矩阵 A 中部分的列向量元素。根据区域 m 的 j 部门对区域 s 的产业影

响力系数 $u_j^{ms} = \dfrac{\sum\limits_{i=1}^{n} a_{ij}^{sm}}{\dfrac{1}{n}\sum\limits_{j=1}^{n}\sum\limits_{i=1}^{n} a_{ij}^{sm}}$,计算重庆市对四川省和四川省对重庆市的产业影响

力系数。

产业感应度系数是行向量系数,因此,计算重庆市的某个部门对四川省的产业感应度系数要使用川渝间投入产出模型的 Leontief 逆矩阵 A 中部分的列向量元素;计算四川省的某个部门对重庆市的产业感应度系数要使用川渝间投入产出模型的 Leontief 逆矩阵 A 中部分的行向量元素。根据区域 s 的 i 部门对区域

m 的产业感应度系数 $w_i^{sm} = \dfrac{\sum\limits_{j=1}^{n} a_{ij}^{sm}}{\dfrac{1}{n}\sum\limits_{i=1}^{n}\sum\limits_{j=1}^{n} a_{ij}^{sm}}$,计算重庆市对四川省和四川省对重庆市

的产业感应度系数。

重庆市对四川省的产业影响力系数和产业感应度系数及排序见表 9-3。

表 9-3 重庆市对四川省产业部门影响力系数和产业感应度系数及排序

产业部门	代码	产业影响力系数	排序	产业感应度系数	排序
农林牧渔业	01	0.6811	26	4.0291	1
煤炭开采和洗选业	02	0.6513	28	0.6610	15
石油和天然气开采业	03	0.2963	38	0.0361	35
金属矿采选业	04	1.1393	13	0.0870	32
非金属矿采选业	05	0.9665	18	0.3869	23

续表

产业部门	代码	产业影响力系数	排序	产业感应度系数	排序
食品制造及烟草加工业	06	1.6713	4	1.2110	13
纺织业	07	1.5458	6	0.0873	31
服装皮革羽绒及其制品业	08	0.4470	35	0.0283	36
木材加工及家具制造业	09	0.8198	21	0.0640	33
造纸印刷及文教用品制造业	10	0.6644	27	0.4413	21
石油加工、炼焦及核燃料加工业	11	0.3534	37	0.0098	37
化学工业	12	1.0473	15	2.2501	7
非金属矿物制品业	13	1.1882	10	3.6129	2
金属冶炼及压延加工业	14	1.1980	9	2.2265	8
金属制品业	15	1.1104	14	0.3049	24
通用、专用设备制造业	16	1.0361	16	0.6330	17
交通运输设备制造业	17	3.3237	1	2.4073	6
电气机械及器材制造业	18	1.1432	12	0.2287	25
通信设备、计算机及其他电子设备制造业	19	0.5170	34	0.0594	34
仪器仪表及文化、办公用机械制造业	20	1.0345	17	0.1209	29
工艺品及其他制造业	21	0.7908	23	0.0058	38
电力、热力的生产和供应业	22	0.5210	33	2.6613	5
燃气生产和供应业	23	0.7468	24	0.1744	26
水的生产和供应业	24	0.8439	20	0.1602	27
建筑业	25	1.8868	3	0.3984	22
交通运输、仓储业	26	0.5947	30	2.9360	4
邮政业	27	0.6186	29	0.1535	28
信息传输、计算机服务和软件业	28	0.9590	19	1.3135	12
批发和零售业	29	1.2158	8	2.0727	9
住宿和餐饮业	30	1.2874	7	1.5198	10
金融业	31	0.4049	36	3.1922	3
房地产业	32	1.9618	2	0.6822	14
租赁与商务服务业	33	1.5511	5	0.6481	16
综合技术服务业	34	1.1834	11	0.4770	20
教育事业	35	0.5514	31	0.6204	18

续表

产业部门	代码	产业影响力系数	排序	产业感应度系数	排序
卫生、社会保障和社会福利业	36	0.7167	25	0.0890	30
文化、体育和娱乐业	37	0.5262	32	0.5490	19
其他服务业	38	0.8051	22	1.4611	11

综上所述，当重庆市的某个产业增加单位最终需求时，通过直接和间接关联对四川省各个产业产出的影响，表示为重庆市对四川省的产业影响力系数。即重庆市的某个产业作为下游产业，将其对四川省上游产业的带动作用设为"上关联"。重庆市的某个产业影响力系数越大，则该产业与四川省的"上关联"越紧密。当四川省的各个产业增加单位最终需求时，通过直接和间接关联对重庆市某个产业产出的影响，表示为重庆市对四川省产业感应度系数。即重庆市的某个产业作为上游产业，将其对四川省下游产业的推动作用，设为"下关联"，则重庆市的某个产业感应度系数越大，该产业与四川省的"下关联"越紧密。因此，综合评价重庆市对四川省产业的"上关联"和"下关联"程度，即可判断出重庆市对四川省某个产业的关联情况。

四川省对重庆市某个部门的产业影响力系数和产业感应度系数见表9-4。

表9-4 四川省对重庆市某个产业部门的产业影响力系数和产业感应度系数及排序

产业部门	代码	产业影响力系数	排序	产业感应度系数	排序
农林牧渔业	01	0.8691	25	3.0402	4
煤炭开采和洗选业	02	0.7648	34	0.6283	15
石油和天然气开采业	03	1.0249	16	0.0622	34
金属矿采选业	04	0.7238	35	0.0774	32
非金属矿采选业	05	1.1071	7	0.5585	19
食品制造及烟草加工业	06	1.6366	3	1.2643	10
纺织业	07	1.0770	11	0.0744	33
服装皮革羽绒及其制品业	08	0.8130	31	0.0439	36
木材加工及家具制造业	09	1.0671	14	0.1229	31
造纸印刷及文教用品制造业	10	0.8908	22	0.5300	20
石油加工、炼焦及核燃料加工业	11	0.7760	32	0.0200	38

续表

产业部门	代码	产业影响力系数	排序	产业感应度系数	排序
化学工业	12	0.9410	20	2.1373	8
非金属矿物制品业	13	1.6457	2	2.5619	6
金属冶炼及压延加工业	14	1.0884	9	3.3332	3
金属制品业	15	0.8777	24	0.3139	26
通用、专用设备制造业	16	0.8597	27	0.7567	13
交通运输设备制造业	17	1.4607	4	4.2719	1
电气机械及器材制造业	18	1.4446	5	0.2089	28
通信设备、计算机及其他电子设备制造业	19	0.9455	19	0.1979	29
仪器仪表及文化、办公用机械制造业	20	0.8861	23	0.3796	23
工艺品及其他制造业	21	1.1053	8	0.0262	37
电力、热力的生产和供应业	22	1.0699	13	2.8403	5
燃气生产和供应业	23	0.9731	18	0.4260	21
水的生产和供应业	24	1.0081	17	0.4135	22
建筑业	25	1.7017	1	2.3464	7
交通运输、仓储业	26	1.0699	12	1.7931	9
邮政业	27	0.8415	30	0.0454	35
信息传输、计算机服务和软件业	28	0.5383	37	0.6103	17
批发和零售业	29	0.7236	36	0.7132	14
住宿和餐饮业	30	1.2615	6	1.0554	12
金融业	31	0.8469	28	3.6285	2
房地产业	32	0.4486	38	0.3672	24
租赁与商务服务业	33	1.0816	10	1.2151	11
综合技术服务业	34	0.8454	29	0.5927	18
教育事业	35	0.9176	21	0.2247	27
卫生、社会保障和社会福利业	36	0.7682	33	0.1656	30
文化、体育和娱乐业	37	0.8643	26	0.3397	25
其他服务业	38	1.0349	15	0.6132	16

综上所述，当四川省的某个产业增加单位最终需求时，通过直接和间接关联对重庆市各个产业产出的影响，表示为四川省对重庆市的产业影响力系数。即四川省的某个产业作为下游产业，将其对重庆市的上游产业的带动作用设为"上关联"，即四川省的某个产业影响力系数越大，该产业与重庆市的"上关联"越紧密。当重庆市的各个产业增加单位最终需求时，通过直接和间接关联对四川省某个产业产出的影响，表示为四川省对重庆市产业感应度系数。即四川省的各个产业作为上游产业，将其对重庆市的下游产业的推动作用设为"下关联"，即四川省的某个产业感应度系数越大，该产业与重庆市的"下关联"越紧密。因而，综合评价四川省对重庆市产业的"上关联"和"下关联"程度，即可判断出四川省对重庆市某个产业的关联情况。

根据重庆市内部、四川省内部及川渝之间的产业影响力系数和产业感应度系数，分析判断 42 个部门产业的关联情况。成渝经济区产业关联度情况见表 9-5。

表 9-5 成渝经济区产业关联情况

	四川省内部	重庆市内部	四川省对重庆市	重庆市对四川省
产业影响力系数和产业感应度系数均大于1	农林牧渔业，食品制造及烟草加工业，化学工业，非金属矿物制品业，金属冶炼及压延加工业，通用、专用设备制造业，电力、热力的生产和供应业，交通运输、仓储业、批发与零售业，住宿与餐饮业	农林牧渔业，食品制造及烟草加工业，化学工业，非金属矿物制品业，金属冶炼及压延加工业，通用、专用设备制造业，交通运输设备制造业，电气机械及器材制造业，电力、热力的生产和供应业，交通运输、仓储业，批发和零售业	食品制造及烟草加工业，非金属矿物制品业，金属冶炼及压延加工业，交通设备制造业，电力、热力的生产和供应业，建筑业，交通运输、仓储业，住宿和餐饮业，租赁与商务服务业	食品制造及烟草加工业，化学工业，非金属矿物制品业，金属冶炼及压延加工业，交通运输设备制造业，批发和零售业，住宿和餐饮业
仅产业影响力系数大于1	交通运输设备制造业，通信设备、计算机及其他电子设备制造业，建筑业	住宿与餐饮业，建筑业	石油和天然气开采业，非金属矿采选业，纺织业，木材加工及家具制造业，电气机械及器材制造业，工艺品其他制造业，水的生产和供应业，其他服务业	金属矿采选业，纺织业，金属制品业，通用、专用设备制造业，电气机械及器材制造业，仪器仪表及文化、办公用机械制造业，建筑业，房地产业，租赁与商务服务业，综合技术服务业
仅产业感应度系数大于1	煤炭开采和洗选业，石油加工、炼焦及核燃料加工业，电气机械及器材制造业，金融业	煤炭开采和洗选业，金融业	农林牧渔业，化学工业，金融业	农林牧渔业，电力、热力的生产和供应业，交通运输、仓储业，信息传输、计算机服务和软件业，其他服务业金融业

续表

	四川省内部	重庆市内部	四川省对重庆市	重庆市对四川省
产业影响力系数和产业感应度系数均小于1	石油和天然气开采业,金属矿采选业,非金属矿采选业,纺织业,纺织服装鞋帽皮革羽绒及其制品业,木材加工及家具制造业,造纸印刷及文教用品制造业,金属制品业,仪器仪表及文化、办公用机械制造业,工艺品及其他制造业,废品废料业,燃气生产和供应业,邮政业,信息传输、计算机服务和软件业,房地产业,租赁与商务服务业,研究与试验发展业,综合技术服务业,水利、环境和公共设施管理业,其他服务业,教育事业,卫生、社会保障和社会福利业,文化、体育和娱乐业,公共管理和社会组织	石油和天然气开采业,金属矿采选业,非金属矿采选业,纺织业,纺织服装鞋帽皮革羽绒及其制品业,木材加工及家具制造业,造纸印刷及文教用品制造业,石油加工、炼焦及核燃料加工业,金属制品业,通信设备、计算机及其他电子设备制造业,仪器仪表及文化、办公用机械制造业,工艺品及其他制造业,废品废料业,燃气生产和供应业,水的生产和供应业,邮政业,信息传输、计算机服务和软件业,房地产业,租赁与商务服务业,综合技术服务业,水利、环境和公共设施管理业,其他服务业,教育事业,卫生、社会保障和社会福利业,文化、体育和娱乐业,公共管理和社会组织业	煤炭开采和洗选业,金属矿采选业,服装皮革羽绒及其制品业,造纸印刷及文教用品制造业,石油加工、炼焦及核燃料加工业,金属制品业,通用、专用设备制造业,通信设备、计算机及其他电子设备制造业,仪器仪表及文化、办公用机械制造业,燃气生产和供应业,邮政业,信息传输、计算机服务和软件业,批发和零售业,房地产业,综合技术服务业,教育事业,卫生、社会保障和社会福利业,文化、体育和娱乐业	煤炭开采和洗选业,石油和天然气开采业,非金属矿采选业,服装皮革羽绒及其制品业,木材加工及家具制造业,造纸印刷及文教用品制造业,石油加工、炼焦及核燃料加工业,通信设备、计算机及其他电子设备制造业,工艺品及其他制造业,燃气生产和供应业,水的生产和供应业,邮政业,教育事业,卫生、社会保障和社会福利业,文化、体育和娱乐业

（1）农林牧渔业。成渝经济区有"天府之国"的美称，资源丰富，是我国主要的粮食生产区，也是全国五大牧区之一。从产业关联度情况来看，重庆市的农林牧渔业产业影响力系数相对较高为 1.4538，排在第 7 位，同时农林牧渔业产业感应度系数也很高为 1.9846，排在第 6 位，这表明在重庆市内部，农林牧渔业产出的增加对其他部门产出的增加影响较大，而其他部门产出的增加将对农林牧渔业部门的产出也有较大的影响；四川省的农林牧渔业产业影响力系数也相对较高为 3.4681，排在第 3 位，同样农林牧渔业产业感应度系数非常高为 4.5372，排在第 1 位，这说明在四川省内部，农林牧渔业产出的增加对其他部门产出的增加影响较大，同样其他部门产出的增加将对农林牧渔业部门的产出也有较大的影响。而在川渝之间，四川省对重庆市的农林牧渔业产业影响力系数很低仅为 0.8691，排在第 25 位，农林牧渔业产业感应度系数很高为 3.0402，排在第 4 位；重庆市对四川省的农林牧渔业影响力系数也很低仅为 0.6811，排在第 26 位，农林牧渔业感应度系数最高为 4.0291，排在第 1 位。这说明川渝之

间，农林牧渔业的产业关联度情况都是农林牧渔业产出的增加对另一地区的各部门产出的增加影响比较低，而另一地区的各部门产出的增加对农林牧渔业部门的产出影响很高。

（2）煤炭开采和洗选业。从产业关联度情况来看，重庆市的煤炭开采和洗选业产业影响力系数比较低仅为 0.5362，排在第 17 位；煤炭开采和洗选业产业感应度系数较高为 1.4370，排在第 10 位，这说明在重庆市内部煤炭开采和洗选业产出的增加对其他部门产出的增加影响比较小，相反，煤炭开采和洗选业部门产出受其他部门产出的增加影响比较大；四川省的煤炭开采和洗选业产业影响力系数也很低仅为 0.5806，排在第 17 位；煤炭开采和洗选业产业感应度系数较高为 1.2148，排在第 11 位，这说明在四川省内部煤炭开采和洗选业产出的增加对其他部门产出的增加影响较小，而煤炭开采和洗选业部门产出受其他部门产出的增加将会产生较大的需求。而在川渝之间，四川省对重庆市的煤炭开采和洗选业产业影响力系数比较低仅为 0.7648，排在第 34 位，煤炭开采和洗选业产业感应度系数也很低为 0.6283，排在第 15 位；重庆市对四川省的煤炭开采和洗选业产业影响力系数同样很低仅为 0.6513，排在第 28 位，煤炭开采和洗选业产业感应度系数也很低为 0.661，排在第 15 位。这说明在四川省和重庆市之间，煤炭开采和洗选业的产出对另一地区的各部门产出的增加影响比较低，而煤炭开采和洗选业部门的产出受另一地区各部门产出的增加影响也很低，整个煤炭开采和洗选业产业关联度的程度比较低。

（3）石油和天然气开采业。从产业关联度情况来看，重庆市的石油和天然气开采业产业影响力系数最低仅为 0.0135，排在第 42 位；石油和天然气开采业产业感应度系数也比较低为 0.3139，排在第 24 位，这说明在重庆市内部，石油和天然气开采业产出的增加对其他部门产出增加的影响最小，而石油和天然气开采业部门产出受其他部门产出的增加影响也非常小；四川省的石油和天然气开采业产业影响力系数很低仅为 0.4509，排在第 23 位，石油和天然气开采业产业感应度系数同样也较低为 0.5464，排在第 24 位，这说明在四川省内部，石油和天然气开采业产出的增加对其他部门产出增加的影响较小，同样石油和天然气开采业部门的产出受其他部门产出的增加影响也较小。而在四川省和重庆市之间，四川省对重庆市的石油和天然气开采业产业影响力系数相对较高为 1.0249，排在第 16 位，然而石油和天然气开采业产业感应度系数很低为 0.0622，排在第 34 位；重庆市对四川省的石油和天然气开采业产业影响力系数最低，仅为 0.2963，排在第 38 位，石油和天然气开采业产业感应度系数非常低为 0.0361，排在第 35 位。这表明四川省石油和天然气开采业产出的增加对重庆市各部门产出增加的影响较高，而四川省石油和天然气开采业产出对重庆市各部门产出增加的需求影响非常低，同时，重庆市石油和天然气开采业产出的增加对四川省各部门产出增加的影响和重庆市石油和天然气开采业产出对四川省各部门产出增加的需求影响均非常低。

（4）金属矿采选业。从产业关联情况来看，重庆市的金属矿采选业产业影响力系数比较低仅为 0.0510，排在第 39 位；金属矿采选业产业感应度系数也比较低为 0.7370，排在第 17 位，这说明在重庆市内部，金属矿采选业产出的增加对其他部门产出的增加影响很小，同样金属矿采选业部门产出对其他部门产出的增加的影响也比较小；而四川省的金属矿采选业产业影响力系数同样比较低为 0.2018，排在第 35 位；金属矿采选业产业感应度系数也比较低为 0.6287，排在第 22 位，这说明在四川省内部，金属矿采选业产出的增加对其他部门产出的增加影响和比较小，而金属矿采选业部门的产出对其他部门产出的增加的影响也比较小。而在川渝之间，四川省对重庆市的金属矿采选业产业影响力系数非常低，仅为 0.7238，排在第 35 位，金属矿采选业产业感应度系数也非常低，仅为 0.0774，排在第 32 位；重庆市对四川省的金属矿采选业产业影响力系数较高为 1.1393，排在第 13 位，金属矿采选业产业感应度系数非常低，仅为 0.087，排在第 32 位。这表明四川省金属矿采选业产出的增加对重庆市各部门产出增加的影响和四川省金属矿采选业产出对重庆市各部门产出增加的需求影响均非常低，同时，四川省各部门产出增加对重庆市金属矿采选业产生的需求影响非常低，而重庆市金属矿采选业的增加对四川省各部门产出增加的影响较高。

（5）非金属矿采选业。从产业关联度情况来看，重庆市的非金属矿采选业产业影响力系数比较低为 0.0712，排在第 35 位，这表明在重庆市内部非金属矿采选业产出的增加对其他部门产出的增加影响比较小，而非金属矿采选业产业感应度系数也低为 0.5494，排在第 20 位，这表明在重庆市内部非金属矿采选业部门的产出对其他部门产出的增加影响比较小；四川省的非金属矿采选业产业影响力系数相对比较低为 0.1254，排在第 37 位，这表明在四川省内部，非金属矿采选业产出的增加对其他部门产出增加的影响相对较小，而非金属矿采选业产业感应度系数同样很低为 0.8209，排在第 18 位，这表明在四川省内部其他部门产出的增加对非金属矿采选业部门的产出影响比较小。而在川渝之间，四川省对重庆市的非金属矿采选业产业影响力系数相对较高为 1.1071，排在第 7 位，这表明四川省非金属矿采选业产出的增加对重庆市各部门产出增加的影响比较大,非金属矿采选业产业感应度系数相对较低为0.5585,排在第19位,这表明重庆市各部门产出增加对四川省非金属矿采选业的产出影响比较低;重庆市对四川省的非金属矿采选业产业影响力系数相对较低为0.9665,排在第18位,这表明重庆市非金属矿采选业的增加对四川省各部门产出增加的影响相对较低,非金属矿采选业产业感应度系数也很低仅为0.3869,排在第23位,这表明四川省各部门产出增加对重庆市非金属矿采选业的产出影响比较低。

（6）食品制造及烟草加工业。从产业关联度情况来看,重庆市的食品制造及烟草加工业产业影响力系数相对较高为1.7577,排在第5位,这表明在重庆市内部,食品制造及烟草加工业产出的增加对其他部门产出的增加影响相对较大,而食品制造及烟草加工业产业感应度系数同样相对较高为1.1274,排在第12位,这表明在重庆市内部其他部门产出的增加对食品制造及烟草加工业部门的产出影响较小。四川省的食品制造及烟草加工业产业影响力系数相对较高为4.0146,排在第2位,这表明在四川省内部食品制造及烟草加工业产出的增加对其他部门产出增加的影响相对较大,而食品制造及烟草加工业产业感应度系数同样相对较高为2.1091,排在第6位,这表明在四川省内部,其他部门产出的增加对食品制造及烟草加工业部门的产出影响相对较大。而在川渝之间,四川省对重庆市的食品制造及烟草加工业产业影响力系数比较高为1.6366,排在第3位,这表明四川省食品制造及烟草加工业产出的增加对重庆市各部门产出增加的影响比较大,同时食品制造及烟草加工业产业感应度系数也相对较高为1.2643,排在第10位,这表明重庆市各部门产出增加对四川省食品制造及烟草加工业的产出影响也比较大;重庆市对四川省的食品制造及烟草加工业产业影响力系数也很高为1.6713,排在第4位,这表明重庆市食品制造及烟草加工业的增加对四川省各部门产出增加的影响相对较大,食品制造及烟草加工业感应度系数也相对较高为1.2110,排在第13位,这表明四川省各部门产出增加对重庆市食品制造及烟草加工业的产出影响比较也很大。

（7）纺织业。从产业关联情况来看,重庆市的纺织业产业影响力系数相对较低为0.5991,排在第15位,这表明在重庆市内部纺织业产出的增加对其他部门产出的增加影响较小,纺织业产业感应度系数相对较低为0.3831,排在第22位,这表明在重庆市内部其他部门产出的增加对纺织业部门的产出影响较小;四川省的纺织业产业影响力系数相对较低为0.6951,排在第16位,这表明在四川省内部,纺织业产出的增加对其他部门产出的增加影响较小,纺织业产业感应度系数相对较低为0.5438,排在第26位,这表明在四川省内部,其他部门产出的增加对纺织业部门的产出影响较小。而在川渝之间，四川省对重庆市的纺织业产业影响力系数相对较高为 1.077，排在第 11 位，这表明四川省纺织业产出的增加对重庆市各部门产出增加的影响比较大，纺织业产业感应度系数相对较低为 0.0744，排在第 33 位，这表明重庆市各部门产出增加对四川省纺织业的产出影响相对较小；重庆市对四川省的纺织业产业影响力系数相对较高为 1.5458，排在第 6 位，这表明重庆市纺织业的增加对四川省各部门产出增加的影响相对较大，而纺织业产业感应度系数相对很低为 0.0873，排在第 31 位，这表明四川省各部门产出增加对重庆市纺织业的产出影响比较相对较小。

（8）服装皮革羽绒及其制品业。从产业关联情况来看，重庆市的服装皮革羽绒及其制品业产业影响力系数相对较低为 0.3156，排在第 26 位，这表明在重庆市内部，服装皮革羽绒及其制品业产出的增加对其他部门产出的增加影响较小；服装皮革羽绒及其制品业产业感应度系数相对较低为 0.3069，排在第 25 位，这表明在重庆市内部其他部门产出的增加对服装皮革羽绒及其制品业部门的产出影响较小；四川省的服装皮革羽绒及其制品业产业影响力系数较低为 0.4335，排在第 24 位，这表明在四川省内部服装皮革羽绒及其制品业产出的增加对其他部门产出增加的影响较小，而服装皮革羽绒及其制品业产业感应度系数相对很低为 0.3072，排在第 27 位，这表明在四川省内部其他部门产出的增加对服装皮革羽绒及其制品业部门产出的影响较小。而在川渝之间，四川省对重庆市的服装皮革羽绒及其制品业产业影响力系数相对较低为 0.813，排在第 31 位，服装皮革羽绒及其制品业产业感应度系数也相对非常低为 0.0439，排在第 36 位，重庆市对四川省的服装皮革羽绒及其制品业产业影响力系数相对较低为 0.447，排在第 35 位，服装皮革羽绒及其制品业产业感应度系数也相对非常低仅为 0.0283，排在第 36 位。这表明川渝之间在服装皮革羽绒及其制品业上具有非常低的产业关联度。

（9）木材加工及家具制造业。从产业关联度情况来看，重庆市的木材加工及家具制造业产业影响力系数相对较低为 0.1792，排在第 29 位，这表明在重庆市内部木材加工及家具制造业产出的增加对其他部门产出的增加影响较小，而木材加工及家具制造业产业感应度系数相对较低为 0.2323，排在第 29 位，这表明在重庆市内部其他部门产出的增加对木材加工及家具制造业部门的产出影响较低；四川省的木材加工及家具制造业产业影响力系数相对较低为 0.3712，排在第 27 位，这表明在四川省内部木材加工及家具制造业产出的增加对其他部门产出增加的影响较小，木材加工及家具制造业产业感应度系数却相对较低为

0.6054，排在第 23 位，这表明在四川省内部其他部门产出的增加对木材加工及家具制造业部门的产出影响比较小。而在川渝之间，四川省对重庆市的木材加工及家具制造业产业影响力系数相对较高为 1.0671，排在第 14 位，这表明四川省木材加工及家具制造业产出的增加对重庆市各部门产出增加的影响相对较大，而木材加工及家具制造业产业感应度系数却非常低为 0.1229，排在第 31 位，这表明重庆市各部门产出增加对四川省木材加工及家具制造业的产出影响较小；重庆市对四川省的木材加工及家具制造业产业影响力系数相对较低为 0.8198，排在第 21 位，这说明重庆市木材加工及家具制造业的增加对四川省各部门产出增加的影响相对较小，而产业感应度系数均也相对较低为 0.0640，排在第 33 位，这说明四川省各部门产出增加对重庆市木材加工及家具制造业产出的影响也相对较小。

（10）造纸印刷及文教用品制造业。从产业关联情况来看，重庆市的造纸印刷及文教用品制造业产业影响力系数相对较低为 0.4742，排在第 18 位，这表明在重庆市内部，造纸印刷及文教用品制造业产出的增加对其他部门产出的增加影响相对较小；同样造纸印刷及文教用品制造业产业感应度系数也相对较低为 0.7468，排在第 16 位，这表明在重庆市内部其他部门产出的增加对造纸印刷及文教用品制造业部门产出影响较小；四川省的造纸印刷及文教用品制造业产业影响力系数相对较低为 0.5553，排在第 19 位，这表明在四川省内部造纸印刷及文教用品制造业产出的增加对其他部门产出增加的影响相对较小，造纸印刷及文教用品制造业产业感应度系数也相对较低为 0.9411，排在第 16 位，这表明在四川省内部其他部门产出的增加对造纸印刷及文教用品制造业部门的产出影响也较小。而在川渝之间，四川省对重庆市的造纸印刷及文教用品制造业产业影响力系数相对较低为 0.8908，排在第 22 位，而造纸印刷及文教用品制造业感应度系数也很低为 0.5300，排在第 20 位；重庆市对四川省的造纸印刷及文教用品制造业产业影响力系数相对较低为 0.6644，排在第 27 位，同样产业感应度系数也相对较低为 0.4413，排在第 21 位。这说明川渝之间在造纸印刷及文教用品制造业的产业关联度程度非常低。

（11）石油加工、炼焦及核燃料加工业。从产业关联度情况来看，重庆市的石油加工、炼焦及核燃料加工业产业影响力系数相对较低为 0.1223，排在第 33 位，这表明在重庆市内部石油加工、炼焦及核燃料加工业产出的增加对其他部门产出的增加影响较小，而石油加工、炼焦及核燃料加工业产业感应度系数也相对较低为 0.8265，排在第 15 位，这表明在重庆市内部其他部门产出的增加对石油加工、炼焦及核燃料加工业部门的产出影响也较小；四川省的石油加工、炼焦及核燃料加工业产业影响力系数相对较低为 0.3702，排在第 28 位，这表明在四川省内部，石油加工、炼焦及核燃料加工业产出的增加对其他部门产出增加的影响相对较小，同样石油加工、炼焦及核燃料加工业产业感应度系数也相对较高为 1.2052，排在第 12 位，这表明在四川省内部其他部门产出的增加对石油加工、炼焦及核燃料加工业部门的产出影响较大。而在川渝之间，四川省对重庆市的石油加工、炼焦及核燃料加工业影响力系数相对较低为 0.7760，排在第 32 位，同样产业感应度系数也相对较低为 0.0200，排在第 38 位；重庆市对四川省的石油加工、炼焦及核燃料加工业产业影响力系数相对较低为 0.3534，排在第 37 位，同样产业感应度系数同样也相对较低为 0.0098，排在第 37 位。这表明川渝之间在石油加工、炼焦及核燃料加工业的产业关联程度很低。

（12）化学工业。从产业关联情况来看，重庆市的化学工业产业影响力系数较高为 2.3324，排在第 4 位；化学工业产业感应度系数也非常高为 3.2313，排在第 3 位，这表明在重庆市内部，化学工业产出的增加对其他部门产出的增加影响较大，其他部门产出的增加对化学工业部门的产出影响也较大；四川省的化学工业产业影响力系数较高为 2.9624，排在第 5 位；化学工业产业感应度系数也较高为 3.5927，排在第 3 位，这表明在四川省内部化学工业产出的增加对其他部门产出增加的影响较大，其他部门产出的增加对化学工业部门的产出影响也较大。而在川渝之间，四川省对重庆市的化学工业产业影响力系数较低为 0.9410，排在第 20 位，化学工业产业感应度系数较高为 2.1373，排在第 8 位；重庆市对四川省的化学工业产业影响力系数较高为 1.0473，排在第 15 位，化学工业产业感应度系数非常高为 2.2501，排在第 7 位。这说明四川省化学工业产出的增加对重庆市各部门产出增加的影响较小，重庆市各部门产出增加对四川省化学工业的产出影响、重庆市化学工业的增加对四川省各部门产出增加的影响和四川省各部门产出增加对重庆市化学工业产出的影响均较大。

（13）非金属矿物制品业。从产业关联度情况来看，重庆市的非金属矿物制品业产业影响力系数相对较高为 1.2545，排在第 11 位，同时非金属矿物制品业产业感应度系数也较高为 2.3322，排在第 4 位，这表明在重庆市内部非金属矿物制品业产出的增加对其他部门产出的增加影响较大，同样其他部门产出的增加对非金属矿物制品业部门产出的影响也较大；四川省的非金属矿物制品业产业影响力系数较高为 1.1027，排在第 12 位，而非金属矿物制品业产业感应度系数也较高为 1.5705，排在第 8 位，这表明在四川省内部非金属矿物制品业产出的增加对其他部门产出增加的影响较大，同时其他部门产出的增加对非金属矿物制品业部门的产出影响也较大。而在川渝之间，四川省对重庆市的非金属矿物制品业产业影响力系数非常高为1.6457，排在第2位，非金属矿物制品业产业感应度系数也非常高为2.5619，排在第6位；重庆市对四川省的非金属矿物制品业产业影响力系数较高为1.1882，排在第10位，非金属矿物制品业产业感应度系数非常高为3.6129，排在第2位，这说明川渝之间在非金属矿物制品业上的产业关联程度非常高。

（14）金属冶炼及压延加工业。从产业关联情况来看，重庆市的金属冶炼及压延加工业产业影响力系数非常高为3.5108，排在第3位，这表明在重庆市内部金属冶炼及压延加工业产出的增加对其他部门产出的增加影响很大，金属冶炼及压延加工业产业感应度系数也很高为6.2558，排在第2位，这表明在重庆市内部其他部门产出的增加对金属冶炼及压延加工业部门产出的影响非常大；四川省的金属冶炼及压延加工业产业影响力系数也较高为3.3521，排在第4位，这表明在四川省内部金属冶炼及压延加工业产出的增加对其他部门产出增加的影响较大，金属冶炼及压延加工业产业感应度系数非常高为4.3352，排在第2位，这表明在四川省内部其他部门产出的增加对金属冶炼及压延加工业部门产出的影响非常大。而在川渝之间，四川省对重庆市的金属冶炼及压延加工业产业影响力系数较高为1.0884，排在第9位，金属冶炼及压延加工业产业感应度系数也非常高为3.3332，排在第3位；而重庆市对四川省的金属冶炼及压延加工业产业影响力系数也较高为1.1980，排在第9位，金属冶炼及压延加工业产业感应度系数较高为2.2265，排在第8位。这说明川渝之间在金属冶炼及压延加工业上的产业关联度程度较高。

（15）金属制品业。从产业关联情况来看，重庆市的金属制品业产业影响力系数较低为0.4277，排在第21位，同样金属制品业产业感应度系数也较低为0.6036，排在第19位，这表明在重庆市内部金属制品业产出的增加对其他部门产出的增加影响较小，同样其他部门产出的增加对金属制品业部门产出的影响也较小；四川省的金属制品业产业影响力系数较低为0.4192，排在第25位，这表明在四川省内部金属制品业产出的增加对其他部门产出增加的影响较小，金属制品业产业感应度系数较低为0.9870，排在第15位，这表明在四川省内部其他部门产出的增加对金属制品业部门的产出影响较小。而在川渝之间，四川省对重庆市的金属制品业产业影响力系数和产业感应度系数都非常低，分别为0.8777和0.3139，排在第24位和第26位；重庆市对四川省的金属制品业产业影响力系数较高为 1.1104，排在第 14 位，而金属制品业产业感应度系数非常低为 0.3049，排在第 24 位。这说明四川省金属制品业产出的增加对重庆市各部门产出增加的影响和重庆市各部门产出增加对四川省金属制品业产出的影响都非常小，但重庆市金属制品业的增加对四川省各部门产出增加的影响较大，四川省各部门产出增加对重庆市金属制品业产出的影响则非常小。

（16）通用、专用设备制造业。从产业关联情况来看，重庆市的通用、专用设备制造业产业影响力系数较高为 1.6212，排在第 6 位，这表明在重庆市内部，通用、专用设备制造业产出的增加对其他部门产出的增加影响较大，通用、专用设备制造业产业感应度系数也较高为 1.7586，排在第 7 位，这表明在重庆市内部其他部门产出的增加对通用、专用设备制造业部门产出影响较大；四川省的通用、专用设备制造业产业影响力系数也非常高为 2.1016，排在第 6 位，这表明在四川省内部，通用、专用设备制造业产出的增加对其他部门产出增加的影响非常高，通用、专用设备制造业产业感应度系数较高为 1.2964，排在第 10 位，这表明在四川省内部其他部门产出的增加对通用、专用设备制造业部门产出的影响也较大。而在川渝之间，四川省对重庆市的通用、专用设备制造业产业影响力系数相对较低为 0.8597，排在第 27 位，产业感应度系数也相对较低为 0.7567，排在第 13 位，这说明四川省通用、专用设备制造业产出的增加对重庆市各部门产出增加的影响和重庆市各部门产出增加对四川省通用、专用设备制造业产出的影响均非常小；重庆市对四川省的通用、专用设备制造业产业影响力系数较高为 1.0361，排在第 16 位，但通用、专用设备制造业产业感应度系数较低为 0.6330，排在第 17 位，这说明重庆市通用、专用设备制造业的增加对四川省各部门产出增加的影响较大，而四川省各部门产出增加对重庆市通用、专用设备制造业产出的影响则较小。

（17）交通运输设备制造业。从产业关联度情况来看，重庆市的交通运输设备制造业产业影响力系数最高为 9.7738，排在第 1 位，这表明在重庆市内部交通运输设备制造业产出的增加对其他部门产出的增加影响非常大，同样交通运输设备制造业产业感应度系数也最高为 6.6802，排在第 1 位，这表明在重庆市内部其他部门产出的增加对交通运输设备制造业部门产出的影响也很大。四川省的交通运输设备制造业产业影响力系数较高为 1.4393，排在第 9 位，这表明在四川省内部，交通运输设备制造业产出的增加对其他部门产出增加的影响较大，而交通运输设备制造业产业感应度系数较低为 0.8182，排在第 19 位，这表明在四川省内部其他部门产出的增加对交通运输设备制造业部门的产出影响较小。而在川渝之间，四川省对重庆市的交通运输设备制造业产业影响力系数和产业感应度系数均非常高，分别为 1.4607 和 4.2719，排在第 4 位和第 1 位；重庆市对四川省的交通运输设备制造业产业影响力系数和产业感应度系数也都非常高，分别为 3.3237 和 2.4073，排在第 1 位和第 6 位，这说明川渝之间在交通运输设备制造业产业关联度程度较大。

（18）电气机械及器材制造业。从产业关联度情况来看，重庆市的电气机械及器材制造业产业影响力系数相对较高为 1.3762，排在第 9 位，这表明在重庆市内部，电气机械及器材制造业产出的增加对其他部门产出的增加影响较大，电气机械及器材制造业产业感应度系数也相对较高为 1.1228，排在第 13 位，这表明在其他部门产出的增加对电气机械及器材制造业部门产生的影响也相对较大；四川省的电气机械及器材制造业产业影响力系数相对较低为 0.9330，排在第 15 位，这表明在四川省内部电气机械及器材制造业产出的增加对其他部门产出增加的影响较小，电气机械及器材制造业产业感应度系数相对较高为 1.1717，排在第 13 位，这表明在四川省内部其他部门产出的增加对电气机械及器材制造业部门产出的影响相对较大。而在川渝之间，四川省对重庆市的电气机械及器材制造业产业影响力系数非常高为 1.4446，排在第 5 位，这表明四川省电气机械及器材制造业产出的增加的影响较大，而产业感应度系数非常低为 0.2089，排在第 28 位，这说明重庆市各部门产出增加对四川省电气机械及器材制造业产出的影响较小；重庆市对四川省的电气机械及器材制造业产业影响力系数较高为 1.1432，排在第 12 位，这说明重庆市电气机械及器材制造业的增加对四川省各部门产出增加的影响较大，而产业感应度系数非常低为 0.2287，排在第 25 位，这表明四川省各部门产出增加对重庆市电气机械及器材制造业产出的影响均较小。

（19）通信设备、计算机及其他电子设备制造业。从产业关联度情况来看，重庆市的通信设备、计算机及其他电子设备制造业产业影响力系数较低为 0.3783，排在第 24 位，这表明在重庆市内部通信设备、计算机及其他电子设备制造业产出的增加对其他部门产出的增加影响较小，产业感应度系数也较低为 0.6490，排在 18 位，这表明在重庆市内部其他部门产出的增加对通信设备、计算机及其他电子设备制造业部门产出的影响较小；四川省的通信设备、计算机及其他电子设备制造业产业影响力系数相对较高为 1.0601，排在第 13 位，这表明在四川省内部通信设备、计算机及其他电子设备制造业产出的增加对其他部门产出增加的影响较大，通信设备、计算机及其他电子设备制造业产业感应度系数较低为 0.9385，排在第 17 位，这表明在四川省内部其他部门产出的增加对通信设备、计算机及其他电子设备制造业部门产出的影响较小。而在川渝之间，四川省对重庆市的通信设备、计算机及其他电子设备制造业产业影响力系数和产业感应度系数都非常低，分别为 0.9455 和 0.1979，排在第 19 位和第 29 位；重庆市对四川省的通信设备、计算机及其他电子设备制造业影响力系数和感应度系数也都很低，分别为 0.517 和 0.0594，均排在第 34 位，这表明川渝之间在通信设备、计算机及其他电子设备制造业的产业关联度程度很小。

（20）仪器仪表及文化、办公用机械制造业。从产业关联度情况来看，重庆市的仪器仪表及文化、办公用机械制造业产业影响力系数较低为 0.3465，排在第 25 位，这表明在重庆市内部仪器仪表及文化、办公用机械制造业产出的增加对其他部门产出的增加影响较小，仪器仪表及文化、办公用机械制造业产业感应度系数也非常低为 0.3506，排在第 23 位，这表明在重庆市内部其他部门产出的增加对仪器仪表及文化、办公用机械制造业部门产出的影响也非常小。四川省的仪器仪表及文化、办公用机械制造业产业影响力系数较低为 0.2257，排在第 33 位，这表明在四川省内部仪器仪表及文化、办公用机械制造业产出的增加对其他部门产出增加的影响较小，产业感应度系数也非常低为 0.2960，排在第 28 位，这表明在四川省内部其他部门产出的增加对仪器仪表及文化、办公用机械制造业部门产生的需求产出的影响也非常小。而在川渝之间，四川省对重庆市的仪器仪表及文化、办公用机械制造业产业影响力系数和产业感应度系数都非常低，分别为 0.8861 和 0.3796，均排在第 23 位，这表明四川省仪器仪表及文化、办公用机械制造业产出的增加对重庆市各部门产出增加的影响和重庆市各部门产出增加对四川省仪器仪表及文化、办公用机械制造业产出的影响都非常小；而重庆市对四川省的仪器仪表及文化、办公用机械制造业产业影响力系数较高为 1.0345，排在第 17 位，仪器仪表及文化、办公用机械制造业产业感应度系数非常低为 0.1209，排在第 29 位。这表明重庆市仪器仪表及文化、办公用机械制造业的增加对四川省各部门产出增加的影响相对较大，而四川省各部门产出增加对重庆市仪器仪表及文化、办公用机械制造业产出的影响则非常小。

（21）工艺品及其他制造业。从产业关联度情况来看，重庆市的工艺品及其他制造业产业影响力系数很低为 0.0407，排在第 41 位，这表明在重庆市内部工艺品及其他制造业产出的增加对其他部门产出的增加影响很小，工艺品及其他制造业产业感应度系数也非常低为 0.0245，排在第 42 位，这表明在重庆市内部其他部门产出的增加对工艺品及其他制造业部门产出的影响非常小；四川省的工艺品及其他制造业产业影响力系数也很小为 0.0818，排在第 38 位，同样工艺品及其他制造业产业感应度系数也非常低为 0.0943，排在第 37 位，这表明在四川省内部其他部门产出的增加对工艺品及其他制造业部门产出的影响也很小。而在川渝之间，四川省对重庆市的工艺品及其他制造业产业影响力系数较高为 1.1053，排在第 8 位，这表明四川省工艺品及其他制造业产出的增加对重庆市各部门产出增加的影响较大，产业感应度系数却非常低为 0.0262，排在第 37 位，这表明重庆市各部门产出增加对四川省工艺品及其他制造业产出的影响非常小；重庆市对四川省的工艺品及其他制造业产业影响力系数较低为 0.7908，排在第 23 位，这表明重庆市工艺品及其他制造业的增加对四川省各部门产出增加的影响较小，工艺品及其他制造业产业感应度系数最低为 0.0058，排在第 38 位，这表明四川省各部门产出增加对重庆市工艺品及其他制造业产出的影响最小。

（22）电力、热力的生产和供应业。从产业关联度情况来看，重庆市的电力、热力的生产和供应业产业影响力系数较高为 1.3224，排在第 10 位，这表明在重庆市内部电力、热力的生产和供应业产出的增加对其他部门产出的增加影响较大，产业感应度系数非常高为 2.0265，排在第 5 位，这表明在重庆市内部其他部门产出的增加对电力、热力的生产和供应业部门产出的影响非常大；四川省的电力、热力的生产和供应业产业影响力系数较高为 1.2997，排在第 10 位，这表明在四川省内部电力、热力的生产和供应业产出的增加对其他部门产出增加的影响较大，产业感应度系数也非常高，为 1.9106，排在第 7 位，这表明在四川省内部其他部门产出的增加对电力、热力的生产和供应业部门产出的影响非常大。而在川渝之间，四川省对重庆市的电力、热力的生产和供应业产业影响力系数较高为 1.0699，排在第 13 位，这表明四川省电力、热力的生产和供应业产出的增加对重庆市各部门产出增加的影响较大，产业感应度系数也非常高为 2.8403，排在第 5 位，这说明重庆市各部门产出增加对四川省电力、热力的生产和供应业产出的影响非常大；重庆市对四川省的电力、热力的生产和供应业产业影响力系数非常低为 0.521，排在第 33 位，产业感应度系数则非常高为 2.6613，排在第 5 位，这表明重庆市电力、热力的生产和供应业产出的增加对四川省各部门产出增加的影响非常小，而四川省各部门产出的增加对重庆市电力、热力的生产和供应业产出的影响则非常大。

（23）燃气生产和供应业。从产业关联度情况来看，重庆市的燃气生产和供应业产业影响力系数很低为 0.2000，排在第 20 位，产业感应度系数也非常低为 0.1980，排在第 30 位，这说明在重庆市内部燃气生产和供应业产出的增加对其他部门产出的增加影响和其他部门产出的增加对燃气生产和供应业部门产出的影响均非常小；四川省的燃气生产和供应业产业影响力系数非常低为 0.2194，排在第 34 位，产业感应度系数也非常低为 0.2145，排在 29 位，这表明在四川省内部燃气生产和供应业产出的增加对其他部门产出增加的影响和其他部门产出的增加对燃气生产和供应业部门产出的影响均非常小。而在川渝之间，四川省对重庆市的燃气生产和供应业产业影响力系数和产业感应度系数都相对较低，分别为 0.9731 和 0.426，排在第 18 位和第 21 位；重庆市对四川省的燃气生产和供应业产业影响力系数和产业感应度系数也都相对很低，分别为 0.7468 和 0.1744，排在第 24 位和第 26 位。这说明川渝之间在燃气生产和供应业上的产业关联度程度非常小。

（24）水的生产和供应业。从产业关联度情况来看，重庆市的水的生产和供应业产业影响力系数很低为 0.0532，排在第 38 位，产业感应度系数也非常低为 0.0420，排在第 40 位，这表明在重庆市内部水的生产和供应业产出的增加对其他部门产出的增加影响和其他部门产出的增加对水的生产和供应业部门产出的影响均非常小；四川省的水的生产和供应业产业影响力系数也很小为 0.0713，排在第 40 位，产业感应度系数也非常低为 0.0563，排在第 40 位，这说明在四川省内部，水的生产和供应业产出的增加对其他部门产出增加的影响和其他部门产出的增加对水的生产和供应业部门产出的影响均非常小。而在川渝之间，四川省对重庆市的水的生产和供应业产业影响力系数较高为 1.0081，排在第 17 位，这表明四川省水的生产和供应业产出的增加对重庆市各部门产出增加的影响较大，产业感应度系数较低为 0.4135，排在第 22 位，这说明重庆市各部门产出增加对四川省水的生产和供应业产出的影响则较小；重庆市对四川省的水的生产和供应业产业影响力系数和产业感应度系数均较低，分别为 0.8439 和 0.1602，排在第 20 位和第 27 位。这说明重庆市水的生产和供应业的增加对四川省各部门产出增加的影响和四川省各部门产出增加对重庆市水的生产和供应业产出的影响均较小。

（25）建筑业。从产业关联度情况来看，重庆市的建筑业产业影响力系数非常高为 6.0979，排在第 2 位，而产业感应度系数较低为 0.1122，排在第 36 位，这表明在重庆市内部建筑业产出的增加对其他部门产出的增加影响较大，而其他部门产出的增加对建筑业部门产出的影响较小；四川省的建筑业产业影响力系数最高为 5.7371，排在第 1 位，同样产业感应度系数非常低为 0.1575，排在第 33 位，这表明在四川省内部建筑业产出的增加对其他部门产出增加的影响非常大，而其他部门产出的增加对建筑业部门产出的影响非常小。而在川渝之间，四川省对重庆市的建筑业产业影响力系数最高为 1.7017，排在第 1 位，产业感应度系数也较高为 2.3464，排在第 7 位，这表明四川省建筑业产出的增加对重庆市各部门产出增加的影响最大，重庆市各部门产出增加对四川省建筑业的产出影响较大；重庆市对四川省的建筑业产业影响力系数同样非常高为 1.8868，排在第 3 位，而产业感应度系数相对较低为 0.3984，排在第 22 位，这表明重庆市建筑业的增加对四川省各部门产出增加的影响非常大，四川省各部门产出增加对重庆市建筑业产出的影响则较小。

（26）交通运输、仓储业。从产业关联情况来看，重庆市的交通运输、仓储业产业影响力系数较高为 1.3967，排在第 8 位，同样交通运输、仓储业产业感应度系数也较高为 1.7383，排在第 8 位，这表明在重庆市内部，交通运输、仓储业产出的增加对其他部门产出的增加影响较大，而其他部门产出的增加对交通运输、仓储业部门产出的影响也较大；四川省的交通运输、仓储业产业影响力系数较高为 1.5990，排在第 8 位，产业感应度系数也非常高为 2.5776，排在第 5 位，这表明在四川省内部交通运输、仓储业产出的增加对其他部门产出增加的影响较高，同样其他部门产出的增加对交通运输、仓储业部门产出的影响也非常大。而在川渝之间，四川省对重庆市的交通运输、仓储业产业影响力系数较高为 1.0699，排在第 12 位，同样产业感应度系数也较高 1.7931，排在第 9 位，这表明四川省交通运输、仓储业产出的增加对重庆市各部门产出增加的影响和重庆市各部门产出增加对四川省交通运输、仓储业的产出影响均较大；重庆市对四川省的交通运输、仓储业产业影响力系数非常低为 0.5947，排在第 30 位，而产业感应度系数非常高为 2.936，排在第 4 位，这表明重庆市交通运输、仓储业的增加对四川省各部门产出增加的影响非常小，而四川省各部门产出增加对重庆市交通运输、仓储业产生的影响非常大。

（27）邮政业。从产业关联度情况来看，重庆市的邮政业影响力系数很低为 0.0445，排在第 40 位，这表明在重庆市内部邮政业产出的增加对其他部门产出的增加影响较小，同样感应度系数也非常低为 0.0451，排在第 39 位，这表明在重庆市内部其他部门产出的增加对邮政业产出的影响也很小；四川省的邮政业影响力系数很低为 0.0348，排在第 41 位，感应度系数也非常低为 0.0545，排在第 41 位，这表明在四川省内部邮政业产出的增加对其他部门产出的增加影响较小，其他部门产出的增加对邮政业产出的影响也很小。而在川渝之间，四川省对重庆市的邮政业产业影响力系数和产业感应度系数都非常低，分别为 0.8415

和 0.0454，排在第 30 位和第 35 位；重庆市对四川省的邮政业产业影响力系数和产业感应度系数也都非常低，分别为 0.6186 和 0.1535，排在第 29 位和第 28 位。这表明川渝之间邮政业的产业关联度程度非常小。

（28）信息传输、计算机服务和软件业。从产业关联度情况来看，重庆市的信息传输、计算机服务和软件业产业影响力系数较低为 0.4611，排在第 19 位，同样产业感应度系数均也较低为 0.2814，排在第 28 位，这表明在重庆市内部信息传输、计算机服务和软件业产出的增加对其他部门产出的增加影响较小，同样其他部门产出的增加对信息传输、计算机服务和软件业部门产出的影响也非常小；四川省的信息传输、计算机服务和软件业产业影响力系数较低为 0.5385，排在第 20 位，产业感应度系数也较低为 0.6735，排在第 20 位，这表明在四川省内部，信息传输、计算机服务和软件业产出的增加对其他部门产出增加的影响非常小，同样其他部门产出的增加对信息传输、计算机服务和软件业部门产出的影响也很小。而在川渝之间，四川省对重庆市的信息传输、计算机服务和软件业产业影响力系数非常低为 0.5383，排在第 37 位，同样产业感应度系数较低为 0.6103，排在第 17 位，这表明四川省信息传输、计算机服务和软件业产出的增加对重庆市各部门产出增加的影响非常小，重庆市各部门产出增加对四川省信息传输、计算机服务和软件业产出的影响也较小；重庆市对四川省的信息传输、计算机服务和软件业产业影响力系数较低为 0.9590，排在第 19 位，产业感应度系数较高为 1.3135，排在第 12 位。这表明重庆市信息传输、计算机服务和软件业的增加对四川省各部门产出增加的影响较小，四川省各部门产出增加对重庆市信息传输、计算机服务和软件业的产出影响较大。

（29）批发和零售业。从产业关联度情况来看，重庆市的批发和零售业产业影响力系数较高为 1.0332，排在第 13 位，产业感应度系数也较高为 1.5875，排在第 9 位，这表明在重庆市内部批发和零售业产出的增加对其他部门产出的增加影响较大，同样其他部门产出的增加对批发和零售业部门产出的影响也较大；四川省的批发和零售业产业影响力系数较高为 1.9349，排在第 7 位，产业感应度系数也较高为 2.9864，排在第 4 位，这表明在四川省内部批发和零售业产出的增加对其他部门产出增加的影响较大，同样其他部门产出的增加对批发和零售业部门产出的影响也较大。而在川渝之间，四川省对重庆市的批发和零售业产业影响力系数非常低为 0.7236，排在第 36 位，产业感应度系数也较低为 0.7132，排在第 14 位，这表明四川省批发和零售业产出的增加对重庆市各部门产出增加的影响非常小，重庆市各部门产出增加对四川省批发和零售业产出的影响也较小；重庆市对四川省的批发和零售业产业影响力系数和产业感应度系数都较高，分别为 1.2158 和第 2.0727，排在第 8 位和第 9 位。这表明重庆市批发和零售业的增加对四川省各部门产出增加的影响和四川省各部门产出增加对重庆市批发和零售业产出的影响均较大。

（30）住宿和餐饮业。从产业关联度情况来看，重庆市的住宿和餐饮业产业影响力系数较高为 1.0862，排在第 12 位，而产业感应度系数则较低为 0.8578，排在第 14 位，这表明在重庆市内部住宿和餐饮业产出的增加对其他部门产出的增加影响较大，而其他部门产出的增加对住宿和餐饮业部门产出的影响较小；四川省的住宿和餐饮业产业影响力系数较高为 1.2110，排在第 11 位，同样产业感应度系数也较高为 1.1273，排在第 14 位，这表明在四川省内部住宿和餐饮业产出的增加对其他部门产出的增加影响较大，其他部门产出的增加对住宿和餐饮业部门的产出影响也较大。而在川渝之间，四川省对重庆市的住宿和餐饮业影响力系数很高为 1.2615，排在第 6 位，产业感应度系数也较高为 1.0554，排在第 12 位，这表明四川省住宿和餐饮业产出的增加对重庆市各部门产出的增加影响较大，重庆市各部门产出增加对四川省住宿和餐饮业产出的影响也较大；重庆市对四川省的住宿和餐饮业产业影响力系数和产业感应度系数均较高，分别为 1.2874 和 1.5198，排在第 7 位和第 10 位。这表明这表明重庆市住宿和餐饮业的增加对四川省各部门产出增加的影响较大，同样四川省各部门产出的增加对重庆市住宿和餐饮业产出的影响也较大。

（31）金融业。从产业关联度情况来看，重庆市的金融业产业影响力系数非常低 0.4240，排在第 23 位，产业感应度系数非常高为 1.3580，排在第 11 位，这表明在重庆市内部金融业产出的增加对其他部门产出的增加影响非常小，而其他部门产出的增加对金融业部门产出的影响非常大；四川省的金融业产业影响力系数非常低为 0.5579，排在第 18 位，产业感应度系数非常高为 1.4825，排在第 9 位，这表明在四川省内部金融保险业产出的增加对其他部门产出增加的影响非常小，其他部门产出的增加对金融业部门产出的影响非常大。而在川渝之间，四川省对重庆市的金融业产业影响力系数非常低为 0.8469，排在第 28 位，产业感应度系数则非常高为 3.6285，排在第 2 位，这表明四川省金融业产出的增加对重庆市各部门产出的增加影响非常小，重庆市各部门产出的增加对四川省金融业产出的影响非常大；重庆市对四川省的金融业产业影响力系数非常低为 0.4049，排在第 36 位，产业感应度系数非常高为 3.1922，排在第 3 位，这表明重庆市金融业的增加对四川省各部门产出增加的影响非常小，四川省各部门产出增加对重庆市金融业产出的影响非常大。

（32）房地产业。从产业关联情况来看，重庆市的房地产业产业影响力系数较低为 0.1546，排在第 32 位，同样产业感应度系数也非常低为 0.1835，排在第 32 位，这表明在重庆市内部房地产业产出的增加对其他部门产出的增加影响较小，其他部门产出的增加对房地产业部门产出的影响也非常小；四川省的房地产业产业影响力系数很低为 0.2913，排在第 30 位，产业感应度系数也较低为 0.1150，排在第 35 位，这表明在四川省内部房地产业产出的增加对其他部门产出的增加影响非常小，其他部门产出的增加对房地产业部门产出的影响也非常小。而在川渝之间，四川省对重庆市的房地产业产业影响力系数和产业感应度系数都非常低，分别为 0.4486 和 0.3672，排在第 38 位和第 24 位，这表明四川省房地产业产出的增加对重庆市各部门产出增加的影响和重庆市各部门产出的增加对四川省房地产业的产出影响都非常小；重庆市对四川省的房地产业产业影响力系数非常高为 1.9618，排在第 2 位，产业感应度系数较低为 0.6822，排在第 14 位。这表明重庆市房地产业的增加对四川省各部门产出的增加影响非常大，四川省各部门产出的增加对重庆市房地产业产出的影响则较小。

（33）租赁与商务服务业。从产业关联度情况来看，重庆市的租赁与商务服务业产业影响力系数较低为 0.5420，排在第 16 位，产业感应度系数也较低为 0.4813，排在第 21 位，这表明在重庆市内部租赁与商务服务业产出的增加对其他部门产出的增加影响较小，同样其他部门产出的增加对租赁与商务服务业部门产出的影响也较小；四川省的租赁和商务服务业产业影响力系数和感应度系数均较低，分别为 0.4858 和 0.5448，排在第 22 位和第 25 位，这表明在四川省内部租赁与商务服务业与其他产业的关联度程度很小。而在川渝之间，四川省对重庆市的租赁与商务服务业产业影响力系数和产业感应度系数均较高，分别为 1.0816 和 1.2151，排在第 10 位和第 11 位，这表明四川省租赁与商务服务业产出的增加对重庆市各部门产出增加的影响和重庆市各部门产出增加对四川省租赁与商务服务业产出的影响均较大；重庆市对四川省的租赁和商务服务业产业影响力系数非常高，为 1.5511，排在第 5 位，而产业感应度系数则较低为 0.6481，排在第 16 位。这表明重庆市租赁和商务服务业的增加对四川省各部门产出增加的影响非常大，四川省各部门产出增加对重庆市租赁与商务服务业产出影响较小。

（34）综合技术服务业。从产业关联度情况来看，重庆市的综合技术服务业产业影响力系数和产业感应度系数均较低，分别为 0.1786 和 0.3020，排在第 30

位和第 27 位，这表明在重庆市内部综合技术服务业产出的增加对其他部门产出的增加影响较小，同样其他部门产出的增加对综合技术服务业部门产出的影响也较小；四川省的综合技术服务业产业影响力系数和产业感应度系数也都非常低，分别为 0.2653 和 0.1755，排在第 32 位和第 32 位，这表明在四川省内部综合技术服务业与其他产业的关联度程度非常小。而在川渝之间，四川省对重庆市的综合技术服务业产业影响力系数非常低为 0.8454，排在第 29 位，产业感应度系数也较低为 0.5927，排在第 18 位，这表明四川省综合技术服务业产出的增加对重庆市各部门产出的增加影响非常小，重庆市各部门产出增加对四川省综合技术服务业产出的影响较小；重庆市对四川省的综合技术服务业产业影响力系数较高为 1.1834，排在第 11 位，产业感应度系数较低为 0.477，排在第 20 位，这表明重庆市综合技术服务业的增加对四川省各部门产出的增加影响较高，四川省各部门产出增加对重庆市综合技术服务业产出的影响较小。

（35）教育事业。从产业关联度情况来看，重庆市的教育事业产业影响力系数和产业感应度系数均非常低，分别为 0.4333 和 0.1117，排在第 21 位和第 37 位，这表明在重庆市内部教育事业产出的增加对其他部门产出的增加影响较小，同样其他部门产出的增加对教育事业部门产出的影响也较小；四川省的教育事业产业影响力系数和产业感应度系数均非常低，分别为 0.3600 和 0.1236，排在第 29 位和第 34 位，这表明在四川省内部教育事业与其他产业的关联度程度非常小。而在川渝之间，四川省对重庆市的教育事业产业影响力系数较低为 0.9176，排在第 21 位，产业感应度系数也非常低为 0.2247，排在第 27 位；重庆市对四川省的教育事业产业影响力系数非常低为 0.5514，排在第 31 位，产业感应度系数较低为 0.6204，排在第 18 位，这表明川渝之间，在教育事业上的产业关联程度非常小。

（36）卫生、社会保障和社会福利业。从产业关联度情况来看，重庆市的卫生、社会保障和社会福利业产业影响力系数较低为 0.4341，排在第 20 位，产业感应度系数也非常低为 0.1679，排在第 33 位，这表明在重庆市内部卫生、社会保障和社会福利业产出的增加对其他部门产出的增加影响较小，同样其他部门产出的增加对卫生、社会保障和社会福利业部门产出的影响也非常小；四川省的卫生、社会保障和社会福利业产业影响力系数较低为 0.4069，排在第 26 位，产业感应度系数也很低为 0.07196，排在第 38 位，这表明在四川省内部卫生、社会保障和社会福利业产出的增加对其他部门产出的增加影响较小，同样其他部门产出的增加对卫生、社会保障和社会福利业部门产出的影响也非常小。而在川渝之间，四川省对重庆市的卫生、社会保障和社会福利业产业影响力系数和产业感应度系数都非常低，分别为 0.7682 和 0.1656，排在第 33 位和第 30 位，这表明四川省卫生、社会保障和社会福利业产出的增加对重庆市各部门产出的增加影响和重庆市各部门产出的增加对四川省卫生、社会保障和社会福利业产出的影响均很小；重庆市对四川省的卫生、社会保障和社会福利业产业影响力系数和产业感应度系数也都非常低，分别为 0.7167 和 0.0890，排在第 25 位和第 30 位，这表明重庆市卫生、社会保障和社会福利业的增加对四川省各部门产出的增加影响很小，四川省各部门产出的增加对重庆市卫生、社会保障和社会福利业产出的影响也较小。

（37）文化、体育和娱乐业。从产业关联度情况来看，重庆市的文化、体育和娱乐业产业影响力系数较低为 0.1698，排在第 31 位，产业感应度系数也非常低为 0.0692，排在第 38 位，这表明在重庆市内部文化、体育和娱乐业产出的增加对其他部门产出的增加影响较小，同样其他部门产出的增加对文化、体育和娱乐业部门产出的影响也非常小；四川省的文化、体育和娱乐业产业影响力系数较低为 0.2815，排在第 31 位，产业感应度系数也非常低为 0.18141，排在第 31 位，这表明在四川省内部文化、体育和娱乐业产出的增加对其他部门产出增加的影响较小，同样其他部门产出的增加对文化、体育和娱乐业部门产出的影响也非常小。而在川渝之间，四川省对重庆市的文化、体育和娱乐业产业影响力系数和产业感应度系数都非常低，分别为 0.8643 和 0.3397，排在第 26 位和第 25 位，表明四川省文化、体育和娱乐业产出的增加对重庆市各部门产出的增加影响与重庆市各部门产出的增加对四川省文化、体育和娱乐业产出的影响均很小；重庆市对四川省的文化、体育和娱乐业产业影响力系数非常低为 0.5262，排在第 32 位，产业感应度系数也较低为 0.549，排在第 19 位。这表明重庆市文化、体育和娱乐业的增加对四川省各部门产出的增加影响很小，四川省各部门产出增加对重庆市文化、体育和娱乐业产出的影响也较小。

（38）其他服务业。从产业关联度情况来看，重庆市的其他服务业产业影响力系数较低为 0.2305，排在第 27 位，这说明在重庆市内部其他服务业产出的增加对其他部门产出的增加影响非常小，而产业感应度系数也较低为 0.3006，排在第 26 位，这表明在重庆市内部，其他部门产出的增加对其他服务业部门的产出影响较小；四川省的其他服务业产业影响力系数也较低为 0.5190，排在第 21 位，这表明在四川省内部，其他服务业产出的增加对其他部门产出增加的影响非常小，而产业感应度系数同样较低为 0.6291，排在第 21 位，这表明在四川省内部，其他部门产出的增加对其他服务业部门的产出影响较小。而在川渝之间，四川省对重庆市的其他服务业产业影响力系数相对较高为 1.0349，排在第 15 位，这表明四川省其他服务业产出的增加对重庆市各部门产出增加的影响较大，而产业感应度系数则较低为 0.6132，排在第 16 位，这表明重庆市各部门产出增加对四川省其他服务业的产出影响较小；重庆市对四川省的其他服务业产业影响力系数较低为 0.8051，排在第 22 位，这说明重庆市其他服务业的增加对四川省各部门产出的增加影响较小，而其他服务业产业感应度系数较高为 1.4611，排在第 11 位，这说明四川省各部门产出增加对重庆市其他服务业的产出影响较大。

9.3　本 章 小 结

本章在介绍成渝经济区概况的基础上，运用产业关联度分析的方法，通过对重庆市、四川省及川渝之间的投入产出量表计算重庆市内部、四川省内部及川渝之间的产业影响力系数和产业感应度系数，然后进行产业关联度分析得出产业间的关联度程度，其中食品制造及烟草加工业，非金属矿物制品业，金属冶炼及压延加工业，交通运输设备制造业，电力、热力的生产和供应业，建筑业，交通运输，仓储业，住宿和餐饮业，租赁与商务服务业，化学工业，批发和零售业的关联度程度较大；煤炭开采和洗选业，金属矿采选业，造纸印刷及文教用品制造业，石油加工、炼焦及核燃料加工业，金属制品业，通用、专用设备制造业，通信设备、计算机及其他电子设备制造业，仪器仪表及文化、办公用机械制造业，燃气生产和供应业，邮政业，信息传输、计算机服务和软件业，批发和零售业，房地产业，综合技术服务业，教育事业、卫生，社会保障和社会福利业，文化、体育和娱乐业关联度程度较小。这不仅为成渝经济区区域经济联盟做出了实证分析，也为成渝经济区未来的区域经济联盟的发展方向提供了参考。

10

成渝经济区区域经济联盟
——中国经济第四极

◆ ◆

本章主要对成渝经济区区域经济联盟的发展情况进行分析,包括发展背景、发展现状和发展规划,以及发展过程中所面临的问题。

10.1 三大经济区简介

当前的中国,逐渐形成了长三角经济区、珠三角经济区和京津冀经济区三大经济区三足鼎立的经济发展态势。

长三角紧临东海,是中国最大的内河长江的入海处,长江的黄金通道流经29个主要城市,是连接世界与中国的重要门户地区。长三角城市群是我国城镇分布最密集、城市化程度最高、经济发展水平也最高的地区。目前,对于"长三角"有三种不同的解释:第一种是"小长三角"的概念,是指包括上海市,江苏省的苏州、无锡、常州、镇江、南京、南通、泰州、扬州,浙江省的嘉兴、湖州、杭州、绍兴、宁波、舟山和台州,共 16 个城市及其周边地区。第二种是"大长三角"的概念,是指包括上海市、江苏省和浙江省全部行政区。第三种是"泛长三角"的概念,是指包括上海市、江苏省、浙江省与安徽省等邻近省份。本书中选择"大长三角"的概念,主要是指上海市、江苏省和浙江省两省一市的全部行政区。

珠三角邻南中国海,是西江、北江、东江的汇合处,水陆交通发达,是内地沿海南部通向世界的重要门户地区。珠三角通常也有三个解释：一种是"小珠三角"，包含广州、深圳、佛山、珠海、东莞、中山、惠州、江门、肇庆9个城市其周边区域。第二种是"大珠三角"，包含广东、香港、澳门三个地区。第三种是"泛珠三角"，包括珠江流域地域相邻、经贸关系密切的福建、江西、广西、海南、湖南、四川、云南、贵州和广东各省区，以及香港、澳门2个特别行政区，简称为"9+2"。因为数据的可得性，本书中珠三角仅涵盖广东省行政区域。

环渤海地区位于我国东部沿海的北部地区，是内地沿海北部通往世界的重要门户地区。狭义上的环渤海地区是指辽东半岛、山东半岛、京津冀为主的环渤海滨海经济带；而广义上的则包含河北、山西、辽宁、山东及内蒙古中东部5个省区，北京和天津2个市。本书中选择距离环渤海地区最近的3省2市（山东、河北、辽宁、北京、天津）作为环渤海地区高新技术产业发展分析的对象。

长三角经济区、珠三角经济区和环渤海经济区不仅是我国最具活力的三大经济区，而且也是我国高新技术产业发展的主要集聚地。

10.2 成渝经济区的发展历史

成渝两地古称巴蜀，自公元前316年统一于秦后，两地就一直处在川东、川西的政治经济中心地位，因历史和地缘关系两地间存在密切联系。

秦汉三国时期是成渝地区城镇发展的重要时期，成渝地区农业自然条件良好，在农业经济发展驱动下，成渝地区经济开发形成了第一次高潮，社会经济有较大的发展。两晋南北朝至隋唐两宋时期，成渝地区社会经济主要受战争影响先后经历了由恢复、发展到繁荣的过程。唐宋时期，商品经济有较大发展。明清时期，成渝地区社会经济地位大幅提升，人口增多，水利交通建设突出，商品经济越来越发达，商贸地位越来越高。

鸦片战争后，成渝两地面临着不同的发展机遇，步入不同的发展轨迹，重庆市和成都市开始出现了近现代化进程的差距。重庆开埠时期，外国经济势力的渗入为重庆经济发展注入了新的动力和活力，促进了重庆市经济飞快发展，使其成为依托工业发展的近代商业经济中心。但同期的成都地区仍保持着农耕为主的发展模式，只有少许手工业和商业等传统产业。1911 年，重庆市近代机器工厂占了四川省机器工厂总数的 45%，其数量是成都机器工厂总数的 7.4 倍。

1933～1946 年，即重庆陪都时期和抗战时期，重庆市迁入及新建了大量工厂和科教文卫机构，使重庆市由一个地区性码头城市一跃成为具有国际声誉的综合性工业城市，经济实力大增。同时交通快速发展，市区外扩，辖区面积从 1936 年的 47 千米 ^{2} 增至 1945 年的 328 千米 ^{2}，相应人口数量从 48 万增至 124 万。成都在这一时期经历了三大变化高潮，对城市布局有一定影响，但因受到军阀统治，发展缓慢，和重庆形成了很大差距。

1945～1978 年，成渝两地的发展态势发生转变。重庆市历经中华人民共和国成立前期、三线建设和"文化大革命"时期，地位几度沉浮，经济曲折发展。而成都市在中华人民共和国成立之后受到国家重视，工农业迅速恢复和发展，同时修筑了多条公路，对活跃及推动成都市经济发展起到了很大作用。1952～1965 年，成都市工业总产值增加了 6.5 倍，而重庆市只增加了 3.2 倍；1978 年成都市的工业总产值比 1952 年增长了 27 倍，重庆市只增长了 7.5 倍。

1978～1997 年，重庆市被列为"计划单列市"，但这一体制和国家体制之间有着难以克服的矛盾，在四川省内发展并不顺利，从 20 世纪 80 年代到 90 年代初，重庆市工业总产值占全省的份额由 28% 下降到 25%。因此，重庆市经济开始向四川省之外、长江中下游发展，到 90 年代末其工业总产值达 206 亿元，是门类齐全的综合性工业城市。成都市在该时期受到国家和四川省的关注程度更高，开始了经济快速发展的时代，1995 年成渝高速公路建成通车，成为成渝两地间重要的运输干线，并形成经济走廊，带动了成都—内江—重庆一带的城市发展，为成渝地区城镇体系的建立奠定了基础。

1997 年，自重庆市直辖后，经济学家林凌就提出成都市与重庆市必须合作，建立以重庆市和成都市为两极的长江上游经济圈。成渝两地在重庆市直辖后面临着良好的发展机遇。成渝地区在市场经济体制转变过程中，市场活力增强，形成了多个产业基地，促进了成渝地区产业结构升级及专业化分工的深化。成渝地区经济发展也并未因二者分开而受到影响，成渝两地资源共享、优势互补，逐步体现出成渝合作发展的优势。成渝经济区建成后，已初步发展为国家多个重要的产业基地，除发展工业外，旅游业、服务业等第三产业也都有所发展。

2003 年，中国科学院地理科学与资源研究所的研究报告《中国西部大开发重点区域规划前期研究》提出："在未来 5 至 10 年内，要积极构建以成渝两大都市为中心、各级中心城市相互联系和合作的中国西部最大的双核城市群，形成西部大开发的最大战略支撑点，西部地区人口、产业、信息、科技和文化等集聚中心，长江上游经济带的核心。"成渝经济区建设上升成为国家战略。

2004 年，国务院西部开发办综合规划组在《中国西部大开发中重点经济带研究》中指出："长江上游经济带的空间布局特征是'蝌蚪型经济带'，区域中心是成渝经济区。"同年 2 月 3 日，四川省和重庆市在成都签署《关于加强川渝经济社会领域合作共谋长江上游经济区发展的框架协议》，并签署了交通、旅游、农业、公安、文化、广播电视 6 个方面的具体协议，标志着整个成渝经济区建设，进入一个崭新的历史阶段。

2007 年 4 月，四川省、重庆市政府签署《关于推进川渝合作共建成渝经济区的协议》，提出打造中国经济增长"第四极"的目标。该协议是有关成渝经济区建设最重要的标志性文件，也是最具指导性和现实性的双边合作协议，不仅确定了成渝经济区的地理范围，确定建立统一的工作和协调机制，还就基础设施建设、一体化市场体系、产业协作、共建生态屏障等合作目标和主要措施达成框架性协议。

2011 年《成渝经济区区域规划》出台，国务院常务会议指出，在新形势下加快成渝经济区发展，对深入推进西部大开发，促进全国区域协调发展，增强国家综合实力，具有重要意义。要深化改革，扩大开放，优化空间布局，推动区域一体化发展，推进统筹城乡改革，提升发展保障能力，发展内陆开放型经济，构建长江上游生态安全屏障。确定了"双核五带"空间格局，成渝经济区有了更为明确的发展目标和定位。

成渝经济区用 15 年左右的时间，构建了完善的交通运输体系，分工明确、布局合理的城镇体系，结构优化的产业体系，资源共享、要素充分流动的市场体系，形成中国第四大增长极和西部大开发的"引擎"，带动和辐射长江上游及西部地区发展。以重庆和成都为支撑，以其周围一批区域性中心城市为节点建设成渝经济区，在我国宏观生产力空间战略格局中，具有承东启西的重要功能和作用。加快川渝合作，共建成渝经济区，打造我国"第四增长极"，既是区域内各方的内在要求，也应成为国家实施西部大开发战略的重要举措。

10.3　成渝经济区的现状特征

10.3.1　经济基本面发展状况

1. 国内生产总值

从表 10-1 可以看出，2001 年以来，四川省和重庆市两地的 GDP 保持了快速增长的态势，年均增长率都超过 10%，呈现出良好的增长势头。以重庆市为例，其 GDP 由 2001 年的 1976.86 亿元增长为 2012 年的 11 409.60 亿元，实现了 9432.74 亿元的经济增幅，年均增长近 88 亿元。尤其是 2007 年以来，受益于国家对重庆市经济社会发展的政策支持及自身的踏实努力，其 GDP 增长速率更是惊人。这些也都表现出整体经济的积极面。

表 10-1　2001～2012 年四川省、重庆市及全国国内生产总值比较（单位：亿元）

地区	2001 年	2002 年	2003 年	2004 年	2005 年	2006 年
四川省	4 293.49	4 725.01	5 333.09	6 379.63	7 385.10	8 690.24
重庆市	1 976.86	2 232.86	2 555.72	3 034.58	3 467.72	3 907.23
全国	109 655.17	120 332.69	135 822.76	159 878.34	184 937.37	216 314.43

地区	2007 年	2008 年	2009 年	2010 年	2011 年	2012 年
四川省	10 562.39	12 601.23	14 151.28	17 185.48	21 026.70	23 849.80
重庆市	4 676.13	5 793.66	6 530.01	7 925.58	10 011.37	11 409.60
全国	265 810.31	314 045.43	340 902.81	401 512.80	473 104.05	519 470

资料来源：中华人民共和国国家统计局

另外，在人均 GDP 上，伴随着 GDP 的快速增长，人均 GDP 也保持了较快增长势头。但由于各地自身人口众多的现实原因，人均 GDP 依然没有达到国家平均水平，发展任务依旧任重道远。以四川省为例，其人均 GDP 在 2001 年为 5376 元，全国平均水平为 8621 元，差距为 3245 元；2012 年，其人均 GDP 达到 29 068 元，全国平均水平为 38 420 元，差距为 9352 元，差距非但没有缩小，还有扩大的迹象（表 10-2）。

表 10-2 　2001～2012 年四川省、重庆市及全国人均国内生产总值比较

（单位：元）

地区	2001年	2002年	2003年	2004年	2005年	2006年	2007年	2008年	2009年	2010年	2011年	2012年
四川省	5 376	5 890	6 623	7 895	9 060	10 613	12 963	15 495	17 339	21 182	26 442	29 068
重庆市	6 963	7 912	9 098	10 845	12 404	13 939	16 629	20 490	22 920	27 596	34 500	38 914
全国	8 621	9 398	10 541	12 335	14 185	16 499	20 169	23 707	25 607	30 015	35 197	38 420

资料来源：中华人民共和国国家统计局

2. 全社会固定资产投资

固定资产投资是社会固定资产再生产的主要手段。通过建造和购置固定资产的活动，国民经济不断采用先进技术装备，建立新兴部门，进一步调整经济结构和生产力的地区分布，增强经济实力，为改善人民物质文化生活创造条件，这对我国的社会主义现代化建设具有重要意义。

从表 10-3 可以看到，四川省和重庆市两地全社会固定资产投资额与 GDP 一样，同样保持了快速增长的局面，也表明了经济发展的整体积极面。以四川省为例，其固定资产投资额 2001 年为 1573.80 亿元，在 2006 年达到 4521.74 亿元，在 2012 年更是达到了 18 038.90 亿元的高位，十余年间固定资产投资额翻了数倍，也间接显示出四川省整体经济的快速发展状况。但高位运行的固定资产投资额也同样表明，投资在社会经济发展中所发挥的作用及所占权重过大，需要引起足够重视。

表 10-3 　2001～2012 年四川、重庆及全国全社会固定资产投资比较

（单位：亿元）

地区	2001 年	2002 年	2003 年	2004 年	2005 年	2006 年
四川省	1 573.80	1 805.20	2 158.2	2 648.46	3 477.68	4 521.74
重庆市	801.82	995.66	1 269.35	1 621.92	2 006.31	2 451.83
全国	31 213.50	43 499.90	55 566.61	70 477.43	88 773.61	109 998.16
地区	2007 年	2008 年	2009 年	2010 年	2011 年	2012 年
四川省	5 855.30	7 602.40	12 017.28	13 581.96	15 141.6	18 038.90
重庆市	3 161.51	4 045.25	5 317.91	6 934.79	7 685.86	9 380.01
全国	137 323.94	172 828.40	224 598.77	251 683.77	311 485.13	374 694.74

资料来源：中华人民共和国国家统计局

3. 财政收入

由表 10-4 可以看到，伴随着经济社会的快速发展，四川省和重庆市两地财政收入也随之快速增长，重庆市更是从 2001 年的 196.17 亿元增长到 2012 年的 3799.57 亿元。财政收入作为地区经济社会发展的一个有力标尺，可见重庆市的发展成效。

表 10-4　2001～2012 年四川省、重庆市及全国财政收入比较

（单位：亿元）

地区	2001 年	2002 年	2003 年	2004 年	2005 年	2006 年
四川省	271.12	291.87	336.59	385.78	479.66	607.58
重庆市	196.17	269.46	341.27	462.95	581.19	742.17
全国	16 386.04	18 903.64	21 715.25	26 396.47	31 649.29	38 760.2
地区	2007 年	2008 年	2009 年	2010 年	2011 年	2012 年
四川省	850.86	1 041.66	1 174.59	1 561.67	2 465.83	2 781.15
重庆市	1 057.29	1 290.18	1 535.39	2 975.11	3 523.65	3 799.57
全国	51 321.78	61 330.35	68 518.3	83 101.51	103 87.43	117 253.52

资料来源：中华人民共和国国家统计局

4. 进出口总额

从进出口总额数据来看（表 10-5），成渝地区保持着持续稳定的增长局面，显示出自身在外贸经济、商品物流、通关等多方面的优势地位。重庆市更是让人眼前一亮。其由于自身属性，市场相对较小，进出口总额一直处于较低的水平，但经过不断发展，其在 2012 年实现进出口总额达 5 320 358 万美元，比四川省的 5 913 000 万美元仅仅一步之差，足以看出重庆市这个西部地区唯一直辖市的经济增长潜力和能力。

表 10-5　2001～2012 年四川省、重庆市及全国进出口总额比较

（单位：万美元）

地区	2001 年	2002 年	2003 年	2004 年	2005 年	2006 年
四川省	302 748	326 204	479 325	687 162	790 476	1 102 097
重庆市	183 384	179 401	259 488	385 735	429 283	547 013
全国	50 965 000	62 077 000	85 098 800	115 455 000	142 191 000	176 044 000
地区	2007 年	2008 年	2009 年	2010 年	2011 年	2012 年
四川省	1 438 461	2 203 828	2 422 728	3 277 822	4 778 000	5 913 000
重庆市	744 546	952 121	770 859	1 242 634	2 921 786	5 320 358
全国	217 657 000	256 325 500	220 753 500	297 399 800	364 186 000	386 711 900

资料来源：中华人民共和国国家统计局

10.3.2 形成一批有较大影响力的特色产业市（区）

2012 年，重庆市实现汽车摩托车总产量 1164.37 万辆，其中摩托车产量就已经占到全国总产量的 33.8%，基本上形成了以汽车、摩托车产品为主，维纶纤维、打印机、微型计算机设备等多品种为辅，全面发展的产品布局（表 10-6）。在表 10-6 所有的这些产品中，特别是摩托车产销量表现突出，已经接连 11 年产量位居全国第一。

表 10-6　2012 年重庆市规模以上企业主要产品产量占全国的比重

主要工业产品	产量	占全国的比重/%
摩托车	877.51 万辆	33.8
维纶纤维	1.41 万吨	23.5
汽车	286.86 万辆	18.2
打印机	901.35 万台	12.8
微型计算机设备	4160.88 万台	11.7

资料来源：《重庆统计年鉴》（2013 年）

成都市拥有将近 17 个国家级高新技术产业基地，其中主要包括信息产业、生物产业、软件产业和民用航空产业等。在德阳市，形成了以大型的装备制造业为主的产业基地，其中不乏闻名遐迩的国内装备制造业生产商，如中国第二重型机械集团公司、东方电气集团东方电机有限公司等。德阳市在水力发电及火力发电方面也占据着明显的优势，其水力发电火力发电份额已经占到国内整个市场份额的 35%（水力发电占 40%、火力发电占 30%）；大型轧钢设备、大型电站锻件、核电设备的份额占到全国市场份额的 48.3%。作为西南科技城的绵阳市，2012 年实现全部工业增加值为 607.4 亿元，绝对额增加为 108.72 亿元。其中规模以上工业企业实现增加值为 570.1 亿元，比上一年增长 17.4%，高出全省 1.3 个百分点。

10.3.3 合作共建西部地区一级经济区

重庆市和成都市各自的辐射力和影响力都不容忽视。重庆市可侧重于发挥西部地区制造业中心和物流中心的地位和作用，成都市应侧重于发挥金融中心和技术创新基地的作用。

重庆市经济和信息化委员会数据显示，2010～2014 年，重庆市工业产值年均增长 19.6%；规模工业增加值增长 11%；全部工业增加值为 5175.80 亿元，对经济增长贡献率为 43.1%，拉动 GDP4.7 个百分点。其中，规模工业增加值增速连续 5 年列全国前列。

从 2009 年开始，重庆市通过引进培育，从无到有发展智能终端制造产业，推动电子产业比重提高到 20% 以上，与汽车产业旗鼓相当，从根本上改变了产业结构，形成了电子和汽车双轮驱动、其他产业多点支撑的格局。

2016 年，重庆电子、汽车、装备、化学医药、材料、消费品、能源"6+1"支柱产业比重均在 6.9%～20.5%。而按照计划，到 2020 年，重庆市十大战略性新兴产业的规模，将达到万亿元以上，届时，"重庆制造"产业结构更趋合理均衡，抵御风险能力更强劲。

根据重庆市现代物流发展的总体目标，将对重庆市的物流系统进行优化布局，依托交通干线、口岸优势，建设三大枢纽性物流园区；根据区域性中心城市和区域经济发展需要，扩大沿江布局，建设八大区域性物流基地；按照产业发展及生活需要，建设若干综合和专业物流中心。建成相互补充、互为支撑的现代物流布局体系。

"中新（重庆）战略性互联互通示范项目"（简称"中新重庆项目"）是中国和新加坡继苏州工业园区和天津生态城之后，开展的第三个政府间合作项目。这个以重庆为运营中心的项目，由中国国家主席习近平 2015 年 11 月访问新加坡时确定，将以金融服务、航空、交通物流与信息通信技术为四大推进重点。

2016 年，重庆市长在交流会发表主旨演讲时透露，随着"中新重庆项目"的推进，新加坡与重庆不久后将合作开展铁空联运，以降低新加坡与欧洲之间的物流成本。目前，从欧洲空运往新加坡的商品，运费比铁路运输贵 5 倍。如果改为铁空联运，首段行程从欧洲到重庆的 12 000 千米由渝新欧国际货运铁路运输班列完成；货物到了重庆后进保税区，不用办入关手续，包装分拨后直接上飞机运到新加坡，空运时间缩短至 5 小时。

渝新欧是连接重庆市与欧洲重要物流集散地、德国杜伊斯堡的大通道，途经中国新疆、哈萨克斯坦、俄罗斯、白俄罗斯、波兰，全程历时 12 天左右，比经长江水运至上海再海运至欧洲节约 30~40 天，运行成本只为空运的 $\frac{1}{6} \sim \frac{1}{5}$，其被称为中国丝绸之路经济带战略的重要载体。

根据计算，虽然货物须通过 12 天经渝新欧从欧洲运往重庆市，再空运 5 小时到新加坡，但可节省 60% 的物流成本。未来可将欧洲货物从重庆渝新欧再通过空运中转到曼谷、中国香港、中国台北、东京大阪、首尔等距离重庆市四五个小时航空半径的亚洲城市。

10.4 成渝经济区产业结构特征分析

改革开放以来，虽然位于我国东部沿海地区的长三角经济圈、珠三角经济圈和环渤海经济圈迅速崛起并取得了迅猛发展，但是从地理位置上来看，这三个增长极都分布在东部沿海地区，即使这三大增长极的集聚、辐射效应十分明显，可是其范围还是比较有限，因而，伴随着改革开放的深入发展和经济的梯度推进，位于我国西部的地区也需要形成一个与之相应的增长极，以带动整个西部地区的发展。成渝经济区作为中西部地区最具有活力的经济区，其作用越来越明显，但是其产业在发展过程中也凸显出自身的一些结构特征。

1. 成渝经济区三次产业结构发展滞后

2012 年，成渝经济区共实现地区生产总值超过 3.3 万亿元，达到 33 257.54 亿元，占全国经济总量的 6.44%；与 2011 年相比，提高 0.83 个百分点。2012 年，成渝经济区以成都市、重庆市为龙头，在西部地区尤其是在西南地区来看，仍属于相对发达的区域。从 2012 年成渝经济区的经济总量和增幅看，重庆市继续扮演龙头角色，成为全国少数几个国内生产总值突破万亿元大关的城市，实现国内生产总值 11 409.60 亿元，比上一年增长 13.97%，已经连续第十一年保持两位数增长，重庆市经济总量占到成渝经济区经济总量的比重为 34.31%。四川省 15 个城市实现国内生产总值 21 847.94 亿元，占到成渝经济区总量的 65.69%，比 2011 年提高了 0.22 个百分点，仍呈现上升的趋势；2012 年，成渝经济区第二产业实现增加值 17 590.71 亿元，比 2011 年增加 2086.19 亿元。从产业结构看，与 2011 年相比，2012 年第二产业的比重提高 5.45 个百分点，第三产业比重提高 0.99 个百分点。与全国相比，第一次产业所占的比重比全国平均水平高出 0.87 个百分点，第二次产业所占比重比全国平均水平高出 13.6 个百分点，第三次产业所占比重低于全国平均水平 8.44 个百分点。

通过表 10-7 中数据的分析可知，虽然成渝经济区正处于工业化加速发展的阶段，但是第一、第三产业却发展不足，特别是第三产业在整个经济区中所占的比重比全国平均水平还低很多，一直徘徊在 35% 左右的水平，没有大的发展，与当今世界其他国家比较来看，相差甚远。

表 10-7 2007～2012 年成渝经济区三次产业结构变化

年份	成渝经济区生产总值	增加值/亿元			比重/%		
		I	II	III	I	II	III
2007	14 033.68	2 143.69	6 690.35	5 199.64	15.28	47.67	37.05
2008	16 901.72	2 472.82	8 405.21	6 023.70	14.63	49.73	35.64
2009	19 132.64	2 488.66	9 581.98	7 062.00	13.01	50.08	36.91
2010	23 202.13	2 750.64	12 131.39	8 320.10	11.86	52.29	35.86
2011	28 998.14	3 298.53	15 504.52	10 195.09	11.37	53.47	35.16
2012	33 257.54	3 645.51	17 590.71	12 021.32	10.96	58.92	36.15

资料来源：根据《中国统计年鉴》（2013 年）、《四川统计年鉴》（2007～2012 年）、《重庆统计年鉴》（2007～2012 年）整理所得

2. 成渝经济区大多数城市之间三次产业结构发展趋同

2012 年，重庆市实现国内生产总值 11 409.60 亿元，三次产业国内生产总值结构关系为 3.1∶66.3∶30.6，第三产业国内生产总值比重比上一年下降 5.6 个百分点，且低于成渝经济区的平均值，产业结构呈现"二、三、一"格局，与整个经济区的产业结构相同。

2012 年，成渝经济区 16 个城市中除成都市外，剩余的 15 个城市三次产业结构都全部呈现"二、三、一"产业机构分布。第三产业成为成都发展的"主角"，三次产业国内生产总值结构关系为 4.28∶46.27∶49.45。

成渝经济区 16 个城市中第一产业国内生产总值结构比重低于 5% 的城市仅有成都市、重庆市两个市，有 4 个城市的第一产业国内生产总值结构比重在 10%～15%，剩下的 10 个城市的第一产业国内生产总值结构比重均超过 15%，其中遂宁市、南充市、资阳市三个城市的第一产业国内生产总值结构比重都在 20% 以上。从第二产业的角度看，2012 年成渝经济区 16 个城市中，除了成都市外，剩下的 15 个城市的第二产业国内生产总值结构比重全部超过 50%，在这

15 个城市中有 10 个城市超过 55%，甚至还有 6 个城市的第二产业国内生产总值结构所占比重超过了 60%。以上这些数据显示，成渝经济区各城市对工业经济的依赖程度还是比较高，绝大部分都正处于工业化加速发展的时期。从第三产业角度来看，只有成都市的第三产业国内生产总值结构达到 45% 以上，绵阳市、重庆市达到 30% 以上，其余都在 20%~30%（表 10-8）。

表 10-8　2012 年成渝经济区 16 市三次产业国内生产总值结构、劳动力结构表　　　　（单位：%）

城市	国内生产总值结构			劳动力结构		
	I	II	III	I	II	III
成都市	4.28	46.27	49.46	17.93	39.03	43.05
自贡市	12.36	59.82	27.82	35.79	31.06	33.14
泸州市	13.94	60.56	25.51	46.15	29.53	24.32
德阳市	15.16	60.17	24.67	39.76	26.92	33.32
绵阳市	16.28	52.25	31.27	38.41	27.69	33.90
遂宁市	22.04	52.64	25.33	40.11	28.44	31.46
内江市	16.70	62.37	20.93	32.97	29.81	37.22
乐山市	11.92	62.05	26.03	47.00	22.31	30.69
南充市	22.91	51.65	25.44	40.93	27.19	31.88
眉山市	17.53	57.19	25.28	51.79	22.63	25.58
宜宾市	14.64	62.28	23.08	46.72	25.15	28.13
广安市	18.61	52.20	29.19	53.42	20.13	26.45
达州市	21.93	53.30	24.77	49.60	20.20	30.20
雅安市	15.17	58.68	26.15	40.33	21.77	37.91
资阳市	21.95	55.70	22.35	50.60	21.72	27.67
重庆市	3.10	66.30	30.60	36.30	25.90	37.80

资料来源：根据《重庆统计年鉴》（2013 年）、《四川统计年鉴》（2013 年）整理所得

总体上，成渝经济区主要城市的第一产业均呈现下降趋势，第二产业在保持稳定后，比重稳步上升，第三产业在 35%~37% 这个区间里小幅波动，增幅缓慢。成都市的产业结构已经完成由"二、三、一"结构向"三、二、一"结构的过渡，具体表现在传统的支柱性行业占成都市 GDP 比重日益下降，一批高新技术产业占整个地区经济的比重日益增加，技术、资本密集型产业逐渐取代劳动密集型产业。其余城市包括直辖市重庆仍还处于由"二、三、一"结构向

"三、二、一"结构过渡的过程中。

10.5　成渝经济区的发展优势

1. 拥有丰富的自然资源

成渝经济区处于我国五大盆地之一——四川盆地境内，盆地内自然资源储藏十分丰富。成渝经济区是我国在天然气领域发现与开发最早的地区，天然气资源主要分布在重庆市，其他地区也有大量分布，2016 年已探明储量约 7000 多亿米^3，单是在 2003 年开采量就达到了 115 亿米^3，居全国第一。天然气的开发除民用外，还主要应用在化工产品如化肥上。尤其近年来，重庆市汽车用气比重迅速提高，向湖北、湖南的输气工程也在紧张施工。

成渝经济区的矿产储存量是全国最多的地区之一，2016 年，矿产种类已探明的重庆市有 25 种，四川省更是达到 85 种。其中，攀枝花的钒钛磁铁矿储存量高居世界第一，储存量占世界总量的 90%。另外，硫铁矿、白垩土、腮矿等数十种矿产储存量也位居全国第一。如何在转变经济发展方式的基础上，充分利用钒钛等资源来开发新材料，带动新型工业化道路的发展，将是成渝经济区未来发展所面对的重大课题。

同时，该区域内还拥有着巨大的水资源和水能资源。成渝经济区属于亚热带湿润季风气候，降水充沛年均降水达到 1000 毫米以上；区域内河流大多属于长江支流，支流众多，形成了密集的灌溉航运网，有大小支流近 130 条，主要支流有岷江、沱江、嘉陵江、乌江，该区域是我国水资源最为丰富的地区之一。成渝地区三江流域水电站规模巨大，按照规划到 2020 年，装机容量可达到 5171 万千瓦，届时，区域内的水电站将承担起我国"西电东送"的重要任务，经成渝地区送往全国。丰富的水资源和水能资源，将极大地促进"高载水、高载能"工业的发展，这将有利于人与自然的和谐发展，为创造资源节约型、环境友好型社会奠定良好的技术基础。

2. 拥有西部地区最突出的区位优势

成渝经济区的快速发展离不开其在西部地区巨大的区位优势。成渝经济区位于西部三大经济带（西陇海兰新经济带、南贵昆经济区、长江上游经济带）之间。往东沿长江和国道主干线（成都—上海）通往长三角经济区；向南连接广西北部湾经济区经云贵、两广至珠三角经济区；西南经国道主干线（云南—内蒙古）到达东南亚和南亚；往西经川藏公路至西藏；西北接宝成铁路、兰渝铁路、西渝铁路达陕甘宁青新出中亚，同时于 2010 年试运行、2011 年正式运行的渝新欧国际铁路的出现，更是将成渝地区打造成内陆对外开放制高点。成渝经济区优越的区位优势将会极大地吸引国外企业及我国知名企业到成渝经济区进行投资，促进成渝经济区的快速发展，充分发挥成渝经济区对西部大开发、区域协调发展的带动作用。

除了具备巨大的区位优势之外，成渝经济区还有其突出的战略地位。历史上包括今天在维护国家安全方面起着重要的作用，国家基于安全层面的战略部署决定了无论现在还是将来，成渝经济区都将会随着国防科技工业和重大装备制造业等军工业带动民用工业的发展，在我国经济发展中发挥越来越重要的作用。

3. 拥有雄厚的经济基础[①]

成渝经济区是西部产业基础最好、经济实力最强发展潜力最大的区域。根据 2011 年国务院审批通过的《成渝经济区区域规划》，成渝经济区区域范围涵盖四川省的成都市等 15 个市和重庆市的 31 个区县，区域面积为 20.61 万千米^2，占到了西部 12 省（自治区、直辖市）土地面积（687.03 万千米^2）的 3%。但从 GDP 看，成渝经济区经济总量较大，2011 年 GDP 总量为 2.8 万亿元，约占四川省和重庆市地区的 90.32%，占西部 12 省（自治区、直辖市）GDP 总量（99 621.97 亿）的 28.1%，为全国 GDP 总量的 5.9%。同时近年来，成渝经济区的两大核心城市发展迅猛。重庆市方面：全市经济生产总值 2007 年还仅有不到 4700 亿元，到了 2012 年年底已增长到了 11 459 亿元，平均年增长率为 13.6%。固定资产投资累计完成 3.34 万亿元，一批重大项目建成投用。重庆市政府实施了"6+1"规划，开展实施了 10 个高端项目（包括高性能集成电路、液晶面板、硬盘、打印机、云计算数据处理中心、异氰酸酯、熔融炼铁、固定翼小型机和直升机、百万辆汽车及百万台汽车发动机、千万千瓦电源），2007~2013 年，重庆市规模以上的工业增加值增长率为 16.3%。开拓了"5+6+700"电子信息产业集群（"5"即惠普、宏碁、华硕、思科、东芝 5 家品牌商，"6"即富士康、广达、英业达、仁宝、纬创、和硕 6 家代工商，"700"即 700 家电子信息零部件制造企业），增加行业基础、物品运输和工人队伍，2012 年所有高端产品数量生产超过 6000 万台（件），其中虚拟经济所占比重达到了 17%。长安福特建立了一些分工厂，

---

① 该部分资料来自重庆市统计局和国家统计局。

上了很多项目，许多新产品发布，汽车工业开始有了回升迹象，加快了传统产业的大力发展。成都市方面：2012 年的经济量为 8100 亿元，提升了 13%，规模经济在 2007 年副省级城市中是第六名，而到了 2012 年则前进为第三名。2012 年大型工业经济增长量是 2500 多亿元，上升幅度在位于副省级城市中第一，整体规模是 2007 年的近 3 倍。产业步入新的平台，成为了世界知名的虚拟产业大本营，成为了国家高端产业的大本营，高端信息产业超过 3000 亿元，车辆制造、食品加工都超过了 1000 亿元。这 10 个高端项目推进十分顺利，投资规模达到了 3100 多亿元。大型企业有着突飞猛进的进展，百亿级的企业共有 11 家。

4. 拥有西部地区最发达的交通网

从铁路方面看：目前已建成投入使用的铁路有成渝、襄渝、渝怀、黔渝、遂渝、包成、成昆、达万、成达、内昆等。2009 年 9 月 26 日，成渝"和谐号"动车组正式运行，自重庆市到成都市仅需 1 小时 54 分，标志着西南铁路也正式进入高速时代。此外于 2012 年底开工建设的沙坪坝铁路综合交通枢纽工程，该工程作为成渝客运专线（高速铁路）重庆市境内的始发站和终点站，于 2015 年上半年完工。此时，成渝两地车程时间缩至约 1 个小时。同时渝新欧国际铁路大通道已于 2011 年 6 月 30 日正式运行，渝新欧国际铁路大通道从重庆市始发，经达州、安康、西安、兰州、乌鲁木齐，向西过北疆铁路到达我国边境阿拉山口，进入哈萨克斯坦，再经俄罗斯、白俄罗斯、波兰、德国，至比利时的安特卫普，全程为 11 179 千米。该通道采用定点、定线、定车次、定时、定价的"五定"班列方式，多国海关"一卡通"。渝新欧国际铁路大通道的打通，缩小了我国西南地区与东南沿海在区位上的差距，成为我国内陆对外开放的新高地。

从公路方面看：成渝地区高速公路发展迅速，目前建成投入使用的有成渝、广（安）渝、遂渝、达渝、渝万、渝黔（雷神店）、渝涪、成广（元）、成南、成雅、成乐、内宜、内泸、成灌等近 20 条高速公路。于 2009 年 9 月开工的成安渝高速公路通车后，从成都到重庆仅需 2 个小时，将成为连接成渝经济区"双核"的重要通道。部分已经投入使用的成渝环线是国家规划的 5 条高速公路环线之一，成渝环线将重庆市、成都市 2 市及成渝两地的 30 多个城市连接到一起，构成了密集的城市群。目前，成渝环线中的成绵、成雅、遂渝、乐宜和绵遂高速公路已竣工通车，乐雅高速公路和宜泸高速公路全线通车后，成渝环线全部打通，形成成渝环形走廊。

从航空、水运来看：成渝地区的航空运输相当发达，除了成都双流国际机场、重庆江北国际机场两大国际机场外，其他城市近些年又先后建成了绵阳市等十几个支线机场，空运在交通运输方式上开始占据着越来越重要的地位。四川省 2013 年政府工作报告中提到，成都市已经成为全国空港第四城。处于长江上游的成渝地区内河航道也十分发达，目前区域内通航总里程近 7800 千米，四级以上航道 2000 多千米。成渝地区有重庆、泸州、宜宾三大水运港口，3000～10 000 吨的船队可与长江中下游直接通航。

5. 拥有西部地区最强的科技创新能力

要实现经济增长极发展的持续性，就必须拥有强大的科技创新能力，而成渝经济区的快速发展正是得力于其在西部最强的科技创新能力。2011 年，成渝经济区拥有各类高等院校 135 所，职业技术学校 789 所，在校学生 280 万以上，200 多个科研机构，科技活动人员约 30 万人，为成渝经济区强大的科技创新能力奠定了雄厚的基础。成渝经济区内有 3 个国家级高新技术产业开发区（重庆高新技术产业开发区、成都高新技术产业开发区、绵阳高新技术产业开发区），这三大开发区在吸引高科技企业和汇集高层次人才方面发挥了巨大的作用。

同时重庆市和四川省政府也采取各种政策和增加资金投入来保障科技创新。重庆市方面：根据重庆市 2013 年政府工作报告，用于科学技术发展的资金占经济总量的 1.38%，专利发明资金提升了 7 倍。同时重庆市政府还通过一系列政策措施来带动科技发展。例如，重庆市 2012 年开始实施的"121"科技支撑示范工程，极大推动成渝地区科研能力的发展，进而带动成渝经济的发展。四川省方面：四川省政府 2007～2012 年科学使用资金总共有 1300 亿元，地级市政府通过财政支出支持科学发展 5 年共有 193 亿元，我国在西部地区设立的独家技术创新基站就落户四川省，使四川省科技迅速发展，发明申请的数量是 2007 年的 4.8 倍，而授予量则更是高达了 5.4 倍。

10.6　成渝经济区的发展规划

成渝经济区发展分两步走的战略：第一步到 2015 年，经济实力显著增强，建成西部地区重要的经济中心。地区生产总值占全国的比重达到 6.5%，人均地区生产总值达到 32 000 元，城镇化率达到 52%，万元 GDP 能耗降低 18%，城乡居民收入差距由目前的 3.3∶1 缩小到 2.8∶1；第二步就是到 2020 年人均地区生产总值达到 4.7 万元，到 2020 年成渝经济区区域一体化格局基本形成，成为我国综合实力最强的区域之一，城市化率达到 60%。

成渝经济区要推动产业结构优化升级走新型工业化道路，建设具有竞争力的现代产业基地。具体讲，就是八大支柱产业支撑成渝经济区发展：①全国重要的重大装备制造业基地；②全国有重要影响的汽车、摩托车整车及零部件生产研发基地；③国家电子信息产业基地；④国家民用航空、航天研发制造基地，将在重庆布局直升机生产，建设国家直升机生产基地；⑤加快发展冶金和材料生产；⑥国家重要的石油天然气化工和盐化工基地；⑦做优做强轻纺食品产业；⑧加快医药产业发展，建立以生物制药为重点、化学原料制药为基础、地道药材为特色的产业体系。同步在服务业方面建设国际知名、全国重要的旅游目的地，以重庆市、成都市为核心，打造区域性旅游集散中心。

成渝经济区确定了"双核五带"空间格局，有了更为明确的发展目标和定位。"双核"：①重庆市发展核心包括重庆主城九区，打造经济繁荣、社会和谐、环境优美的国际化大都市；②成都市发展核心包括成都全域，建设城乡一体化、全面现代化、充分国际化的大都市。"五带"：①沿长江发展带以重庆市主城区为中心，长江黄金水道、公路、铁路为纽带；②渝成南（遂）发展带将培育成为连接"双核"的新型经济带；③成绵乐发展带以成都市为中心建成具有国际竞争力的产业和城市集聚带；④渝广达发展带将建成成渝经济区东北部重要的经济增长带；⑤成渝内发展带以成渝铁路和高速公路为纽带，要建成连接成渝的重要经济带。

重庆市合理划分城市功能，协调推进城市发展，提高城市发展水平。提升中心城区综合服务功能，完善市政基础设施，改善人居环境，提升城市品质，促进现代服务业聚集发展。建立健全城市创新体系，建设高端产业集聚的创新型城市。积极推进中央商务区建设，建设高端服务业集聚区。提升两江新区综合功能，打造我国内陆重要的先进制造业和现代服务业基地，建成功能现代、产业高端、总部集聚、生态宜居的内陆新区。完善城区外围组团集聚功能，优化空间布局，重点发展装备制造、商贸物流等产业。

成都市合理划分中心城区和周边区县功能，拓展发展空间。提升中心城区综合服务功能，增强文化影响力，提高城市品质，加快发展现代服务业和高技术产业，建设高端产业集中、高端服务业集聚、宜业宜商宜居的国家创新型城市和国际旅游城市。规划建设天府新区，重点发展总部经济和循环经济，加快发展新能源、新材料、节能环保、生物、下一代信息技术、高端装备制造等战略性新兴产业。

　　大力发展重庆市的万州、涪陵、长寿、江津、合川、永川和四川省的成都、广安、德阳、绵阳、眉山、资阳、遂宁、乐山、雅安、自贡、南充、泸州、内江、宜宾、达州等区域性中心城市，引导工业向园区集中发展，加大城市基础设施和配套公共服务设施建设力度，优化城市环境，适当扩大城市规模，提高城市承载能力。支持重庆市万州、涪陵、江津、合川、永川、长寿和四川省绵阳、德阳、乐山、自贡、泸州、内江、南充、宜宾、达州发展成为 100 万人口以上的城市（区），带动周边地区加快发展。

　　以重庆市，成都市两个特大城市为龙头，以成渝 1 小时经济圈的区县沿高速公路、快速铁路、黄金水道等为载体，共同争取成渝经济区列为国家重点开发区，共同争取国家编制成渝经济区发展规划，将成渝经济区建成国家新的增长极。重点发展成渝经济区，上升到国家发展层面，被明确写入《西部大开发"十一五"规划》。长三角、珠三角、环渤海地区，这无可争议的三大增长极，在过去 20 多年引领着我国经济高速增长。但这三大增长极，无一例外地落在东南沿海地区。成渝经济区是西部地区唯一具备突破省市界限、在更大范围内优化配置资源的地区。这里每万平方千米有 1.73 座城市，比西部地区平均水平多 1.49 座城市，比全国平均水平多 1.03 座城市；这里，每平方千米产出 350 万元，比全国高出 227 万元，比西部地区高出 316 万元。成渝经济区经济密度是西部地区平均经济密度的 14 倍，是西部地区最发达区域。成渝经济区占全国经济总量的 5%左右，通过 5～10 年的跨越式发展估计能占到全国经济总量的 10%左右。达到 10%或更多的时候，这个经济区域就将成为保证国家经济安全的新增长极。

10.7　成渝经济区的发展意义

1. 为中国经济增添新的强有力的发动机

　　"综观国际国内大势，我国发展仍处于可以大有作为的重要战略机遇期。我们要准确判断重要战略机遇期内涵和条件的变化，全面把握机遇，沉着应对挑战，赢得主动，赢得优势，赢得未来，确保到 2020 年实现全面建成小康社会宏伟目标。"这是党的十八大报告提的要求。实现全面建成小康社会的目标，就要求我国继续保持较高的经济增长率。虽然三大经济增长极仍然是推动国家经济发展的"主力"，但在加快转变经济发展方式的背景下，三大经济增长极的发展也遇到了革新技术、节约资源、劳动力荒等问题。因此，将成渝经济区的发展战略上升到国家发展层面，打造成我国"第四经济增长极"，将为我国经济新一轮快速发展添加新的强有力的"发动机"，与东部沿海三大增长极一道，进入"四核"时代，共同带动我国经济的高速发展。而事实上，目前成渝经济区的发展已经体现出其巨大的发展潜力，2016 年成渝经济区的 GDP 总量已经占到了珠三角的一半以上。而且在重庆市和成都市两大核心城市的带动下，成渝经济区的电子信息工业等高科技龙头产业发展迅猛，不仅对中国经济绿色发展做出巨大贡献，而且也引领了未来成渝经济区乃至国家经济发展的方向。

2. 助推中国经济持续健康发展

改革开放以来我国经济获得了飞速的发展，经济水平也在稳步提高，每年保持着高增长率，2016 年我国经济总量已经超越日本，成为世界第二大经济体。但是目前我国经济的发展仍然存在一些（如东部贡献大于西部贡献、劳动力贡献大于科技贡献、粗放型增长贡献大于集约型增长贡献等）问题。在统筹区域发展的背景下通过发展成渝经济增长极带动区域发展有以下两方面的考虑：第一，通过成渝经济区增长极的带动有利于增强西部地区对国家经济的贡献；第二，由于西部地区发展属于"后起之秀"，可以对经济发展做出科学部署，进而走出一条新型工业化道路。因此，将成渝经济区打造成中国"第四经济增长极"不仅承担着协调区域发展的重任，同时也肩负着转变经济发展方式、产业优化升级的探索任务。成渝经济区增长极的发展必将有力带动我国西部地区的快速发展，为我国经济的持续健康发展贡献一份力量。

3. 有助于缩小东西部发展差距

首先，区域协调发展是社会稳定的基础。长期以来，我国区域经济发展突飞猛进，取得了一系列成就，但是在地区之间和社会成员之间的差距却越来越大，社会公平问题越来越严重。尤其是西南地区，因为深处内陆再加上多山的复杂地形，造成四川省和重庆市地区发展迟缓，也严重制约了人民生活水平的提高。而西南地区又是中国人口较密集的地区之一，如果区域差距不能得到有效遏制，人民生活水平不能得到提高，势必造成强大的反差感，不利于社会的长治久安与和谐发展。发展成渝经济区增长极，能极大地辐射带动整个西南地区的发展，实现区域协调发展的目标，最终实现共同富裕。其次，区域的协调发展是构建和谐社会的内在要求。因此在统筹区域发展背景下全力打造成渝经济增长极，有助于协调西南地区与西部及其他地区的关系，共同推进我国区域经济的发展。打造成渝经济区增长极也是以人为本的科学发展观的重要体现，成渝经济区增长极带动西南地区的快速发展也必将成为构建社会主义和谐社会的有机组成部分。

4. 有助于最终建成全面小康社会的战略目标

胡锦涛提出"全面建设小康社会"的目标，随后又提出了构建和谐社会的宏伟蓝图。党的十八大又提出了全面建成小康社会的伟大目标。我国 2012 年虽然总体上达到了小康水平，但还是一个低水平的、不均衡的、不全面的小康。党的十六大报告对全面建设小康社会的定义为"使经济更加发展、民主更加健全、科教更加进步、文化更加繁荣、社会更加和谐、人民生活更加殷实"。全面建成小康社会就是要提高人民的收入水平，缩小地区之间的经济差异，最终实现共同富裕。全力打造成经济增长极能够依托成渝两个特大中心城市来带动大批中间城市群，而中间城市群的建立又能从点铺面地带动周围落后的地区，由此带动西南地区的发展，逐渐缩小与东部的差距。同时，也可以为中部、西北部发展经济、发展经济增长极提供宝贵的经验。建立增长极的最终目的是实现区域的协调发展，区域的协调发展有利于改变经济发展的不平衡布局，在制度、体制等层面构建起新的社会公平体系，最终实现全面建成小康社会的伟大目标。

10.8 本 章 小 结

本章从我国最具活力的三大经济区——长三角经济区、珠三角经济区、环渤海经济区出发，介绍了成渝经济区发展的历史沿革，分析了经济发展的现状、产业结构特征，通过发掘成渝经济区的发展优势分析未来发展的战略规划，实现促进我国经济发展的重要意义。

现有的三大经济区已形成中国经济发展三足鼎立的态势，是我国高新技术产业发展的主要集聚地，高新技术产业总产值占比高达 81%，出口交货值更是高达 92%，拥有近一半的国家级高新技术产业开发区，成为我国经济发展最有活力的生力军。

成渝经济区是引领西部地区加快发展、提升内陆开放水平、增强国家综合实力的重要支撑，在我国经济社会发展中具有重要的战略地位。成渝两地从古至今一直处在川东、川西的政治经济中心地位，无论是历史还是地缘关系都有非常密切的联系。

　　成渝经济区的经济基本面发展状况也非常良好，2001 年以来，成渝两地的 GDP 一直保持着快速的增长态势，年均增长率超过 10%，固定资产投资额、财政收入和进出口总额也同样保持了快速增长的局面。成渝经济区已建成一大批具有影响力的特色产业区，如重庆市的摩托车产业、成都的高新技术产业基地，在中心城市的辐射和影响下，成渝经济区发挥着西部地区制造、物流、金融、创新等方面的中心地位和作用。

　　成渝经济区作为中西部最具活力的经济区，对中国经济发展的作用越来越明显，在产业的发展过程中也呈现出自身特有的产业结构特征，三次产业发展滞后是当前面临的重要挑战，从 10.4 节的分析可以看到，成渝经济区正处于工业化加速发展的阶段，但是第三产业在经济区中所占的比重一直低于全国平均水平，与其他国家相比也相差甚远，成渝经济区仍处于由"二、三、一"结构向"三、二、一"结构过渡的过程中。

　　成渝经济区拥有丰富的自然资源，天然气开采量和矿产储存量都居全国第一，并且拥有丰富的水资源和水能资源，为创造资源节约型、环境友好型社会奠定良好的技术基础；具备巨大的区位优势和突出的战略地位，在维护国家安全方面起着重要的作用；作为西部地区产业基础最好、经济实力最强、发展潜力最大的区域，成渝经济区以仅占西部地区 3%的土地面积实现了 21%的西部 12 省（自治区、直辖市）GDP 总量，占全国 GDP 总量的 5.9%；发达的交通网和强大的科技创新能力也极大地推动了成渝经济区的发展。

　　成渝经济区的发展战略是要基本形成区域一体化格局，成为我国综合实力最强的区域之一，确定"双核五带"的空间格局，充分发挥中心城市——成都市、重庆市的辐射作用，争取成渝经济区列为国家重点开发区，将成渝经济区建成国家新的增长极。

　　成渝经济区是西部地区唯一具备突破省市界限、在更大范围内优化配置资源的地区，将为我国经济增添新的强有力的"发动机"，助推我国经济持续健康发展，在地区之间和社会成员之间的差距越来越大的经济形势下，也有助于缩小东西部发展差距，实现最终建成全面小康社会的战略目标。

11 | 成渝经济区区域经济联盟组织机制分析

11.1　成渝经济区区域合作性组织分析

　　成渝经济区区域合作性组织可以从三个层面分析，第一个层面是借鉴国家与国家之间的合作性组织结构，进行宏观方面的合作。第二个层面是区域与区域之间的合作性组织，采取城市联盟的组织结构。第三个层面是产业与产业之间的合作性组织，成渝之间包括各行各业的合作。具体来说其合作组织形式可以分为以下 10 个方面。

　　1）基于技术合作

　　基于技术合作研发的联盟城市，他们建立的目的是合作研发、技术创新、科技成果转化。

　　2）基于市场一体化

　　联盟城市之间不设市场限制，使生产要素在联盟成员之间可以自由流动，提高市场的资源配置效率，促进经济快速发展，这种城市联盟是基于市场一体化的。例如，沈阳、鞍山、抚顺、本溪、营口、辽阳、铁岭组成的城市联盟就是这种形式。

　　3）基于资源互补

　　为了合理配置资源，相关城市便建立了基于资源互补的城市联盟。一方面，可以使提供资源的城市有稳定的销售市场，避免可能出现的滞销，同时也指明了原材料深加工的方向；另一方面，可以解决和缓解资源消费城市的资源短缺，确保这类城市的资源供给稳定。

4）基于产业组织结构

为调整产业结构，可以建立基于产业结构的城市联盟。过去，由于计划经济在我国推行，各个城市的产业结构是非常不合理的，以重庆市、沈阳市、洛阳市等城市为例，这些城市均为我国重工业基地，而其他产业的发展却是严重不足；上海为我国产业门类最齐全的城市。然而，新建别的城市和发展城市具有比较优势的产业所需耗费的成本和代价非常大。因此，要想解决和弥补产业组织结构的不足，城市联盟无疑是比较好的选择。

5）基于信息文化交流

城市为信息文化的源泉和中心。城市之间信息文化交流随着社会经济，特别是信息经济的发展，将变得更加广泛。同时，各个城市的文化艺术水平也存在较大差距，为缩短这种差距，加强城市间的信息交流，提高市民的文化艺术生活，可以建立基于信息文化交流的城市联盟。

6）基于资本连接

尽管我国经济持续发展，但各个城市的经济发展不平衡，一些城市和行业的资本过剩，而另一些城市却严重缺乏资本，同时，城市之间的投资回报率也大不相同，有些城市投资回报率高于另一些城市，故而，相关城市若建立基于资本连接的城市联盟，便可使资本在联盟城市之间合理流动，优化资本配置。

7）基于规模经济。

根据规模经济理论，建立基于规模经济的城市联盟，可以实现产业的聚集，促进城市经济发展。

8）基于人居环境

为了给人们创造良好的人居环境，这也是城市为什么会出现在人类发展历史上。不过，因为地理环境的限制，建立人居环境的成本非常大，为此，可以建立基于人居环境的城市联盟，打通成渝之间的立体交通，打造 1 小时成渝交通，在周边城市发展人居环境。这类城市联盟既可以提高人们的居住环境的质量，还可以促进人才在地区间的合理流动。

9）基于数字化

为了推进城市数字化进程，可以建立基于数字化的城市联盟。数字化联盟城市可定期交流各自的城市信息工作规划、经验等，相互学习借鉴；对方使用自己的信息产品、技术，给予一定的优惠条件，同时，积极帮助对方的信息产品和技术在本地区的推广；多开展信息资源交流的活动，共享城市信息资源，提高信息资源的利用程度；同时，积极推动城市公共信息服务体系的建设共享。

10）基于健康

为了提高城市居民的健康状况，改善居民的保健医疗条件，可以建立基于健康的城市联盟。也就是世界卫生组织所发起设立的健康城市联盟。它是"一个不断开发、发展自然和社会环境并扩大社会资源，使人们能够在享受生命和充分发挥潜能方面相互帮助的城市"。它是通过提高人们对健康的认识，动员居民与地方政府和社会机构合作，以形成有效的环境支持和健康服务，从而改善环境和健康状况。

11.2　区域经济联盟的组织机制设计分析

11.2.1　城市联盟的组织形式

城市联盟的组织形式包括理事会制和理事城市制。

1）理事会制

由理事会处理城市联盟的日常事务，组织召开相关会议等。该理事会是由联盟城市分别派出人员组成常设管理机构。其组织结构图如图 11-1 所示。

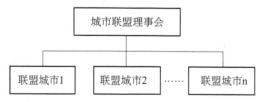

图 11-1　区域经济联盟理事会制组织结构图

2）理事城市制

在一定时期（一般为一年），由城市联盟中相关城市轮流做理事城市，负责城市联盟的事务，组织召开相关会议等。其组织结构图如图 11-2 所示。

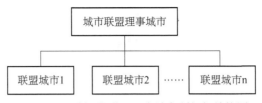

图 11-2 区域经济联盟理事城市制组织结构图

11.2.2 城市联盟的模式

1）单中心城市联盟

指的是在城市联盟中存在一个盟主城市。一般产生在同一国家或同一行政区内部的城市联盟，属于城市联盟的初级阶段，

2）双中心城市联盟

城市联盟中若存在两个盟主城市，即为双中心城市联盟。它多产生在不同行政区域城市合作中，特别是两个不同行政区域城市之间的合作形式。

3）多中心城市联盟

在城市联盟中若存在多个盟主城市，就是多中心城市联盟。它是不同国家、不同行政区域的多个城市合作的主要形式，如世界科技城市联盟就是这种模式。属于城市联盟发展的高级阶段。

11.2.3 城市联盟的设计原则

一是目标性：联盟的建立是基于各联盟的"共同愿景"，有相同的目标。因此，目标性是城市联盟的第一要素。二是系统性：城市联盟是一种联盟系统，是以契约和协议为约束的。同时，城市联盟可以形成交叉，是由多个盟员所构成的复杂系统。三是动态性：该城市联盟会淘汰某个失去优势的联盟城市，重新吸收符合联盟标准的城市作为新盟友，因此，城市联盟具有动态性。四是开放性：城市联盟随时可能会有新的符合条件的盟友加入，整个系统是开放的，但是盟员可以是相互独立的，不存在行政上的上下级关系。五是协同性：盟友们相互依赖，同时各方优势互补，且都拥有自己的核心优势，产生"1+1>2"或者"1+1+1>3"等的协同效应。六是共赢性：联盟城市在相互依赖相互信任的基础上通过城市合作获得各自独立行动所获得的利益，或避免各自独立行动所遇到的风险，符合其出发点——互利共赢。

11.2.4 成渝经济区区域经济联盟组织机制的顶层设计

成渝两地可以结成成双中心城市联盟，发挥各自核心优势，相互促进、互补。组织机制顶层设计结构如图 11-3 所示。

图 11-3 成渝经济区区域联盟组织机制顶层设计结构图

11.3 成渝经济区区域经济联盟动力分析

结合前文所述区域经济联盟的动力机制，成渝经济区区域联盟的动力主要有利益驱动、产业动力、市场动力、制度动力、资源动力等几大方面。

1. 利益驱动

成渝经济区区域经济联盟具有价值创造功能，并可以实现共赢局面。成渝经济区区域经济联盟创造的超额利润将在成渝之间分配，成渝联盟区域作为博弈的主体得到了比联盟前更多的利益。该联盟使联盟城市都得到比较合理的收益，从而促成多赢局面的形成。

区域经济联盟的建立还可以稳定盟友双方交易，这样便大大减少签约费用并降低合约履行风险，企业的市场交易费用也将缩减。而且还能抑制交易双方的投机行为，使盟友们相互学习，提升双方的认知能力，并尽可能降低此行为所产生的交易费用。此外区域经济联盟作为一个经济实体，可以降低内部交易费用，并形成稳定的外部市场，使外部的交易费用降到最低点。

随着西部大开发的深入推进，四川省、重庆市两省市更加积极地寻求共同发展，如今两省市先后签署了《关于推进川渝合作共建成渝经济区的协议》《川渝毗邻地区合作互动框架协议》《川渝交通合作框架协议》《推进产业分工合作打造川渝工业经济区备忘录》等 11 个合作协议，建立了全方位的协调沟通机制，形成了比较完整的区域合作体系。成渝经济区区域联盟 2010 年 GDP 总量为 1533.4 亿元，分别占四川省 GDP 的 9.07%，占重庆市 GDP 的 19.44%，占全国 GDP 的 0.385%。成渝经济区区域经济联盟的成立有助于各区市县经济长足稳健的发展，为川渝经济注入活力，带动西部地区更快发展。从联盟总体上看，2010 年成渝经济区 GDP 增速达到 21.44%，明显高于国家水平，表明联盟作为一个整体发展势头强劲，区域经济联盟效果显著（该处数据引自中华人民共和国国家统计局）。

2. 产业动力

在区域经济联盟组织中，不同的区域有不同的发展能力，它们的互补能力也将不断增强，如资源、管理、技术、人员、理念等能力。对比较发达的区域而言，在保证其优势产业发展的同时，为使其劣势产业可以较快发展，可以与其他较为落后城市的经济互补。对一般区域而言，可以利用地区在当地的直接投资直接调整当地的产业部门，同时，从某种程度上说，可以借鉴先进的管理经验推动区域经济结构的调整。由此说明区域经济联盟能够推动区域产业结构调整和有效配置资源。由此可见，区域经济联盟将推动地区产业呈现集群化、梯度转移、融合化、生态化的发展，带来聚集经济效益。而当聚集规模达到一定程度时，便形成了一种良性循环的"产业生态链"和"经济生态圈"。

多年来，成都市和重庆市两地通过建设各种经济技术开发区，使产业链条得以健全，产业结构得以优化，从而形成了产业集聚的优势。多年的发展也使各类经济技术开发区变成现代制造业集中、带动力强、经济高速发展的外向型工业园区，呈现了突出的产业集聚效应，而且土地集约利用程度达到了我国的最高水平，成为四川省、重庆市两省市经济发展的试验田和先行区。成渝经济区区域经济联盟的形成，使得区域分工更加明晰合理，资源要素自由流动，配置水平和利用效率大大提高，成渝经济区最终形成了一个统一的大市场，要素可以在区域内自由流动。成渝经济区区域经济联盟内的各区市县，是成渝经济区产业基础最雄厚、经济元素最活跃、资源要素最丰富、发展潜力最巨大的地区，各地地域相连、条件相近、文脉相同、经济相融、民俗相似，经济社会发展有着良好的合作基础。目前，已初步成为国家重要的机械加工、制造业基地，水电能源基地，天然气化工基地，高新技术产业基地和西部农牧业区。电子信息、汽车摩托车、铁路交通设备、冶金化工、输变电设备、航空航天、工程机械、仪器仪表、数控机床、彩色电视、通信设备和国防军工等产业具有比较优势。新兴的生产性服务业日益壮大，如现代物流、服务外包等，改变了以传统的商贸流通为主的第三产业结构；传统农业的比重进一步下降。

充分发挥合作区产业比较优势，形成区域产业集群，构筑特色鲜明、优势互补、合作紧密、链条完整的区域一体化产业体系。在合作区域内，支持企业间开展技术、生产、投资合作，促进优势互补、合作配套、共同发展的产业布局的形成。

3. 市场动力

一个区域的发展离不开市场的扩大，但其所有资源有限，这就需要补充某些资源，如人力资源、矿产资源、技术资源等，而区域经济联盟可以满足区域发展的这些需求。建立区域经济联盟可以不再受行政区划分和地方贸易保护主义政策的限制，积极发展区域经济联盟内部各成员的相互贸易，避免受各种不利于商品及其他生产要素流通的限制，联盟区域之间相互开放，扩大了市场，大大提高贸易量的增长。而建立区域经济联盟不会耗费大量资金，可以在较短时间内，获取市场上最好或最适合自己的信息。推进区域经济的发展，最终形成经济一体化。

以川渝两省市创新体系、基础设施、市场体系、环境保护、社会事业等领域的一体化发展为目标，促使成渝经济区区域经济联盟的各项成本不断降低。成渝经济区区域的合作是由合作的成本与收益所决定的，在合作获取收益一定的情况下，其成本越低，则合作的可能性越大。如今随着地方政府职责的扩大，成都和重庆两地政府越来越意识到区域内各领域的一体化发展可以对降低运输成本和交易成本起到巨大的作用，一体化发展投入力度的加大可显著降低区域合作的成本。该联盟还应加强重大基础设施方面的合作，包括能源、交通、水利、通信等方面。特别是毗邻地区在规划重大交通、水利基础设施项目时尽可能实行信息通报及会商机制，以更好地实现项目的对接和更大效益的实现及资源的共享。在基础设施建设上，各级政府应避免过度商业化和无序操作，利用政府投资和参股方式来引导基础设施建设，包括联盟内路网、电网、水网、气网、信息网、生态环保网等基础设施的联网建设，充分发挥政府的导向作用，为建设统一大市场奠定基础。

在区域合作与区域一体化已经成为当前我国区域经济发展主流的形势下，成渝经济区区域经济联盟需要放眼于长远和全局，更新发展思维，破解合作难题，消除贸易保护，化解区域冲突，打破行政边界，深化区域合作，不断增强区域发展合力，最终成为西部大开发的增长极和经济高地。

4. 制度动力

在经济区域经济联盟过程中，如果利益协调机制不完善，可能会造成利益冲突。而且合作各方的经济发展水平及经济结构具有差异性，联盟各成员由于利益冲突将难以展开真正的合作。由此，政府在市场经济中必须发挥引领作用，通过协调机制解决区域经济联盟合作过程中的利益冲突。因此，在经济区域经济联盟过程中，在如今区域经济联盟面临诸多利益冲突的情况下，政府必须有所作为。打破市场贸易壁垒，制定统一规则，保证经济联盟内人流、物流、信息流的高效畅通，便是加强政府利益协调的重中之重。

作为一个经济区域，成渝经济区区域经济联盟的空间范围必然跨越现有的行政区域范围，因此，成渝联盟的构建显然不能离开城市政府之间的协调组织，尤其是高层政府的介入。一方面，成渝经济区区域经济联盟应该挣脱行政区划的束缚，按照产业发展内在规律，依托中心区域，形成多个省市联盟的经济生态圈，合理布局全国范围内的生产力；另一方面，成渝经济区区域经济联盟应促进区域政府之间的相互交流、融合、借鉴，带来制度的变迁，从而进一步推进四川省和重庆市两省市社会经济的发展。

5. 资源动力

区域经济联盟通过资源禀赋的交换，尤其是技术与管理之间的合作带来的竞争优势，将推动其实现资源优化配置、规模经济及创造协作的目标，最终使得生产边界向外扩张。

成渝经济区域面积约为 20.6 万千米^2，区域内有丰富的自然资源，矿产、水、森林、天然气资源均位居全国前列；而且有丰富的劳动力资源，熟练产业工人群体庞大；同时，有良好的农业发展基础，为我国主要提供粮食、蔬菜、柑橘、生猪、中药材、蚕丝等，交通及工业也有了相当丰厚的基础。成渝经济区区域经济联盟的形成，使两省市的发展将不再受行政划分的限制，在更大范围内实现资源的优化配置。

区域经济合作，不断提高成渝两地的空间资源配置效率。随着经济全球化的加速和世界区域性市场的重新整合，成渝两地必然要组织或积极融入区域经济一体化。在成渝经济区区域经济联盟内开展教育、科技、文化、卫生、人才等资源区域合作，推动区域社会事业共同发展。这可以有效促进生产要素在"成渝区域"地缘范围内的自由流动，实现生产资源的有效配置和生产效率的相应提高，达到资源共享，从而提高两地地区经济发展水平和对外开放程度。

11.4　成渝经济区区域经济联盟的发展

　　早在 20 世纪 50 年代，学者就提出了成渝经济区概念。2011 年 3 月 1 日，国务院常务会议通过了《成渝经济区区域规划》。成渝经济区为加速经济一体化和打造西部增长极，已经蓄势待发，下一步，重庆市、四川省两省市将主要抓区域规划的落实情况，重点推进统筹城乡综合配套改革区、要素无障碍流通大通道、社会保障和公共服务对接平台、农村劳动力转移促进机制、跨行政区政策体系、跨行政区的调控体系"六大共建"。

　　成渝经济区规划区域的范围，包括重庆市 31 个区县和四川省 15 个市，区域面积约为 20.6 万千米 ^{2}，2008 年户籍人口为 1.016 亿。其中，重庆市的 31 个区县有万州、涪陵、渝中、大渡口、江北、沙坪坝、九龙坡、南岸、北碚、万盛、渝北、巴南、长寿、江津、合川、永川、南川、双桥、綦江、潼南、铜梁、大足、荣昌、璧山、梁平、丰都、垫江、忠县、开县、云阳、石柱。四川省进入成渝经济区的区县有成都、德阳、绵阳、眉山、资阳、遂宁、乐山、雅安、自贡、泸州、内江、南充、宜宾、达州和广安。

　　成渝经济区的有 5 大定位。其中包括：①全国重要的经济增长极，建成以重庆、成都为核心的西部地区综合实力最强区域；②西部地区重要的产业集聚区，打造国家重要的现代农业基地，形成若干规模和水平居全国前列的先进制造与高技术产业集聚区，建设体系健全、辐射西部地区的现代服务业基地；③深化内陆开放的试验区；④统筹城乡发展的示范区；⑤长江上游生态安全保障区。

　　成渝经济区空间布局为"双核五带"。即依托中心城市和长江黄金水道、主要陆路交通干线，形成以重庆市、成都市为核心，沿江、沿线为发展带的"双核五带"空间布局。重庆市发展核心，包括重庆主城九区，打造经济繁荣、社会和谐、环境优美的国际大都市；成都市发展核心，包括成都市 5 城区和青白江等 14 个县，建设城乡一体化、全面现代化、高度国际化的大都市。

　　沿长江发展带。以重庆市主城区为中心，长江黄金水道和沿江高速公路、铁路为纽带，推进岸线开发和港口建设，建成长江上游重要的产业和城镇集聚带。

成绵乐发展带。以成都为中心，成绵乐城际客运专线、宝成—成昆铁路和成绵、成乐、成雅高速公路及大件运输通道为纽带，建成具有国际竞争力的产业和城市集聚带。

成内渝发展带。以成渝铁路和成渝高速公路为纽带，建成连接双核的重要经济带。

成遂渝发展带。以兰渝、遂渝铁路，成遂渝、成南、南渝高速公路，嘉陵江为纽带，培育成为连接双核的新兴经济带。

渝广达发展带。以襄渝、达万铁路和渝达、渝宜高速公路为纽带，建成成渝经济区东北部重要的经济增长带。

成渝经济区的产业发展。《成渝经济区区域规划》提出，重点发展九大产业。这九大产业包括：①以重庆和成都为中心，建设全国重要的重大装备制造业基地；②建设全国有重要影响的汽车摩托车整车及零部件生产研发基地，成都和重庆都发展乘用车、商用车，此外，还分别发展载货车、载客车和专用车、摩托车；③建设国家电子信息产业基地；④建设国家民用航空、航天研发制造基地，在成都、重庆、绵阳重点发展航空航天产业集群，在重庆建设国家直升机生产基地，进行布局直升机生产；⑤加快发展冶金和材料产业；⑥建设国家重要的石油天然气化工和盐化工基地；⑦做优做强轻纺食品产业；⑧加快医药产业发展；⑨积极发展现代农业，大力发展现代服务业。

成渝经济区的交通将把重庆建成长江上游航运中心。在基础设施建设方面：规划初稿提出，加强航道和港口建设，建设以长江为干线、嘉陵江、乌江、岷江为支线，干支结合、水陆联运、功能完善的内河航运体系，推动重庆建成长江上游航运中心。在公路网络建设方面：重点建设重庆到宜宾到昆明、万州到城口到西安、万州到利川、成渝复线、成渝环线、重庆到广安、重庆三环、内江到遂宁等高速公路。在铁路建设方面：构筑以重庆市、成都市为枢纽，兰渝、宝成等铁路为主干线的西北向通道，襄渝、渝郑铁路和西渝客运专线为主干线的东北向通道的放射状铁路网。

成渝经济区建设目标为全国综合实力最强区域之一。它的发展目标为：到2017年年底，建成西部地区重要的经济中心，地区生产总值占全国的比重达到6.5%，人均地区生产总值达到3.2万元，城镇化率达到52%，万元GDP能耗降低18%，城乡居民收入差距由2016年的3.3∶1缩小到2.8∶1。到2020年，成渝经济区区域一体化格局基本形成，成为我国综合实力最强的区域之一。人均地区生产总值达到4.7万元，城镇化率达到60%。

　　2007 年，国家发展和改革委员会批准重庆市和成都市成为全国统筹城乡综合配套改革试验区，这是中央加快推进西部大开发的重大战略部署。对于更好地贯彻落实科学发展观、切实解决好"三农"问题、加快推进西部大开发、完善全国改革发展格局，具有极其重要的战略意义。国家发展和改革委员会要求要从两市实际出发，统筹城乡综合配套改革实验，全面推进各个领域的体制改革，并在重点领域和关键环节率先突破，大胆创新，尽快形成统筹城乡发展的体制机制，促进两市城乡经济社会协调发展，也为推动全国深化改革、实现科学发展与和谐发展发挥示范和带动作用。

　　因此，成渝经济区区联盟是顺理成章，民心所向。未来成渝经济区联盟的发展重在两个方面：一是成都市、重庆市两个行政区域经济的联盟；二是成渝经济区内城乡经济协调发展的联盟。

参 考 文 献

安昌锋. 2009. 区域物流对区域经济发展的影响——基于江西省的研究. 江西师范大学硕士学位论文.

安学龙. 2009. B2B 背景下电子商务运作模式及营销策略研究. 南开大学硕士学位论文.

白先春, 孟梅花, 李洪英. 2012. 江苏省经济增长与劳动就业投入产出关系研究. 现代管理科学, (01): 80-82.

白新河. 2009. 行业协会在长三角经济一体化进程中的角色研究. 上海交通大学硕士学位论文.

蔡继荣. 2006. 战略联盟稳定性机理及联盟治理研究. 西南交通大学博士学位论文.

蔡继荣, 胡培. 2007. 基于生产组织模式选择超边际分析的战略联盟稳定性边界研究. 中国管理科学, 15 (2): 141-148.

蔡丽丽. 2010. 低碳经济目标下的上海产业结构优化政策研究. 上海交通大学硕士学位论文.

陈斌. 2008. 中国经济体制和产业结构动态关联模型——基于"结构损耗"概念的分析. 浙江工商大学硕士学位论文.

陈畴镛, 胡隆基. 2000. 基于模糊综合评判的企业核心竞争力识别模型. 数量经济技术研究, 17 (5): 20-23.

陈小洪, 马骏. 2007. 产业联盟的概念和实践形式. 国务院发展研究中心调查研究报告, (90): 1-20.

陈雪梅, 赵珂. 2001. 中小企业群形成的方式分析. 暨南学报 (哲学社会科学版), 23 (2): 68-73.

陈雅秀. 2008. 重庆市承接东部产业转移问题研究. 西南大学硕士学位论文.

陈燕. 2007. 中国环渤海地区的经济非均衡协调发展现状及对策研究. 西南财经大学博士学位论文.

程雪松. 2009. 我国矿难频发的原因: 制度经济学视角的研究. 西安石油大学硕士学位论文.

戴宾. 2005. 成渝经济区与成渝城市集群、成内渝经济带. 西部论坛, 15 (6): 23-26.

戴敏敏. 2004. 中国地方政府转型的新政治经济学解释——上海经验与范式研究. 复旦大学博士学位论文.

戴卫明, 陈晓红, 肖光华. 2005. 产业集群的起源: 基于区域效应和聚集效应的博弈分析. 财经理论与实践, 26 (1): 89-93.

邓卫华. 2010. 农村微型企业创业: 信息需求与信息支持研究. 华中农业大学博士学位论文.

丁晓芳. 2007. 城市社区公共服务运营研究. 同济大学硕士学位论文.

董珠芬. 2003. 我国地区税收竞争的理论分析及政策建议. 复旦大学硕士学位论文.

范红艳, 薛宝琪. 2009. 河南省第三产业内部结构关联分析. 南阳师范学院学报, 8 (12): 57-62.

方丽. 2012. 基于技术创新视角的浙江省产业重分与重点产业选择. 浙江工商大学硕士学位论文.

方一平. 2000. 成渝产业带产业结构的相似性及其结构转换力分析. 长江流域资源与环境, 9 (1): 21-26.

冯君, 张晓青. 2006. 城市群综合竞争力动力机制研究. 山东师范大学学报 (自然科学版), 21 (3): 99-102.

盖文启. 2002. 论区域经济发展与区域创新环境. 学术研究, (1): 60-63.

高原. 2006. 战略联盟的博弈分析. 武汉理工大学硕士学位论文.

高志敏. 2009. "宜居重庆" 建设研究. 青岛理工大学硕士学位论文.

戈贞. 2011. 基于区域分工视角的产业集群发展探析——以成渝经济区为例. 西南交通大学硕士学位论文.

顾晓峰. 2007. 中国对外直接投资企业能力体系转移研究. 复旦大学博士学位论文.

哈肯 H. 1983. 协同学及其最新应用领域. 自然杂志, (6): 5-12.

哈肯 H. 1987. 系统科学. 上海: 上海人民出版社.

哈肯 H. 1989. 高等协同学. 北京: 科学出版社.

韩玉堂. 2009. 生态工业园中的生态产业链系统构建研究. 中国海洋大学博士学位论文.

郝荣涛. 2012. 基于非均衡发展视角的西三角经济圈构建研究. 重庆工商大学硕士学位论文.

何福荣, 陈娟. 2008. 交通条件引导下的成渝经济圈城市空间格局演变. 知识经济, (12): 60-61.

胡骏. 2009. 街道经济园区内中小企业外部成本分析与调控. 上海交通大学硕士学位论文.

胡秀华. 2005. 改革开放以来珠江三角洲行政区划调整研究. 中山大学硕士学位论文.

黄春霖. 2008. 中国——东盟自由贸易区进程中台湾与大陆及东盟区域合作研究. 南开大学硕士学位论文.

黄晓岚. 2006. 价值系统的缔结: 基础、角色设计与系统协调. 东南大学硕士学位论文.

贾名清. 2000. 略论跨国公司战略联盟. 经济问题, 2 (9): 22-25.

贾玉巧, 刘涛, 赵君. 2010. 中原城市群经济一体化的动力机制与实践内容——郑州作为核心增长极的发展模式研究. 航空工业管理学院学报, 28 (5): 69-72.

简兆权, 李垣. 1998. 战略联盟的形成机制: 非零和合作博弈. 科学学与科学技术管理, (9): 17-18.

鞠小宇. 2008. 长江三角洲区域一体化的问题研究和对策分析. 南京师范大学硕士学位论文.

雷仲敏, 吴蕾. 2007. 山东参与环渤海经济圈区域经济合作的战略思考. 城市, (7): 7-12.

黎鹏. 2005. 区域经济协同发展及其理论依据与实施途径. 地理与地理信息科学, 21 (4): 51-55.

黎鹏. 2006. CAFTA 背景下中国西南边境跨国区域的合作开发研究. 东北师范大学博士学位论文.

李宝岩. 2010. 可接受风险标准研究. 江苏大学硕士学位论文.

李东红. 2002. 企业联盟研发: 风险与防范. 中国软科学, (10): 47-50.

李福厚. 2008. 在华跨国公司股权策略研究. 武汉理工大学硕士学位论文.

李海舰, 魏恒. 2007. 新型产业组织分析范式构建研究——从 SCP 到 DIM. 中国工业经济, (7): 29-39.

李郇. 2002. 珠江三角洲城市间竞争的模式探讨. 广东社会科学, (4): 24-29.

李建勇. 2006. 中国省级政区利益冲突机理分析及其应对机制研究. 华东师范大学博士学位论文.

李丽. 2009. 实现中国茶叶公用品牌与企业品牌共赢的博弈研究. 安徽农业大学硕士学位论文.

李明. 2010. 民营企业技术获取影响因素的实证研究. 南京航空航天大学硕士学位论文.

李晓莉. 2008. 河南省城镇化支撑体系研究. 河南大学博士学位论文.

李新. 2009. 高新技术产业集群及运行效应研究. 西南交通大学博士学位论文.

李芸云. 2010. 信用体系在中小企业融资过程中的作用和策略研究. 北京交通大学硕士学位论文.

李振雍. 2007. NOKIA 企业战略联盟的启示. 北京邮电大学硕士学位论文.

廖元和. 2005. 关于成渝经济区的探讨. 探索, (6): 66-70.

林立达. 2008. 厦泉漳城市联盟发展研究. 福建师范大学硕士学位论文.

林冀庭. 2009. 重庆市吸引港澳台投资分析. 重庆大学硕士学位论文.

林素娇. 2009. 基于投入产出表的 DEA 方法研究. 合肥工业大学硕士学位论文.

林永健. 2004. 将城市联盟进行到底. 开放潮,（9）：24-25.

刘秉镰. 2007. 基于经济发展关联机制的城市物流规划方法研究. 北京交通大学博士学位论文.

刘冠飞. 2009. 基于投入产出模型的天津市虚拟水贸易分析. 天津大学硕士学位论文.

刘光容. 2008. 政府协同治理：机制、实施与效率分析. 华中师范大学博士学位论文.

刘焕章, 张紧跟. 2008. 试论新区域主义视野下的区域合作：以珠江三角洲为例. 珠江经济, 61（12）：36-45.

刘维奇, 高超. 2006. 中小企业贷款问题的进化博弈分析. 中国软科学,（12）：94-102.

刘晓鹰, 郑长德. 2003. 中国西部都市带的城市化推进研究——成、德、绵及成渝都市带的城市化推进研究. 西南民族大学学报（人文社科版）,（2）：43-48.

刘兴国. 2011. 电子组装设备制造商销售模式研究. 北京交通大学硕士学位论文.

刘亚寅. 2007. 重庆市循环经济发展研究——以重庆市经开区为例. 重庆大学硕士学位论文.

刘岩. 2009. 城市再生资源协同管理研究. 大连理工大学博士学位论文.

刘艳领. 2009. 当前中国地方政府合作及其合作机制研究. 南开大学硕士学位论文.

刘洋. 2008. 我国中小旅行社供应链联盟的构建机理和实现形式. 西北大学硕士学位论文.

刘洋. 2009. 水产业分销电子商务管理平台的构建与应用研究. 中国海洋大学博士学位论文.

龙跃辉. 2005. 湖南省煤业集团公司发展战略研究. 中南大学硕士学位论文.

马骏. 2007. 以产业联盟促进企业自主创新. 国务院发展研究中心调查报告,（10）：1-17.

马小平. 2008. 宏观质量管理与质量竞争力研究——以江苏为例. 南京理工大学博士学位论文.

毛新平. 2008. CAFTA 框架下粤桂产业合作问题研究. 广西大学硕士学位论文.

毛雨. 2007. 传统装备制造业与高新技术产业协同发展研究. 哈尔滨理工大学硕士学位论文.

牟童. 2011. 按照科学发展观要求加强环境保护的思考. 中国资源综合利用, 29（06）：48-50.

倪清燃. 2010. 居民受教育水平对个人收入影响的实证分析. 宁波工程学院学报, 22（1）：45-49.

欧书阳. 2003. 重庆与成都城市竞争力比较. 城市问题,（6）：22-26.

欧小琴. 2006. 以资源为基础的零售业国际竞争战略理论研究. 湘潭大学硕士学位论文.

潘捷军. 2002. 从行政区经济走向经济区经济——21 世纪长江三角洲区域经济发展的战略选择. 上海经济,（6）：17-19.

泮策. 2010. 产业集群与区域经济增长——基于浙江诸暨大唐袜业集群的分析. 现代营销：学苑版,（3）：64-66.

彭继民. 2006. 成渝经济区形成机制与发展战略规划. 西部论丛,（1）：18-23.

綦良群. 2005. 高新技术产业政策管理体系研究. 哈尔滨工程大学博士学位论文.

乔丽娜. 2010. 服务业就业效应分析——以浙江省为例. 浙江大学硕士学位论文.

秦红. 2010. 地方政府公共服务能力提升研究——以昆山市为例. 苏州大学硕士学位论文.

邱国栋, 白景坤. 2007. 价值生成分析：一个协同效应的理论框架. 中国工业经济,（6）：90-97.

仇保兴. 1999. 小企业集群研究. 上海：复旦大学出版社.

任寿根. 2004. 新兴产业集群与制度分割——以上海外高桥保税区新兴产业集群为例. 管理世界, (2): 56-62.

任艳, 杨明洪. 2006. 成渝经济区制造业集群布局战略构想. 特区经济, (6): 240-242.

阮光珍. 2010. 高技术产业集聚成长机制研究. 武汉理工大学博士学位论文.

单泪源, 彭忆. 2000. 战略联盟的稳定性分析. 管理工程学报, 14 (3): 76-78.

佘阳. 2009. 政府制度创新在长三角区域经济发展中的推动作用——以上海市工商行政管理局为例. 复旦大学硕士学位论文.

沈正平, 刘海军, 蒋涛. 2004. 产业集群与区域经济发展探究. 中国软科学, (2): 120-124.

石岿然, 肖条军. 2004. 双寡头零售市场的演化稳定策略. 系统工程理论与实践, (12): 24-28, 137.

苏天复. 2005. 营口经济技术开发区城市经济发展战略研究. 大连理工大学硕士学位论文.

唐旭. 2011. 基于投入产出模型的广西北部湾经济区发展潜力分析. 市场论坛, (6): 8-11.

唐云峰. 2009. 江苏省数字集群移动通信系统频率台站规划研究与设计. 东南大学硕士学位论文.

田阡. 2012. 统筹城乡背景下农机社会化服务的现状与实践——以成渝经济区为例. 农机化研究, 34 (3): 15-19.

田伟. 2007. 跨国零售企业进入中国的方式选择——基于资源基础的观点. 厦门大学硕士学位论文.

田新华. 2009. 企业人力资源管理外包研究. 厦门大学博士学位论文.

万凤娇. 2012. 基于交易费用理论的物流战略合作伙伴关系形成的内在机理研究. 商场现代化, (06): 45-46.

汪涛, 李天林, 徐金发. 2000. 基于资源观的战略联盟动因综论. 科研管理, 21 (6): 68-74.

王超. 2009. 工程建设标准化对国民经济影响的研究. 北京交通大学博士学位论文.

王川兰. 2005. 经济一体化过程中的区域行政体制与创新——以长江三角洲为对象的研究. 复旦大学博士学位论文.

王发曾, 郭志富, 刘晓丽, 等. 2007. 基于城市群整合发展的中原地区城市体系结构优化. 地理研究, 26 (4): 637-650.

王菌. 2009. 离岸服务承包与分包协同控制研究. 东南大学硕士学位论文.

王缉慈, 等. 2001. 创新的空间: 企业集群与区域发展. 北京: 北京大学出版社.

王建忠. 2008. 资产评估理论结构研究. 西南财经大学博士学位论文.

王静. 2012. 银行人力资本价值测量及其贡献研究——基于28家商业银行的数据分析. 山东大学硕士学位论文.

王君华. 2007. 跨国企业战略联盟的文化协同研究. 武汉理工大学博士学位论文.

王磊. 2007a. 长三角地区产业同构问题研究. 华东师范大学硕士学位论文.

王磊. 2007b. 以产业联盟促进京津冀地区第二产业合作开发的战略研究. 天津工业大学硕士学位论文.

王淼. 2009. 服务业FDI与我国经济增长效应研究. 山东大学硕士学位论文.

王青. 2004. 城市群的形成与区域经济的发展. 河北大学硕士学位论文.

王素芳. 2010. 区域性中心城市经济辐射力研究——以重庆市为例. 西南大学硕士学位论文.

王婷. 2011. 黑龙江省金融服务业的产业关联效应研究. 哈尔滨工程大学硕士学位论文.

王雪梅. 2008. 乌海市产业结构优化研究. 内蒙古师范大学硕士学位论文.

魏剑锋. 2010. 中国中小企业集群形成的初始条件及耦合方式——以河南省大周有色金属企业集群为例. 经济地理, 30 (1): 93-98.

魏然. 2001. 高新技术产业发展对城市联盟的作用. 管理世界,（6）：184-185.

温杰. 2010. 中国产业结构升级的就业效应. 华中科技大学博士学位论文.

吴良亚. 2011. 永川构建区域中心城市的评价与路径研究. 西南大学博士学位论文.

吴明隆. 2010. 问卷统计分析实务——SPSS 操作与应用. 重庆：重庆大学出版社.

武咸春. 2008. 基于交易成本理论的中国茶叶企业电子商务应用研究. 安徽农业大学硕士学位论文.

肖菲. 2008. 湖南省农业产业化发展策略研究. 中南林业科技大学硕士学位论文.

肖金平. 2005. 长株潭城市群发展与长沙的核心作用研究. 国防科学技术大学硕士学位论文.

肖劲松. 2005. 中小企业产品差异化战略研究. 中南大学硕士学位论文.

解本政. 2004. 现代城市发展模式与策略研究. 天津大学博士学位论文.

谢慧娟. 2010. 基于价格折扣的药品调拨决策. 北京交通大学硕士学位论文.

谢祥. 2008. 信息系统协同治理理论及其应用研究. 北京交通大学博士学位论文.

邢海恩. 2009. 基于供应链的中国电影产业融资模式研究. 北京交通大学硕士学位论文.

徐海鑫, 郑智. 2005. 打造大成渝都市区的经济学分析. 西南民族大学学报（人文社科版）, 26（2）：174-176.

徐强. 2008. 中国沿海小城镇密集区整合发展. 同济大学博士学位论文.

许树沛. 2001. 试论战略联盟中的人力资源整合. 南开管理评论, 4（4）：20-24.

薛宗保. 2011a. 成渝经济区城市流强度研究. 江西农业学报, 23（1）：201-205.

薛宗保. 2011b. 西部大开发战略下的成渝经济区研究——基于城市流强度模型. 统计与信息论坛, 26（2）：72-77.

闫丽萍. 2006. 我国城市管理的趋同化分析. 山东大学硕士学位论文.

阳彩平. 2008. 昌九城市带协调发展研究. 江西师范大学硕士学位论文.

杨海霞, 郑晓红. 2007. 成渝城市群经济发展和对策研究. 财经界, 3：64-65.

杨娜. 2011. 天津市碳排放评价与减排对策研究. 南开大学硕士学位论文.

杨琴. 2008. 统筹城乡背景下重庆市城镇空间结构研究. 西南财经大学硕士学位论文.

杨岩. 2009. 港口物流与临港工业协同发展研究. 武汉理工大学硕士学位论文.

杨艳. 2006. 产业联盟与高新区发展. 2006GEI 企业研究报告.

姚丽. 2012. 江苏省房地产业的投入产出分析. 南京财经大学硕士学位论文.

姚士谋. 2006. 中国城市群. 合肥：中国科学技术大学出版社.

易经纬. 2011. 广东电力低碳转型研究：路径、政策和价值. 中国科学技术大学博士学位论文.

应维云, 覃正, 李秀. 2005. 企业竞争优势战略的理论研究综述. 开放导报,（5）：105-107.

余珉露, 刑留伟, 何月光. 2006. 山东半岛城市群发展的现实要求. 商场现代化,（33）：215.

俞盛华. 2006. 我国建筑业项目经理资格管理制度的研究. 同济大学硕士学位论文.

袁宇杰. 2010. 旅游 CGE 系统开发及应用. 华东师范大学博士学位论文.

曾晓伐. 2006. 现代资本结构理论发展的经济学动力. 复旦大学硕士学位论文.

张红霞. 2008. 我国企业社会责任信息披露研究. 中南大学硕士学位论文.

张辉. 2006. 跨国公司战略联盟的相关问题研究. 中国海洋大学硕士学位论文.

张建军, 蒲伟芬. 2006. 西部区域层级增长极网络发展战略构想. 科技进步与对策, 23（9）：49-51.

张紧跟. 2007. 区域公共管理视野下的行政区划改革：以珠三角为例. 中山大学学报（社会科学），（5）：91-96.

张紧跟. 2008. 从多中心竞逐到联动整合——珠江三角洲城市群发展模式转型思考. 城市问题，（1）：34-39.

张萌. 2009. 基于商业银行视角的山东省小企业融资难问题研究. 山东大学硕士学位论文.

张前进. 2009. 我国企业电子商务成本控制存在的问题与对策. 北京邮电大学硕士学位论文.

张桃. 2008. 中国电信运营企业的国际市场进入模式选择研究. 北京邮电大学硕士学位论文.

张薇薇. 2004. 浅析跨国公司战略联盟. 合作经济与科技，（5）：20-22.

张相，张大伟. 2009. 我国行政区划对区域经济协调性的不利影响及对策. 商场现代化，（10）：225-226.

张湘伟. 2008. 珠江三角洲区位优势变化及对策. 中国高新技术企业，（23）：13.

张晓东. 2004. 鞍山市新市区发展战略规划研究. 天津大学硕士学位论文.

张晓娟. 2009. 动产担保法律制度现代化研究. 重庆大学博士学位论文.

张艳，李光明. 2011. 投入产出表视角下的兵团经济状况分析. 新疆农垦经济，（06）：47-50，88.

张有为. 2005. 中海壳牌公司的战略选择与实施研究. 南开大学硕士学位论文.

章志刚. 2005. 现代物流与城市群经济协调发展研究. 复旦大学博士学位论文.

赵全超. 2004. 我国三大经济圈城市群能级分布研究. 天津大学硕士学位论文.

赵三曲. 2005. 中外合资关系中中方战略资源的演变研究. 对外经济贸易大学硕士学位论文.

赵涛涛，张明举. 2007. 成渝城市群城市综合竞争力比较分析. 小城镇建设，（11）：38-41.

赵婷婷. 2007. 京津冀地区港口竞争力及合作机制研究. 北京交通大学硕士学位论文.

赵永刚. 2012. 成渝通道城际客运运输方式分担率研究. 西南交通大学硕士学位论文.

周兵，蒲勇键. 2003. 产业集群的增长经济学解释. 中国软科学，（5）：119-121.

周春喜. 2002. 项目投资环境模糊综合评价. 科技进步与对策，19（04）：115-117.

周洋. 2011. 河南省生产性服务业与制造业发展的互动机制研究. 郑州大学硕士学位论文.

周英虎. 2011. 成渝经济区与广西北部湾经济区比较研究. 创新，5（2）：16-20.

Ahuja G. 2000. Collaboration networks, structural holes, and innovation: A longitudinal study. Administrative Science Quarterly, 45（3）：425-455.

Arino A, de la Torre J. 1998. Learning from failure: Towards an evolutionary model of collaborative ventures. Organization Science, 9（3）：306-325.

Arino A, Torre J D L, Ring P S. 2001. Relational quality: Managing trust in corporate alliances. California Management Review, 44（1）：109-131.

Aswhohrt G J, Voogd H. 1990. Selling the City: Marketing Approaches in Public Sector Urban Planning. London: Belhaven Press.

Baker R. 1989. Institutional innovation, development and environmental management: An "administrative trap" revisited. Part I. Public Administration & Development, 9（1）：29-47.

Barkema H G, Bell J H, Pennings J M. 1996. Foreign entry, cultural barriers, and learning. Strategic Management Journal, 17（2）：151-166.

Barkema H G, Shenkar O, Vermeulen F, et al. 1997. Working abroad, working with others: How firms learn to operate international joint ventures. Academy of Management Journal，40（2）：426-442.

Barney J B. 1991. Firm resources and sustained competitive advantage.Journal of Management，17（1）99-120.

Baum J A C, Calabrese T, Silverman B S. 2000. Don't go it alone: Alliance network composition and startups performance in Canadian biotechnolog. Strategic Mamagement Journal，21（3）：267-294.

Brandenburger M，Nalebuff B J.1996. Co-opetition. New York：Currency Doubleleday.

Browning L D，Beyer J M，Shetler J C. 1995. Building cooperation in a competitive industry: Sematech and the semiconductor industry. Academy of Management Journal，38（1）：113-151.

Cho M R. 1997. Flexbilization throgh metropolis: The case of postfordist seoul，Korea. International Journal of Urban and Regional Research，21（2）：180-201.

Churchill A. 1985. Forward inlet cities in confict: planning and management of Asian cities. PV. world Bank Washington DC.

Coase R H. 1937. The nature of the firm. Economica，4（16）：386-405.

Coase R H. 1946. The marginal cost controversy. Economica，13（51）：169-182.

Das T K. 2004. Time-span and risk of partner opportunism in strategic alliances. Journal of Managerial Psychology，19（8）：744-759.

Das T K. 2005. Deceitful behaviors of alliance partners: Potential and prevention. Management Decision，43（5）：706-719.

Das T K，Kumar R. 2007. Learning dynamics in the alliance development process. Management Decision，45（4）：153-185.

Das T K，Teng B S. 1996. Risk type and interfirm alliance structures. Journal Of Management Studies，33（6）：827-843.

Das T K，Teng B S. 1998. Between trust and control: Developing confidence in partner cooperation in alliances. Academy of Management Review，23（3）：491-512.

Das T K，Teng B S. 1999. Managing risks in strategic alliances. Academy of Management Executive，13（4）：50-62.

Das T K，Teng B S. 2000. Instabilities of strategic alliances: An internal tensions perspective.Organization Science，11（1）：77-101.

de Rond M.2003. Strategic Alliances as Social Facts: Business，Biotechnology，and Intellectual History. Cambridge：Cambridge University Press.

Demirbag M，Tatoglu E，Glaister K W. 2010. Institutional and transaction cost influences on partnership structure of foreign affiliates. Management International Review，50（6）：709-745.

Doz Y L，Hamel G. 1998. Alliance Advantage: The Art of Creating Value Through Partnering. Boston，MA：Harvard Business School Press

Dyer J H, Nobeoka K. 2000. Creating and managing a high-performance knowledge-sharing network: The Toyota case. Strategic Management Journal，21（3）：345-367.

Dyer J U，Kale P，SinSh H. 2001. How to make strategm alliances work. Mit Sloan Management Review，42（4）：

37-43.

Glaister K W, Buckley P J. 1996. Strategic motives for international alliance formation. Journal of Management Studies, 33 (3): 301-332.

Gereffi G. 2004. International trade and industrial upgrading in the apparel commodity chain. Elsevier, 48 (1): 37-70.

Gomes-Casseres B. 2000. Alliances and risk: Securing a place in the victory parade. Financial Times, 9: 6-7.

Gould L J, Ebbers R, McVicker R C. 1999. The systems psychodynamics of a joint venture: Anxiety, social defenses, and the management of mutual dependence. Human Relations, 52 (6): 697-722.

Grant R M. 1991. The resource-based theory of competitive advantage. California Management Review, 33: 114-135.

Gulati R. 1995. Does familiarity breed trust? The implications of repeated ties for contractual choice in alliances. Academy of Management Journal, 38 (1): 85-112.

Gulati R. 1998. Alliances and networks. Strategic Management Journal, 19 (4): 293-317.

Gulati R, Nohria N, Zaheer A. 2000. Guest editors' introduction to the special issue: Strategic networks. Strategic Management Journal, 21 (3): 199-201.

Hamel G. 1991. Competition for competence and inter-partner learning within international strategic alliances. Strategic Management Journal, 12 (S1): 83-103.

Hamel G P, Doz Y L, Prahalad C K. 1989. Collaborate with your competitors-and win. Harvard Business Review, 67 (1): 133-139.

Heide J B, John G.1990. Alliances in industrial purchasing: The determinants of joint action in buyer-supplier relationships. Journal of Marketing Research, 27 (1): 24-36.

Hennart J F. 1991. The transaction costs theory of joint ventures: An empirical study of Japanese subsidiaries in the United States. Management Science, 37 (4): 483-497.

Hirschorn L, Gilmore T. 1992. The new boundaries of the "boundaryless" company. Harvard Business Review, 70 (3): 104.

Hitt M A, Dacin M L, Levitas E, et al. 2000. Partner selection in energing and develop ednmarket contexts: Resource-based and organizational learning perspectives. Academy of Management Journal, 43 (3): 449-467.

Hofer C W, Schendel D. 1978. Strategy Formulation: Analytical Concepts. St Pual: West Publishing.

Hutt M D, Stafford R E, Walker B A, et al. 2000. Defining the social network of a strategic alliance. Mangement Faculty Publication, 41 (2).

Inkpen A C. 2000. A note on the dynamics of learning alliances: Competition, cooperation, and relative scope. Strategic Management Journal, 21: 775-779.

Inkpen A C, Beamish P W. 1997. Knowledge, bargaining power, and the instability of international joint ventures. Academy of Management Review, 22 (1): 177-202.

Ireland R D, Hitt M A, Camp S M, et al. 2001. Integrating entrepreneurship actions and management actions to create firm wealth.The Academy of Management Executive, 15 (1): 49-63.

Ireland R D, Hitt M A, Vaidyanath D. 2002. Alliance management as a source of competitive advantage. Journal of Management, 28 (3): 413-446.

Jarillo J C.1988. On strategic networks. Strategic Management Journal, 9 (1): 31-41.

Kale P, Dyer J H, Singh H. 2002. Alliance capability, stock market response, and long term alliance success: The role of alliance function. Strategic Management Journal, 23 (8): 747-767.

Kale P, Singh H, Perlmutter H. 2000. Learning and protection of proprietary assets in strategic alliances: Building relational capital. Strategic Management Journal, 21 (9): 217-237.

Kogut B. 1988. Joint ventures: Theoretical and empirical perspectives. Strategic Management Journal, 9 (4): 319-332.

Kotler P, Haider D H, Rein I. 1993. Marketing Places: Attracting Investment, Industry and Tourism to Cities, States and Nation. New York: The Free Press.

Kumar R, Das T K. 2007. Interpartner legitimacy in the alliance development process. Journal of Mangement Studies, 44 (8): 1425-1453.

Kumar R, Nti K O.2004. National cultural values and the evolution of process and outcome discrepancies in international strategic alliances. Journal of Applied Behavioral Science, 40 (3): 344-361.

List F. 1928. The National System of Political Economy.Lodon: Longmans Greens and Co-originally.

Lyles M A, Salk J E. 1996. Knowledge acquisition from foreign parents in international joint ventures: An empirical examination in the Hungarian context. Journal of international Business Studies, 27: 877-903.

Madhok A. 1997. Cost, value and foreign market entry mode: The transaction and the firm. Strategic Management Journal, 18 (1): 39-61.

Madhok A, Tallman S B.1998. Resources, transactions and rents: Managing value through interfirm collaborative relationships. Organization Science, 9 (3): 326-339.

March J G.1991. Exploration and exploition in organizational learning. Organization Science, 2 (1): 71-87.

Miller D, Shamsie J. 1996. The resource-based view of the firm in two environments. Academy of Management Journal, 39 (3): 519-543.

Moomaw R L. 1983. Is population scale a worthless surrogate for business agglomeration economies? Regional Science & Urban Economics, 13 (4): 525-545.

Osborn R N, Baughn C C. 1990. Forms of interorganizational governance for multinational alliances. Academy of Management Journal, 33 (3): 503-519.

Oviatt B M, Mcdougall P P. 1994. Toward a theory of international new ventures. Journal of International Business Studies, 25 (1): 45-64.

Parkhe A. 1993. Strategic alliance structuring: A game theoretic and transactioncost examination of interfirm cooperation. Academy of management Journal, 36 (4): 794-829.

Peteraf M A. 1993. The cornerstones of competitive advantage: A resource-based view. Strategic Management Journal, 14: 179-191.

Pfeffer J, Salancik G R. 1978. The External Control of Organizations: A Resource Dependence Perspective. New York: Harper and Row.

Porter M E, Fuller M B. 1996. Coalitions and global strategy// Porter M E. Competition in Global Industries. Boston: Harvard Business School Press.

Prahalad C, Hamel G. 1990. The core competence of the corporation. Harvard Business Review, 68 (3): 275-292.

Ramanathan K, Thomas H.1997. Explaining joint ventures: Alterrative perspectives //Beamish P W, Kolling J P.Cooperative Strategies: North American Perspectives.US: Jossey-Bass Inc.

Riordan M H, Williamson O E. 1985. Asset specificity and economic organization. International Journal of Industrial Organization, 3 (4): 365-378.

Ronald B.1981. National Urbanization in Developing Countries. 0xford: 0xford University Press.

Roth K. 1995. Managing international interdependence: CEO characteristics in a resource-based framework. Academy of Management Journal, 38 (1): 200-231.

Rumelt R P. 1982. Diversification and profitability. Strategic Management Journal, 3 (4): 359-369.

Schifrin M. 2001a. Is your company magnetic? Forbes, 167 (12): 16.

Schifrin M. 2001b. Partner or perish. Forbes, 167 (12): 26-28.

Sharma S K. 1989. Municipal management. Urban Affairs Quarterly India, 21: 47-53.

Shenkar O, Li J. 1999. Knowledge search in international cooperative ventures. Organization Science, 10(2): 134-143.

Smith A. 1776. An Inquiry Into The Nature And Cause of The Wealth of Nations. Hackett Pub Co.

Tomqvist G. 1977. The geography of economic activities: Some critical viewpoints on theory and application. Economic Geography, 53 (2): 153-162.

Tong C O, Wong S C. 1997. The advantages of a high density, mixed land use, linear urban development. Transportation, 24 (3): 295-307.

Tsai W, Ghoshal S.1998. Social capital and value creation: The role of intrafirm networks. Academy of Management Journal, 41 (4): 464-476.

Vanhavaerbeke W, Duysters G, Noorderhaven N. 2002. Alliance capability, stock market response and long term alliance success: The role of alliance function. Strategic Management Journal, 23: 747-767.

Viner J. 1950. The Custom Union Issue. Lond: Stevens and Sons for the Carnegie Endowment for International Peace.

Walker G, Kogut B, Shan W.1997. Social capital, structural holes, and the formation of an industry network. Organization Science, 8 (2): 109-125.

Wernerfelt B. 1984. A resource-based view of the firm. Strategic Management Journal, 5 (2): 171-180.

Williamson O E. 1975. Markets and Hierarchies: Analysis and Antitrust Implications. New York: Free Press.

Williamson O E. 1985. The Economic Institution of Capitalism. New York: Free Press.

Wong C. 1998. Determining factors for local economic development: The perception of practitioners in the north west and eastern regions of the UK. Regional Studies, 32 (8): 707-720.

Yang X，Na Yew-Kwang. 1993. Specialization and Economic Organization. Amsterclam：North Holland.

Young-Ybarra C，Wiersema M. 1999. Strategic flexlbility in information technology alliances：The influence of transaction cost economics and social exchange theory. Organization Science，10（4）：439-459.

Zack M H. 1999. Developing a knowledge strategy. California Management Review，41（3）：124-145.